Mussolini ohne Maske

Rachele Mussolini

Mussolini ohne Maske

Erinnerungen
Herausgegeben von Albert Zarca

Deutsche Verlags-Anstalt Stuttgart

Titel der Originalausgabe:
MUSSOLINI SANS MASQUE
© 1973 bei Librairie Arthème Fayard, Paris
Ins Deutsche übertragen von
KARIN VON ZABIENSKY
Vorwort zur deutschen Ausgabe von
FRITZ RICHERT

© 1974 Deutsche Verlags-Anstalt GmbH, Stuttgart
Satz: Otto Gutfreund & Sohn, Darmstadt
Druck und Bindearbeit: Deutsche Verlags-Anstalt GmbH, Stuttgart
Printed in Germany
ISBN 3 421 01676 3

Vorwort zur deutschen Ausgabe

Die Witwen berühmter Männer! Neigen sie nicht fast alle dazu, die Seligen in Heilige zu verwandeln? Frau Rachele besitzt zu viel praktischen Sinn und zu viel gesunden Menschenverstand, um in Heldenverehrung zu verfallen. Gewiß, sie hielt den »professore«, der um sie warb, für einen bedeutenden Mann. Und der Lauf der Geschichte mußte sie in dieser Ansicht bestärken. Machten nicht alle Zelebritäten der Zeit, Politiker, Schriftsteller, Künstler, dem Duce ihre Aufwartung, wenn sie nach Rom kamen? Entschwanden nicht die Geldsorgen, in die das Mädchen, die junge Frau und Mutter auf ewig verstrickt schien?

Mussolinis Frau nahm den Aufstieg des Mittelschullehrers an die Spitze einer großen Zeitung, dann an die Spitze des Staates hin wie eine normale Karriere. Zweifel an der Dauerhaftigkeit des Glückes, wie sie Napoleons Mutter befielen, scheinen in ihr nicht aufgestiegen zu sein. Sie tat das Ihre, erzog die Kinder, schuf den Freiraum, in dem der Diktator schlicht Familienvater sein konnte: die liebe Mamma, die das Haus besorgt, dieweilen der Gemahl seinen Geschäften obliegt und hie und da mal einen Seitensprung macht.

Rachele heiratete einen Sozialisten, einen Kirchenhasser und Gegner der Monarchie. Sie erlebte, wie aus ihrem Benito ein Faschist wurde, der die Lateranverträge schloß und sich freute, daß ihn sein König besuchte. Diese Wandlungen des Gatten haben in ihr keinen Niederschlag, kaum eine Erinnerung hinterlassen, dies alles betraf nicht ihren Bereich. Sie war keine Weggefährtin und Partnerin wie Lenins Krupskaja, aber auch kein Hascherl wie Eva Braun. Bleibt zu fragen, wer denn der Ehemann gewesen sei, dem die Fürsorge von Frau Rachele galt.

Benito Mussolini wurde am 29. Juli 1883 in Varano di Costa geboren, einem Dorfe, das zu der Gemeinde Predappio in der Romagna gehört. Die Landschaft hatte unter jahrhundertelanger päpstlicher Herrschaft einen aufmüpfigen Antiklerikalismus entwickelt, dem auch der Vater, ein Schmied und Gastwirt, anhing. Die Mutter war Lehrerin. Daß die finanzielle Verhältnisse der Familie sich nicht ins Kleinbürgerliche, sondern ins Proletarische entwickelten, lag daran, daß die väterlichen Energien im politischen Kampf für den Sozialismus aufgezehrt wurden.

Die Schule bereitet dem aufsässigen Jungen einige Schwierigkeiten, doch mit 18 Jahren hat er sein Lehrer-Examen geschafft, mit besonders guten Noten in Italienisch, Geschichte, Literatur und Musik.

Ein Jahr lang hält er es bei einem sehr bescheidenen Gehalt an einer Schule aus, dann geht er in die Schweiz, wo er bessere Verhältnisse anzutreffen hofft. Dort führt er das Leben eines politisierenden Gammlers, er lernt Sozialisten verschiedener Richtungen kennen, liest, hört Vorträge, agitiert unter seinen Landsleuten, arbeitet als Maurer, wird mal aus diesem, mal aus jenem Kanton ausgewiesen. Zurückgekehrt, leistet er seinen Militärdienst ab, unterrichtet wieder, macht seine Französisch-Prüfung und agitiert in seiner Heimat. Zusammenstöße mit den Behörden wegen aufrührerischer Reden und Artikel machen ihn bekannt. 1908 erreicht ihn der Ruf, nach Trient zu kommen, das zu Österreich gehörte, um dort Sekretär der Arbeiterkammer und Chefredakteur des »Avvenire« zu werden. Diese Tätigkeit währt nur ein gutes halbes Jahr. Seine leidenschaftliche Agitation in Wort und Schrift ärgert die Behörden, es hagelt Strafen und schließlich folgt die Ausweisung. Mussolinis Parteifreunde beantworten den Ausweisungsbefehl mit einem Streik.

Sein Ruf verbreitet sich. Die Sozialisten von Forli wählen Mussolini zu ihrem Sekretär, er gründet eine Zeitung unter dem Titel »Klassenkampf« (La Lotta die Classe). Von Bedeutung für Rachele sollte es werden, daß auf Antrag Mussolinis die Sozialisten von Forli beschlossen, an keinen kirchlichen Handlungen teilzunehmen.

Zwei Ereignisse des Jahres 1911 zeigen die politische Einstellung des 28jährigen Journalisten. Als der russische Ministerpräsident Stolypin, der die Bauernbefreiung einleitete, in Kiew ermordet wird, kommentiert er den Mord als »gerechtes Schicksal« und einen »Akt heiliger Vergeltung« an einem »blutgierigen Verbrecher«. Und als es zu einem Kriege mit der Türkei kommt, weil italienische Truppen Tripolis und die Cyrenaika besetzt haben, ist er nach einigem Schwanken für aktiven Widerstand gegen die Regierung Giolitti und den von ihr angezettelten Krieg. Mussolini hält flammende Reden, er fordert dazu auf,

Straßensperren zu errichten, es kommt zu Unruhen, Mussolini wird verhaftet und vor Gericht gestellt. Jetzt hat er ein Forum, er wird zu zwölf, in der Revision zu fünf Monaten Haft verurteilt und genießt die Rolle des Märtyrers. Das Gefängnis teilt er mit Pietro Nenni, den die Faschisten später vertrieben und der nach 1945 als Führer der Linkssozialisten eine bedeutende Rolle gespielt hat.

Wie Mussolinis Biograph, Sir Ivone Kirkpatrick, zu recht bemerkt hat, ist der Prozeß ein »Markstein« im Leben des Diktators. Er bedeutet für Mussolini dasselbe wie der Prozeß für Hitler nach dem mißglückten Putsch von 1923: Beide verlassen das Gefängnis als Helden, als Männer, die bewiesen haben, daß sie nicht nur reden, sondern auch handeln, beide haben gelernt, daß es sinnlos ist, gegen die Etablierten anzutreten, wenn es nicht gelingt, die bewaffnete Macht auf die eigene Seite zu ziehen.

Es beginnt der unaufhaltsame Aufstieg. Auf dem Kongreß der Sozialistischen Partei in Reggio Emilia von 1912 rechnet er mit den Reformisten ab, zeigt sich den Radikalen als der »Duce«. Wenn ein sozialistischer Abgeordneter eine Ergebenheitsadresse an den König unterzeichnet, der soeben einem Attentat entkommen ist, so muß er ausgeschlossen werden. Der Parteitag folgt seinem Antrag, und als der Stuhl des Chefredakteurs der Parteizeitung »Avanti« in Mailand frei wird, wer anders als Mussolini könnte ihn besetzen? Ein erstes Ziel ist erreicht, man spürt aus den Aufzeichnungen seiner Gattin, wie sie sich des bürgerlichen Glückes freut.

War Mussolini zu diesem Zeitpunkt ein Sozialist? Eine Mitkämpferin hielt ihn für ungeeignet als Chef des »Avanti«, weil er ein zu großer Individualist sei. Andere entdeckten schon zu diesem Zeitpunkt den Condottiere. Wieder andere bestreiten, daß er, der Menschenverächter, je die humanen Ziele des Sozialismus begriffen habe. Schließlich ging es ihm nie um die Theorie, sondern allein um den Kampf. Wenn es keine Gegner gäbe, erklärte er, »kämpfen wir eben untereinander«, und den Genossen ruft er zu: »Der Geist der Partei ist wichtiger als die Satzung.«

Der Bruch mit der Partei wird durch ein Ereignis herbeigeführt, das alle sozialistischen Parteien Europas in größte Unruhe stürzt, den Ausbruch des Ersten Weltkrieges. Wurden die Diskussionen in den kriegführenden Ländern dadurch abgekürzt, daß schnelle Entscheidungen getroffen werden mußten, so hatte Italien Zeit. Zunächst einmal will Mussolini nicht, daß sein Land an der Seite der konservativen Mittelmächte in den Krieg eintritt. Er ist also für Neutralität. Wie aber kann ein Mann auf die Dauer für Neutralität eintreten, der »Geschichte machen und nicht erleiden« will?

Darüber, ob Mussolini im beginnenden Herbst mit sich gerungen oder ob er sich nur opportunistisch entschieden hat, gehen die Meinungen auseinander. Jedenfalls veröffentlichte er am 18. Oktober 1914 einen Artikel, in dem er die Partei von der Linie der absoluten Neutralität fort zu einer bewaffneten hinführen wollte. Es blieb sein letzter. Am nächsten Tage versammelte sich das Direktorium der Partei in Bologna, niemand unterstützte den Chefredakteur. Mussolini verließ das Blatt und verzichtete auf ein Übergangsgehalt.

Vier Wochen später hatte er seine eigene Zeitung gegründet, »Popolo d'Italia«. Woher das Geld kam, aus französischen Quellen oder aus staatlichen italienischen, ist nie geklärt worden. Jedenfalls war das erforderliche Kapital vorhanden, für ein Blatt, das sich im Untertitel »eine sozialistische Tageszeitung« nannte. Doch der Bruch mit der Partei war nicht aufzuhalten, die Genossen nannten ihn einen Verräter und schlossen ihn aus. Dafür hatte Mussolini die Freiheit eingetauscht, in seiner Zeitung für den Kriegseintritt Italiens an der Seite der Alliierten zu plädieren.

Zwei Jahre lang war Mussolini Soldat; nach einer schweren Verwundung wurde er im August 1917 als Unteroffizier entlassen und kehrte auf seinen Redaktionsstuhl zurück.

Der Marsch nach rechts war vorgezeichnet. Wer für den Krieg gewesen war, mußte nach der Niederlage von Caporetto um den Sieg bangen und das Volk zu höheren Leistungen anspornen. Endlich halfen die Alliierten zum Sieg. Mussolini wurde zur großen Feier mit Wilson in Mailand eingeladen. Doch die Unruhe im Lande blieb. Gegen die Kommunisten bildete er die »Fasci di combattimento« neu und gründete im März 1919 die Faschistische Partei Italiens, nahezu unter Ausschluß der Öffentlichkeit.

Das Programm der neuen Partei, das im Juni endlich das Licht der Welt erblickte, sah revolutionär aus: Einzug der Kirchengüter, Abführung der Kriegsgewinne, Abschaffung des Senats, dazu Republik, Wirtschaftsräte, Acht-Stunden-Tag, Mindestlöhne, Herabsetzung des Pensionsalters auf 55 Jahre. Als im November gewählt wurde, errang die Partei keinen Sitz; der doch so populäre Parteichef und Journalist bekam in Mailand ganze 5000 Stimmen. Mussolini war im November 1919 wieder auf dem Nullpunkt angekommen. Neben Sozialisten und Kommunisten war kein Platz für eine weitere Linkspartei.

Drei Jahre später war er Ministerpräsident, vom »linken« Programm war freilich nicht mehr die Rede. Die Menschen, die Mussolini und seine Mitkämpfer anzogen, wollten keine Satzungen, sondern Taten sehen. Die Jahre nach dem Krieg brachten mancherlei: Ein Ausbreiten sozialistischer Ideen und Einrichtungen; Arbeiter besetzten Fabriken, die Menschen blickten voll Hoffnung oder voll Abscheu auf das gewaltige Experiment im Rußland Lenins. Wie in Deutschland blieben auch in Italien die durch den Krieg freigesetzten Energien junger Männer ungenutzt, Angst breitete sich bei jenen aus, die etwas zu verlieren hatten, und bei jenen, die nicht wußten, wie sie sich im Zivilleben zurechtfinden sollten.

Der Dichter d'Annunzio, dem Mussolini huldigte, wurde zur Symbolfigur. Er hatte im Kriege ein Auge verloren, die höchste Auszeichnung empfangen, der Rausch des Kampfes sollte nicht enden. Er zog im September 1919 mit Freischärlern nach Fiume, das unter gemeinsamem Kommando alliierter Generale stand, nahm die Stadt ein und begründete dort eine »neue Art von Leben« in einem höchst merkwürdigen Staat. Ein paar von einem Schlachtschiff abgefeuerte Granaten beendeten nach einem Jahr die Komödie.

Dieses Beispiel des gefeierten Dichters, diese Chance, Gewalt anwenden zu können, wenn sie der nationalen Sache diente, wurde im kleinen nachgeahmt, gegen Einrichtungen der slawischen Bevölkerung in den neu erworbenen Gebieten im Osten. Der Übergang vom Kampf gegen das Fremdrassige zu dem gegen das Internationale, Sozialistische war schnell vollzogen. Gewalt erzeugte wiederum Gewalt und dazu Angst, die Ängstlichen riefen nach den Starken.

Waren es zunächst Revolutionäre gewesen, die Angst verbreiteten, so waren es jetzt die Faschisten. Mit dem Unterschied, daß ihrem Treiben von den Behörden kein Einhalt geboten wurde.

Die Wahlen von 1921 brachten Mussolini ins Parlament, seine Fraktion war 35 Mann stark. Deren Mehrheit wollte jedoch von den Ideen ihres Chefs, eine Aktion mit der Linken zu bilden, nichts wissen. Mussolini mußte zurückstecken, er konnte ohne die Partei nicht mehr auskommen, die Partei freilich auch nicht ohne ihn. Die Rabauken brauchten einen Führer, und der wurde die Rabauken nicht mehr los.

Die Faschisten terrorisierten die Linken wie die Liberalen und die Popolari. Es kam dahin, daß sozialistischen Abgeordneten von den

Faschisten verboten wurde, in ihrer Stadt zu wohnen – und die Behörden sahen zu. Ministerpräsident Facta wollte die Faschisten zähmen. Die Kommunisten hofften, daß die Faschisten ihnen den Boden bereiteten. Ernst Nolte faßt dies folgendermaßen zusammen: »Der italienische Faschismus konnte nur deshalb siegen, weil sich die Kräfte nicht rechtzeitig zusammenfanden, für die der liberale Staat Vorbedingung der Existenz und damit auch der wechselseitigen Auseinandersetzung ist. Sie glichen Menschen, die die Luft nicht schätzen, da nur die Verteilung eines Kuchens ihre Aufmerksamkeit in Anspruch nimmt.«

Am 28. Oktober schlagen die Faschisten los, besetzen Rathäuser und Kasernen, einige tausend Mann ziehen in Richtung Rom, ohne schwere Waffen. Der König verweigert dem Ministerpräsidenten den Ausnahmezustand, er kapituliert und beruft Mussolini zum neuen Ministerpräsidenten. Der bildet ein nationales Kabinett, in dem vier Faschisten und zehn Mitglieder anderer Rechtsparteien sitzen.

Die Streiks enden, die Züge fahren pünktlich, die sehnsüchtig erwartete Stabilität kehrt ein, selbst Benedetto Croce ist es zufrieden und die »Times« schrieb: »Italien ist so einig wie nie zuvor«.

Ob Mussolini bei seinem Amtsantritt eine Vorstellung davon hatte, wie sich der von ihm geleitete faschistische Staat entwickeln würde, ist fraglich. Zunächst dürfen noch Oppositionszeitungen erscheinen, aber in Schüben vollzieht sich der Übergang vom Parteien- zum Einpartei-Staat vom Rechts- zum Polizeistaat. Ausgelöst werden die Schübe durch den Mord an dem sozialistischen Abgeordneten Matteotti und dann durch Attentate gegen den Duce selbst.

Dabei befindet sich das Italien Mussolinis durchaus in der Völkergemeinschaft; es schließt, obwohl die Oppositionellen außer Landes gehen, mit den Westmächten Verträge, es versöhnt sich mit dem Vatikan, der wieder ein eigenes Territorium erhält. Daran ändert sich zunächst auch nichts, als Hitler in Deutschland die Macht übernimmt. Denn Mussolini, dem Germanischen durchaus abgeneigt und selbst Antreiber einer gegen alles Deutsche in Südtirol (und auch gegen alles Slawische) gerichteten Politik, sind die deutschen Rassenlehren ein Greuel. Der deutsche Diktator, der 1934 in Venedig erscheint, belustigt die Faschisten eher als daß er ihnen imponiert. Sie bemerken, wie linkisch er sich gibt, daß er mit seinem Hut in der Hand nichts anzufangen weiß.

Während der Nationalsozialismus in Deutschland sich konsolidiert, geht das faschistische Italien seinem größten Triumph entgegen, der Wiederbegründung des Imperiums. Ist auch der Sieg über Abessinien kein Heldenstück, da er gegen ein kaum gerüstetes, unterentwickeltes Land errungen wird, so läßt sich doch damit die Niederlage von Adua (1896) aus den Geschichtsbüchern tilgen und auf dem Kapitol ein rauschhaftes Fest feiern. Der Gründer des Imperiums erhebt seinen König zum Kaiser. Im selben Jahr, 1936, greifen Italien und Deutschland in den spanischen Bürgerkrieg ein und unterstützen Franco gegen die rechtmäßige Regierung. Noch ist Mussolini der Führende.

Ende September desselben Jahres vollzieht sich der Umschwung, Mussolini gerät in den Bann jenes Mannes, der ihn ins Verderben reißen wird. Der Hitler, den er besucht, imponiert ihm mit seinen zackigen Truppen, seinen Schmeichlern, mit dem vollkommen funktionierenden Apparat. Das Germanische, das Junge überwältigt ihn, das da antritt, alles Morsche und Alte zu zerstören. Zwar gibt Hitler Mussolini 1938 bei der Sudetenkrise noch einmal Gelegenheit, in München den selbstständigen, friedenstiftenden europäischen Staatsmann zu spielen, aber die Deutschen hatten inzwischen schon Österreich vereinnahmt, und wenn Hitler demnächst in die Rest-Tschechei einmarschieren wird, hat er es nicht mehr nötig, vorher in Rom anzufragen. Da Italien natürlich nicht leer ausgehen will, wird Ostern 1939 Albanien in einem Handstreich annektiert.

Der Krieg beginnt, ohne daß Mussolini dies verhindern kann, Italien hält sich zunächst heraus, doch dann geht ihm der deutsche Vormarsch in Frankreich zu schnell. Wer Mentone und ein Stück von Savoyen haben will, muß rasch zulangen, sehr heroisch ist das Ganze nicht. Auch beim nächsten Waffengang, im Epirus gegen die Griechen, kommen die Italiener nicht voran, sie kämpfen schlechter als 1916, was Mussolini an seinen Erziehungsmethoden zweifeln läßt. Auch in Nordafrika müssen die Deutschen aushelfen.

Schließlich läßt Mussolini italienische Truppen nach Rußland marschieren, das Volk versteht den Duce nicht mehr. Die Alliierten landen in Sizilien. Für wen wird dieser Krieg geführt? Für Italien, für die Deutschen?

Der Mann, der 1943 von seinen Parteifreunden abgesetzt wird, ist krank, leidet an Depressionen und sieht sein Werk in Trümmern. Er ergibt sich ohne Widerstand, wie sich der König 1922 ihm ergeben hatte. Als er, befreit, wieder ein Stück politischer Macht in Händen hält, sind über 20 Jahre von ihm abgefallen. Es erscheint wieder der

Republikaner, der Sozialist, der keine Fabriken mit mehr als hundert Arbeitern in den Händen privater Kapitalisten sehen will, der Deutschenhasser. Auch dieses Stück Macht zerfällt. Diktatoren, sind sie besiegt, sind sie entmachtet, können nicht als Pensionäre weiterleben. Sie enden durch Mord wie Mussolini oder durch Selbstmord wie Hitler.

Fritz Richert

Denk an Napoleon, Benito!

»Denk an Napoleon, den du so sehr bewunderst, Benito. Er war mächtig; er herrschte über ganz Europa und sogar darüber hinaus. Aber was hat er dann getan? Nach den Siegen suchte er nach weiteren Siegen. Nach den Eroberungen wollte er sein Reich noch weiter ausdehnen. Und was hat er erreicht? Er hat alles verloren! Alles ist unter seinen Füßen zusammengestürzt. Mach es nicht wie er, Benito!«

»Aber was soll ich denn tun? Abdanken? Hühner züchten in der Romagna? Du scherzt wohl, Rachele!«

»Ich will nicht, daß du Hühner züchtest, du sollst nur beizeiten zurücktreten; du sollst lebend in die Geschichte eingehen! Ich möchte, daß du deiner Frau und deinen Kindern zehn oder fünfzehn Jahre deines Lebens widmest, nachdem du dreißig der Politik geweiht hast.«

Diese Worte richtete ich im Mai 1936 an meinen Mann, Benito Mussolini, als wir in Rocca delle Caminate, unserem Haus in der Romagna, einige Ferientage verbrachten.

Im Grunde rechtfertigte nichts einen derartigen Schritt. Benito erfreute sich mit seinen dreiundfünfzig Jahren – er wurde am 29. Juli 1883 geboren – bester Gesundheit. In Italien und im Ausland war seine politische Position so stark wie noch nie. Der Krieg gegen Abessinien hatte mit einem totalen Sieg unserer Armee geendet. Die Lira war eine der stärksten Währungen Europas, und die Sanktionen, die der Völkerbund nach der Eroberung Abessiniens beschlossen hatte, blieben ohne Konsequenzen. Die Italiener trugen zu diesem Erfolg bei, indem sie in patriotischer Begeisterung ihr Gold opferten. Millionen von Italienern, die in den Vereinigten Staaten lebten, hatten mit Hilfe eines geschickten Tricks tonnenweise Kupfer geschickt, das Italien unbedingt brauchte: Sie hatten eine originelle Postkarte erfunden, die aus einem Blatt Kupfer bestand, in das ihre Weihnachtswünsche für 1936 eingraviert waren. Selbst bekannte Gegner meines Mannes, wie der Philosoph Benedetto Croce oder der ehemalige Regierungschef

Vittorio Emmanuele Orlando, stellten sich jetzt auf seine Seite. Keine Wolke verdunkelte also den Horizont, aber stärker denn je drängte es mich, meinen Mann davon zu überzeugen, sich aus dem politischen Leben zurückzuziehen.

Wir waren nach dem Essen ganz allein in unserem Alfa Romeo losgefahren, ohne die Begleitung eines Polizisten oder Sekretärs, kein Zeuge belauschte unsere Unterhaltung. Anfangs hatten wir uns amüsiert wie junge Leute von zwanzig Jahren.

»Weißt du, Rachele, was mir der König vor zwei Tagen vorgeschlagen hat? Er wollte aus mir einen Fürsten machen.«

»Du hast doch hoffentlich nicht angenommen?«

»Wofür hältst du mich? Kannst du dir vorstellen, daß mich der Diener irgendwo ankündigt als ›Seine Exzellenz, der Fürst Mussolini!‹«

»Und ich: Fürstin Rachele Mussolini! Madonna, welche Idee . . .«

»Sei unbesorgt, ich habe dem König entgegnet:»Majestät, Ihre Geste rührt mich sehr, aber ich kann diesen Titel nicht annehmen. Ich bin als Mussolini geboren, und ich werde als Mussolini sterben, ohne jedes Adelsprädikat.«

»Und der König hat nichts weiter gesagt?«

»Doch! Er hat mich gefragt: ›Nehmen Sie wenigstens den Titel eines Herzogs an?‹ Auch das habe ich abgelehnt.«

Ich muß hier anmerken, daß wir immerhin Träger des Annunziatenordens, der höchsten königlichen Auszeichnung, waren. Mein Mann hatte den Orden einige Jahre zuvor erhalten, er machte ihn zum »Cousin des Königs«. Ich versuchte, die Gunst dieses Augenblicks zu nutzen, und sagte in Fortführung unseres Gesprächs:

»Hör, Benito. Wenn du nun noch weiter gingest? Wenn du dem König sagtest: ›Majestät, Sie haben mich gerufen, als in Italien das Chaos herrschte, ich habe Frieden und Wohlstand im Inneren wiederhergestellt, ich habe unser Land groß und mächtig gemacht. Jetzt sind die Italiener keine ›Makkaroni‹ mehr, sie sind stolz auf ihr Land. Bevor ich kam, waren Sie König von Italien, heute sind Sie Kaiser. Ich gebe Italien nun wieder in Ihre Hände zurück und gehe . . .«

»Du willst aus mir also einen Pensionär machen?«

»Nein, Benito. Du wirst Artikel oder deine Memoiren schreiben. Du hast deine Zeitung in Mailand. Du sollst nicht in den Ruhestand treten. Aber ich denke an alles, was du für Italien getan hast. Was könntest du noch mehr erreichen? Noch nie war unser Land so angesehen.«

Mein Mann hörte mir schweigend zu, er schien eher überrascht als verärgert. Ich dachte an eine Weissagung, die mir eine Zigeunerin gemacht hatte, als ich sechzehn Jahre alt war:

»Du wirst die höchsten Ehren erfahren und der Königin gleichgestellt sein. Doch dann wird alles unter dir zusammenbrechen, und du wirst lange Trauer tragen ...«

Mir wurde plötzlich klar, daß sich der erste Teil dieser Prophezeiung verwirklicht hatte. Ich war von Ehren überhäuft, und ich war die »Cousine« der Königin ... Würde nun der zweite Teil kommen?

Ich bat meinen Mann noch einmal:

»Denke darüber nach! Versuche es, Benito, bitte!«

Mit bewegter Stimme versprach er mir:

»Ich werde es mir überlegen, ganz bestimmt, Rachele!«

Aber die Zeit arbeitete gegen mich, ich wurde ein Opfer des Erfolgs, den mein Vorschlag zunächst hatte. Sowie Benito in Rom ankam, sprach er darüber mit dem Sekretär der Faschistischen Partei und bat ihn sogar, die praktischen Modalitäten seines Rücktritts zu untersuchen.

Der Parteisekretär, Achilles Starace, war zutiefst erschrocken bei dem Gedanken, daß Mussolini die Macht abgeben könnte, und versetzte sofort die wichtigsten Leute des Regimes in Aufruhr. Für sie hatte der Duce sein Werk noch nicht beendet. Alle waren einer Meinung: Mussolini mußte daran gehindert werden, sich zurückzuziehen, koste es, was es wolle. Es fehlte ihnen nicht an Argumenten, wie etwa das Vordringen des Kommunismus in Spanien, was auch der Grund dafür war, daß der Duce General Franco Hilfe schickte.

Mein Mann ließ sich überzeugen und gab seine Rücktrittspläne auf. Neben den politischen Erwägungen hatte ich vielleicht auch nicht bedacht, daß ein Mann nur ungern auf etwas verzichtet, das er in langem Kampf errungen hat. Benito genoß jetzt die Wonnen des Sieges und ließ sich vom Ruhm berauschen. Einige Tage vorher hatte er der rasenden Menge vom Balkon des Palazzo Venezia aus die Eroberung Abessiniens und die Gründung des Italienischen Reiches verkündet. Ich stand mit zweien meiner Kinder, Romano und Anna Maria, mitten in der jubelnden Masse, deren Begeisterung sich auch auf mich übertrug. Wie hatte ich das vergessen können ... Auch wenn Mussolini noch manche andere Gelegenheit hatte, den Lauf der Ereignisse und vielleicht der Geschichte zu ändern, so hing sein Geschick doch oft vom Los der Waffen und dem Zufall ab.

Doch in einer besonders bedeutsamen Stunde seines Lebens, als die Entscheidung allein bei ihm lag, handelte Mussolini in völliger Harmonie mit sich selbst, das heißt, er dachte zuerst an die anderen. Drei Tage vor seinem Tod, am 25. April 1945, hatte er die Möglichkeit, sich zu retten, nach Spanien zu fliehen und so vielleicht ein anderes Schicksal zu erfahren als das, das ihn tatsächlich erwartete.

Vittorio hat mir einige Jahre nach dem Krieg über diesen Fluchtplan berichtet, den er selbst entwickelt hatte und zu dessen Verwirklichung nur eine – allerdings wesentliche – Kleinigkeit fehlte: die Zustimmung seines Vaters. Vittorio hatte seinen Plan, Mussolini über die spanische Grenze zu bringen, mit Bonomi, dem General der Luftwaffe, besprochen. Der General hatte ihm zugesichert, daß auf dem Flugplatz von Ghedi bei Brescia dreimotorige Maschinen flugbereit warten würden. Er garantierte, den Duce an Bord eines dieser Flugzeuge nach Spanien zu bringen, es müßte jedoch sofort gehandelt werden.

Benito befand sich an diesem 25. April in Mailand. Er hielt sich in der Präfektur auf, wo eine Beratung der anderen folgte, um eine Entscheidung zu finden. Ich werde auf diese letzten Tage noch zurückkommen. Vittorio fand meinen Mann allein in seinem Büro. Draußen im Hof und auf den Gängen rannte alles aufgeregt durcheinander und suchte nach der Lösung, die es nicht gab. Vittorio erklärte seinem Vater in aller Eile seinen Plan und versicherte ihm, daß er von Spanien aus, wenn er erst in Sicherheit sei, mit den Alliierten verhandeln und Italien helfen könne, dies zu überstehen. Er versuchte so überzeugend wie möglich zu sprechen, genau wie ich, als ich ihn bat, abzudanken.

Benito hörte seinem Sohn zu, ohne die mindeste Reaktion zu zeigen. Als Vittorio schwieg, lächelte er und wies mit der Hand zur Tür, durch die ein schwaches Murmeln drang.

»Glaubst du wirklich, das ist die beste Lösung? Nun gut! Und in welches Flugzeug willst du die Faschisten dort draußen setzen, und alle die anderen, die sich im Norden aufhalten? . . .«

Und wie er neun Jahre zuvor an der Macht geblieben war, weil er dachte, daß er für Italien noch nützlich wäre, so meinte er, daß er nun, am Ende, nicht jene verlassen durfte, die er mit sich gerissen hatte. Ich glaube nicht, daß er je an Heldentum gedacht hat – er betrachtete sein Verhalten einfach als logisch.

Mit dem Revolver in der Hand holt sich Mussolini meine Zustimmung zur Heirat

Als man in Italien und im Ausland erfuhr, daß ich *Mussolini ohne Maske* schreiben wollte, waren die Reaktionen sehr verschieden. Einige meinten, daß ich Mussolini natürlich unter einem sehr einseitigen Blickwinkel darstellen und versuchen würde, seine Fehler zu beschönigen oder zu entschuldigen.

Diese Leute kennen mich nicht. Ich mußte schon als besonders objektiv und unberührt vom politischen Geschehen gelten, wenn mich 1945 ein Partisan heimlich im Gefängnis aufsuchte – mein Mann war bereits tot –, um mir zu sagen: »Donna Rachele, seien Sie ganz unbesorgt. Wir haben von Moskau strikte Anweisung erhalten, Ihnen kein Haar zu krümmen.«

Als Mussolini an der Macht war, habe ich nicht gezögert, ihm damit zu drohen, daß ich allein auf die Piazza Venezia gehen und unter seinen Fenstern schreien würde: »Nieder mit Mussolini!«, weil ich nicht zulassen konnte, daß er Mitarbeitern vertraute, für deren Verrat ich die Beweise in den Händen hielt.

Nein, ich habe niemals Mussolini zu entschuldigen versucht, weil ich gar nicht einsehe, in welcher Hinsicht ihm verziehen werden müßte. Er hat Krieg geführt? Haben das andere Regierungschefs nicht auch getan? Das einzige, was man ihm vorwerfen kann, ist, daß er ihn verloren hat . . . Sein Bündnis mit Hitler? Man soll nur die Geheimarchive öffnen, dann wird man erkennen, daß Mussolini alles versucht hat, um den Frieden zu retten.

Ich wünsche also weder für ihn noch für mich Nachsicht oder Mitleid. Es wurde erzählt, daß ich eine arme, verlassene Ehefrau gewesen sei, betrogen, unterwürfig, resigniert. Mit achtzig Jahren kann ich versichern, daß ich das Leben führte, das ich mir gewünscht habe. Ich war sogar die bestinformierte Frau Italiens, besser unterrichtet als gewisse offizielle Geheimpolizisten, dank meiner privaten Nachrichtendienste. Was die weiblichen Eroberungen meines Mannes betrifft, so war das mein persönliches Problem. Ich gebe zu, daß ich unter drei von ihnen sehr gelitten habe; das waren Ida Dalser, Margherita Sarfatti und Clara Petacci. Aber welcher Mann hat nicht das eine oder andere Mal seine Frau betrogen? Mussolini war der Duce. Es war nur natürlich, daß er stärker umworben wurde ...

Wenn ich meinem Stolz nachgeben wollte, so würde ich behaupten, daß von allen Frauen, die Mussolini im Arm gehalten hat, nur ich ihn wirklich kannte. Ich bin die einzige, die über *Mussolini ohne Maske* sprechen kann, denn ich habe ihn bereits im Alter von zehn Jahren entdeckt.

Das war im Jahr 1900. Ich war gerade zehn und Benito siebzehn. Er war das älteste von drei Kindern. Seine Mutter, Rosa Maltoni, meine Lehrerin, war sanft und unauffällig, während sein Vater Alessandro Mussolini eine berühmte Persönlichkeit in der Romagna und sogar im Ausland war. Die Familie lebte in Dovia, einem kleinen Dorf der Gemeinde Predappio, mitten in der Romagna, wo Alessandro eine Schmiede besaß. Doch er war vor allem als revolutionärer Sozialist bekannt. Es hieß zum Beispiel, daß niemand ihn beim Plündern von Wahlurnen übertraf und daß er der Schrecken der königlichen Gendarmerie war, die im übrigen keine Gelegenheit ungenutzt ließ, ihn gefesselt und in Begleitung einer berittenen Wache ins Gefängnis zu führen.

Benito machte seiner Mutter vom jüngsten Alter an Sorgen; er fing erst sehr spät an zu sprechen. Als sie deswegen einen Arzt zu Rate zog, beruhigte er sie sogleich: »Beunruhigen Sie sich nicht, er wird sprechen, und sogar etwas zu viel.«

Alessandro erzog seinen Sohn mit strenger Hand; zugleich prägte er ihm schon in seiner Kindheit die Grundzüge der sozialistischen Revolution ein. Er hatte ihm die Vornamen Benito, Amilcare und Andrea gegeben, in Erinnerung an die revolutionären Helden Benito Juarez aus Mexiko und die beiden Italiener Amilcare Cipriano und Andrea Costa.

Benito besuchte die Grundschule in Predappio, wo er in den Gesichtern der Kameraden, die ihn nicht anerkennen wollten, unauslöschliche Erinnerungen hinterließ. Mit neun Jahren wurde er nach Faenza zu den Salesianern in Pension gegeben. Mussolini hat es nie verwunden, daß er dort im Eßsaal am Tisch der untersten Klasse, für 30 Lire, saß, während der Mittelklasse ein anderer für 45 Lire und den Adeligen der beste Tisch für 60 Lire reserviert war. Sein kämpferisches

Naturell entwickelte sich weiter, für einen Schlag gab er zwei zurück, und der Schulleiter war gezwungen, ihn zu seiner Familie zurückzuschicken.

Im Oktober 1895 wurde ein neuer Versuch unternommen, diesmal an der Königlichen Lehrerbildungsanstalt von Forlimpopoli. Trotz einiger Zwischenfälle lief dort alles gut ab. Während der letzten Schuljahre begann Benito mit einem gewissen Erfolg, politische Versammlungen abzuhalten. Mit siebzehn Jahren schrieb er sogar Artikel für Zeitungen in Forli und Ravenna. Da er eine gute Stimme hatte, beauftragte ihn der Direktor eines Tages, im Stadttheater anläßlich einer Erinnerungsfeier über Verdis Werk zu sprechen. Zur allgemeinen Überraschung hielt Mussolini eine Rede über die soziale Situation jener Zeit, und die sozialistische Zeitung L'Avanti, die er zwölf oder dreizehn Jahre später leiten sollte, widmete ihm einige Zeilen.

Ich ging damals in die zweite Grundschulklasse in Dovia. Obwohl der Boden fruchtbar war und es nicht an Sonnenschein fehlte, lehnten sich die Bauern der Romagna ständig gegen die herrschende Ordnung auf, das heißt, unter anderem gegen die Monarchie und die Kirche; und es kam nicht selten vor, daß ein Lokomotivführer den Zug anhielt, wenn er einen Priester zusteigen sah. Insgesamt waren die Bauern, abgesehen von den Großgrundbesitzern, nicht reich. Meine Eltern arbeiteten auf einem der riesigen Güter, dessen Ländereien sich von Salto, wo wir wohnten, bis zu den ersten Häusern von Predappio erstreckten.

Wir waren fünf Schwestern, alle gleich lebhaft, ich war, glaube ich, die Pfiffigste. Sehr zierlich, mit aschblonden Haaren und kleinen munteren blauen Augen. Man nannte mich »Ohne-Furcht«, niemand kletterte so schnell wie ich auf die Bäume.

Ich war die einzige von uns Schwestern, die zur Schule gehen wollte. Ich hatte den Drang zu lernen, mich weiterzubilden, alles zu wissen. Meine Eltern, die mich lieber im Haus behalten hätten, mußten angesichts meiner Hartnäckigkeit und meiner Tränen nachgeben. Selbst die acht Kilometer, die ich jeden Tag bis zur Schule laufen mußte, schreckten mich nicht ab.

Als Rosa Maltoni krank wurde, vertrat sie ihr Sohn Benito. Vom ersten Tag an fiel ich ihm auf. Nicht aus dem Grunde, aus dem er sich zehn Jahre später unter die Straßenbahn zu werfen drohte, sondern weil ich ständig durch die Klasse lief, ein rechter Unruhestifter. Als ich wieder einmal ich weiß nicht welchen Unsinn anstellte, sauste plötzlich ein Lineal auf meine Finger nieder. Ich erinnere mich noch heute, daß mir das weh tat. Zwischen Wut und Schmerz hin- und hergerissen, wurde meine Aufmerksamkeit jedoch von zwei riesigen schwarzen Augen gefesselt, die eine derartige Willenskraft ausstrahlten, daß ich mich sofort beruhigte. Später fand ich einen Ausdruck für diese Augen: Sie waren »phosphoreszierend«.

Nach dieser Machtprobe verlor ich Benito fast neun Jahre aus den Augen. Zwar hörte ich immer wieder den Namen Mussolini, aber es handelte sich um seinen Vater.

1903 starb mein Vater, und wir mußten nach Forli ziehen. Wir hatten kein Geld mehr, die Familie zerbrach: Meine Mutter arbeitete als Dienstmädchen, und wir Schwestern wurden bei verschiedenen Gutsherren untergebracht.

Mit dreizehn Jahren verdiente ich mein erstes Geld, drei Lire im Monat. Aber ich führte ein qualvolles Leben, denn meine Arbeitgeber, Gemüsehändler, waren unerträglich. Dort entdeckte ich noch als Kind, was soziale Ungleichheit war.

Später kam ich zu einer netteren Familie, den Chiedini. Obwohl sie »Konservative« waren, wie wir die Reichen in der Romagna nannten, waren sie sehr freundlich und hatten mich gern.

Die Zukunft erschien mir nun weniger finster. Meine Mutter hatte eine feste Anstellung in dem kleinen Gasthaus von Alessandro Mussolini gefunden, der sein Schmiedehandwerk nach dem Tode seiner Frau 1905 aufgegeben hatte. Außerdem war ich sechzehn, ein Alter, in dem man dazu neigt, die Welt in rosigen Farben zu sehen – um so mehr, da ich hübsch aussah und es mir nicht an Komplimenten fehlte.

Ein Nachbarsohn der Chiedini machte mir sogar einen Heiratsantrag. Aber da ich vergebens darauf wartete, daß er mich auf seinem Pferd entführte, wies ich seine Hand zurück.

Wenige Tage später machte mir eine Zigeunerin die erstaunliche Weissagung, an die ich mich viele Jahre später bei dem Gespräch mit Benito erinnerte.

An einem Sonntag im Jahre 1908, als ich aus der Kirche von Forli trat, hörte ich meinen Namen rufen. Es war Benito Mussolini; er trug einen kleinen Backenbart, einen verblichenen dunklen Anzug, eine Halsschleife und einen schwarzen Hut. Aus seinen Taschen ragten Zeitungen. Doch ich sah vor allem seine Augen, die mir noch größer erschienen, mit dem gleichen leuchtenden Blick. Die Begrüßung

war wenig originell: »Guten Tag, Chiletta – das ist die Verkleine-
rungsform von Rachele –, du bist groß geworden. Du bist ja eine
junge Dame.« Ich muß mit einer ähnlichen Belanglosigkeit geant-
wortet haben.

Der Domplatz war von Sonnenlicht überflutet, wir gingen zusammen
weiter. Ich war ganz stolz, als ich sah, wie die Leute Benito mit einer
gewissen Ehrerbietung grüßten. Er begleitete mich bis zu den Chiedini.

»Warum besuchst du deine Mutter nie im Wirtshaus meines Vaters?«
fragte er mich.

»Weil die Chiedini mir verboten haben, im Haus eines Revolutionärs
zu verkehren. Aber ich werde Frau Chiedini um Erlaubnis bitten,«
erwiderte ich.

Wir sahen uns mehrere Sonntage hintereinander. Wir machten lange
Spaziergänge, oft ohne ein Wort zu reden. Hin und wieder stieß
Benito einen Stein mit dem Fuße fort, als wollte er einen Gedanken
oder einen Gegner vertreiben. Dann ergriff er meine Hände und sah
mir tief in die Augen:

»Rachele, wir werden sie alle eines Tages rausschmeißen, diese reichen
Bürger, die fett und faul auf ihren Gütern leben, ohne sich auch nur
die Mühe zu machen, sie selbst zu beackern . . .«

Ich hörte ihm zu und fühlte mich selbst schon halb revolutionär, aber
sein Ungestüm beunruhigte mich:

»Sie werden dich ins Gefängnis werfen, sie haben das schon einmal
getan.«

»Na und«, entgegnete er, »ich schäme mich nicht, aus solchen Gründen ins Gefängnis zu kommen. Ich bin stolz darauf. Ich habe weder
getötet noch gestohlen . . .«

An einem Sonntag verbrachte ich den Vormittag im Gasthaus Mussolini, und nach dem Mittagessen gingen Benito und ich tanzen. Wie
gut er tanzte!

»Warum bleibst du bei den Chiedini?« sagte er, als wir uns trennen
mußten. »Dein Platz ist hier, zwischen deiner Mutter und meinem
Vater. Hör zu, Rachele, in acht Tagen fahre ich nach Trient. Ich werde
dort bei Cesare Battistis Zeitung arbeiten. Ich möchte, daß du vor
meiner Abreise umziehst.«

Drei Tage später klopfte ich an die Tür des Restaurants. Alessandro
Mussolini hatte eine neue Kellnerin. Er bedauerte es nicht, denn bald
wollten alle Gäste nur von der »kleinen Blonden« bedient werden.

Am Abend vor Benitos Abfahrt öffnete sein Vater ein paar Flaschen Wein, Benito spielte Geige und wir tanzten. Als die Freunde fortgegangen waren, erklärte er mir: »Wenn ich wiederkomme, Rachele, werden wir heiraten.«

Das war kein Antrag, kein Plan, keine Idee, für die er mein Einverständnis suchte, das war eine Entscheidung, die er bereits für uns beide getroffen hatte. Aber von einem achtzehnjährigen Mädchen zu verlangen, daß es wartet! »Rede nur,« dachte ich mir damals, »jetzt fährst du erstmal weg, danach sieht man weiter . . .«

Kurze Zeit später erhielt ich einen weiteren Heiratsantrag. Von einem jungen Geometer aus Ravenna, glaube ich, einem gewissen Olivieri. Doch ich lehnte ab, zum großen Kummer meiner Mutter und vor allem Alessandro Mussolinis, der bemerkt hatte, daß ich eine Schwäche für seinen Sohn hatte. Er war sicher, daß ich unglücklich werden würde.

»Schon meine Frau ist ein Opfer der Politik geworden. Benito wird dich nicht glücklich machen, Rachele, warte nicht auf ihn.«

Ich erinnerte mich an Rosa Maltoni, deren Augen voller Tränen standen, wenn ihr Mann ins Gefängnis geschleppt wurde. Ein solches Leben lockte mich kaum, aber ich konnte mich einfach noch nicht entscheiden.

Nach acht Monaten kehrte Benito nach Forli zurück, die österreichischen Behörden hatten ihn aus Trient ausgewiesen, weil er den italienischen Nationalismus schürte und einen heftigen Artikel im »Popolo« geschrieben hatte, in dem er den Grenzverlauf zwischen Österreich und Italien in Frage stellte. Er erzählte uns stolz, daß die Sozialisten in Trient den Generalstreik ausgerufen hatten, um gegen seine Ausweisung zu protestieren. Mussolini wurde in Forli sofort zum Sekretär des Ortsverbands der Sozialistischen Partei ernannt.

Neben seinen politischen Aktivitäten begann Benito nun, sein privates Leben zu regeln. Er hatte erfahren, daß ich einen Verehrer hatte, und zwang mich, seine wenigen Briefe zu verbrennen. Außerdem forderte er ihn in einem kurzen Brief auf, mich in Zukunft in Ruhe zu lassen; der junge Mann verschwand aus meinem Leben.

Das alles begeisterte mich nicht sehr. Ich weigerte mich, Mussolini zu heiraten, obwohl ich mich zweifellos zu ihm hingezogen fühlte. Mein einziges Argument war die Politik. Ich wollte keinen Mann, der seine Zeit mit öffentlichen Erklärungen und Aufenthalten im Gefängnis zubrachte.

»Chiletta hat recht,« unterstützte mich Alessandro, »laß sie in Ruhe.«

Zunächst fand ich mich in mein Zimmer verbannt. Ich durfte weder tanzen gehen, noch die Gäste bedienen. Benito zögerte nicht, mich im Restaurant zu vertreten. »Wenn das kein Unglück ist«, jammerte sein Vater, »ein ›Professor‹, der in einem Restaurant bedient!« Doch Benito rührte das nicht:

»Keine Arbeit ist erniedrigend.« Seine Eifersucht war stärker als alles andere.

Im Herbst 1909 sagte Alessandro eines Abends zu mir: »Benito leitet eine sozialistische Versammlung. Willst du mit mir hingehen? Wir hören ihn uns an, und anschließend lade ich dich zum Tanzen ein.«

Obwohl ich mich nicht sehr sicher fühlte, sagte ich zu. Damit übertrat ich zwei Verbote: Ich ging auf einen Ball, und ich wohnte einer politischen Sitzung bei. Benito behauptete, daß meine Gegenwart ihn lähme.

Wir hörten Mussolini zu, ohne daß er uns bemerkte. Anschließend betraten wir den Ballsaal – gerade, als die sozialistische Hymne gespielt wurde. Der erste Tanz war ein Walzer, ich wurde sogleich von einem jungen Mann aufgefordert. Dann kam die Katastrophe. Kaum hatten wir ein paar Schritte gemacht, stand ich Benito gegenüber. Er warf mir einen zornsprühenden Blick zu, riß mich aus den Armen meines Kavaliers und beendete mit mir den Walzer in rasendem Tempo. Dann zog er mich nach draußen, rief eine Droschke und wir kehrten nach Hause zurück. Unterwegs sagte er kein Wort, erst im Gasthaus seines Vaters tobte er los. Benito machte Alessandro und meiner Mutter Vorwürfe, weil sie mich zum Ball hatten gehen lassen, und er wollte keine Erklärung anhören. Seit einigen Wochen hatte er seine Methode geändert, statt mit Charme und Liebenswürdigkeit auf mich einzuwirken, begann er mir zu drohen, etwa in der Weise: »Wenn du mich nicht willst, werfe ich mich unter die Straßenbahn.«

Meine Mutter, obwohl von Natur aus geduldig und sanft, beschloß diesmal einzugreifen.

Wir waren in der Küche, meine Mutter, Benito und ich. »Ich weise Sie darauf hin, daß Rachele noch minderjährig ist. Wenn Sie sie nicht in Ruhe lassen, reiche ich eine Klage ein, und Sie kommen ins Gefängnis.«

»Gut«, meinte Benito und ging hinaus.

Nach einigen Augenblicken kam er zurück und hielt meiner Mutter

den Revolver seines Vaters unter die Nase. Ungerührt erklärte er:
»Jetzt möchte auch ich Sie auf etwas hinweisen. Sie sehen diesen Revolver, Frau Guidi. Er ist mit sechs Kugeln geladen. Wenn Rachele mich immer noch zurückweist, dann ist eine Kugel für sie bestimmt, die anderen bleiben für mich. Die Wahl liegt bei Ihnen.«

In zwei Minuten war alles entschieden: Ich willigte ein, mich mit Benito zu verloben. Und ich war glücklich; ich glaube, ich war seit meinem zehnten Lebensjahr in ihn verliebt, ich brauchte nur einen Anstoß, um meine Bedenken zu überwinden.

Benito verließ uns gleich darauf und kehrte in sein Zimmer zurück, das im Zentrum von Forli lag. Doch am nächsten Morgen kam er wieder und verkündete uns seinen Entschluß: ich sollte zu meiner Schwester Pina in die Villa Carpena ziehen, die etwa acht Kilometer von Forli entfernt lag.

Jeden Abend besuchte Benito mich dort; wie er mir versicherte, hatte er auf dem sechzehn Kilometer langen Weg, den er manchmal lief und manchmal mit dem Fahrrad fuhr, Gelegenheit zum Nachdenken.

Wenn er ankam, zog er ein Paket Zeitungen und einige eng beschriebene Papierbogen aus seinen Taschen. Nachdem er dem Schwiegervater meiner Schwester, einem braven Bauern aus der Romagna, seine Artikel für den nächsten Tag vorgelesen hatte, gingen wir beide spazieren.

Benito wurde sich sehr schnell darüber klar, daß diese Situation nicht lange dauern konnte. An einem Nachmittag im Januar 1910 kam er früher als gewöhnlich. Er gab meiner Schwester Pina, die ihn empfing, ganz gelassen zu verstehen:

»Ich habe eine Wohnung für Rachele gefunden. Ich möchte, daß sie mit mir zusammenlebt und die Mutter meiner Kinder wird ... Sag ihr, sie soll sich beeilen, ich habe noch andere Dinge zu tun ...«

Während Pina in Tränen aufgelöst in mein Zimmer kam, um mir die Katastrophe zu verkünden, wartete Benito, seiner selbst sicher, und las wie gewohnt seinen Artikel für den kommenden Tag vor. In fünf Minuten war meine Entscheidung gefallen. »Gehen wir!« sagte ich.

Als Aussteuer besaß ich nur ein armseliges Bündel, das ein Paar alte Schuhe, zwei Taschentücher, eine Bluse, eine Schürze und etwas Kleingeld enthielt. Unter strömendem Regen legten wir die acht Kilometer zu Fuß zurück, vom Gebell der Hunde begleitet, als wollten sie uns vorwerfen, was wir taten.

24

In Forli hatte Benito mir eine angenehme Überraschung vorbereitet: er hatte uns im besten Hotel zwei zusammenhängende Zimmer reservieren lassen.

Am folgenden Morgen führte Benito mich zu einem alten Gebäude in der Via Merenda, das früher einmal schön gewesen sein mußte.

»Hier ist es«, sagte er zu mir.

Unsere Wohnung lag im obersten Stockwerk, am Ende eines dunklen Flurs. Um sie zu erreichen, mußte man eine so enge Treppe benutzen, daß ich fast steckenblieb, als ich einige Monate später schwanger wurde.

Benito hatte bereits einige Möbel angeschafft: ein Bett, einen Tisch, zwei Stühle und einen Kohlenherd. Den Rest besorgte ich mir bei meiner Mutter, und wir begannen die sechsunddreißig Jahre unseres gemeinsamen Lebens.

Ich muß hier erklären, daß wir nicht sogleich vor dem Gesetz Herr und Frau Mussolini wurden. Offiziell waren wir nicht verheiratet, denn die sozialistische Doktrin jener Zeit untersagte es, sich den herrschenden Regeln und »bürgerlichen« Gewohnheiten anzupassen. Jedes Mitglied der Sozialistischen Partei, das standesamtlich oder kirchlich heiratete, wurde automatisch ausgeschlossen. Benito und ich traten also weder vor den Standesbeamten noch vor den Pfarrer. Wir holten das erst sehr viel später, unter dem Druck der Ereignisse nach. Die zivile Trauung fand nach fünf Jahren gemeinsamen Lebens 1915 statt, weil eine rachsüchtige Geliebte Mussolinis, Ida Dalser, sich für mich ausgab und mir Unannehmlichkeiten schuf. Mit der kirchlichen Trauung haben wir fünfzehn Jahre gewartet, bis zum 29. Dezember 1925; wir wollten damit vor allem dem Papst einen Gefallen tun.

Unsere Hochzeitsreise machten wir erst zwanzig Jahre später.

Er verbietet mir, in seiner Abwesenheit zu entbinden

Während der langen Jahre, in denen Mussolini an der Macht war, nippte er kaum an den Weingläsern, die vor ihm standen. Manchmal feuchtete er nur ein wenig seine Lippen an, denn es wäre unvorstellbar gewesen, daß der Regierungschef eines Landes, das Wein produziert, das Nationalgetränk nicht schätzte. So entstand die Legende von der Abstinenz des Duce. Er trank keinen Alkohol, das stimmt, aber es ist weniger bekannt, daß diese berühmt gewordene Eigenschaft auf einen Vorfall zurückzuführen ist, den wohl alle Familien einmal erlebt haben: einen denkwürdigen Rausch des Familienoberhaupts.

Das war im Jahr 1911. Wir lebten seit einem Jahr zusammen, und wir waren nicht reich. Uns standen monatlich 120 Lire zur Verfügung, Benitos Verdienst als Sekretär des Ortsverbands der Sozialistischen Partei und als Verantwortlicher für die Wochenzeitung der Partei, die *Lotta di Classe* (Klassenkampf), die er im Januar des gleichen Jahres gegründet hatte. Von diesen Einkünften gab er der Partei zwanzig Lire ab und überließ mir den ganzen Rest. Wenn die fünfzehn Lire für die Miete gezahlt waren, blieb uns nicht mehr allzuviel zum Leben.

Unser Besitz beschränkte sich auf ein paar Möbel, die Benito gekauft hatte; seine Garderobe bestand aus einem schwarzen Anzug, den er seit zwei Jahren trug, einem Hut mit breiter Krempe, wie ihn die Männer in der Romagna tragen, einer schwarzen verschlissenen Halsschleife, zwei nicht mehr sehr weißen Hemden und einem Paar Schuhe. Ich besaß das, was ich in meinem Bündel mitgebracht hatte.

Seit den ersten Tagen hatte Benito bestimmte unveränderliche Gewohnheiten angenommen. Er stand morgens früh auf, wusch sich, zog sich an, rasierte sich, frühstückte – Milchkaffee und Brot – und ging fort. Das Ganze dauerte keine zwanzig Minuten. Sein erster Gang führte ihn zum Zeitungskiosk an der Piazza Saffi. Mit einer unglaublichen Geschwindigkeit überflog er die Leitartikel aller Zeitungen. Der Inhaber des Kiosk nahm von Mussolini kein Geld dafür, nicht nur, weil er ihn kannte, sondern weil er jeden Morgen aufs neue diese Marathon-Lektüre bewunderte. Anschließend ging Benito in das kleine Büro der Zeitung oder hielt auf dem Platz heftig gestikulierend lange Versammlungen ab.

Mittags kam er nach Hause; zum Essen brauchte er nur wenige Minuten. Anfangs las er dabei eine Zeitung, die er gegen eine Flasche lehnte, doch sehr bald gab er diese Angewohnheit auf. Er achtete nicht darauf, was sich auf seinem Teller befand. Wenn ich ihn aufforderte, mehr zu nehmen, entgegnete er, daß er als Kind nie üppige Mahlzeiten gekannt habe.

»Zu Hause gab es unter der Woche mittags eine Suppe und abends Endiviengemüse. Am Sonntag kochte meine Mutter eine Suppe mit einem Pfund Hammelfleisch für fünf Personen: meine Eltern, meinen Bruder, meine Schwester und mich.«

Manchmal schrieb er seine Artikel am Nachmittag zu Hause. Er bedeckte einen Bogen nach dem anderen mit seiner feinen flinken Schrift. Wenn ihm ein Abschnitt nicht gefiel, knüllte er die Seite nervös zusammen und warf sie auf den Boden, oder er stand auf und ging im Zimmer auf und ab, bis ihm die Erleuchtung kam.

Abends verlegte er sein Hauptquartier ins *Macaron*, das größte Café von Forlì, an der Piazza Aurelio Saffi. Dort trafen sich die Sozialisten, die Freunde meines Mannes und manchmal auch die Polizei, die das Café durchsuchte oder jemanden verhaftete. Die Jungen baten Mussolini oft, ihnen bei ihren Schulaufgaben zu helfen, denn er war für alle der *professore*, der Lehrer geblieben. Benito schrieb seine Erklärungen mit einem Stift direkt auf den Marmor, wenn eine Tischplatte vollgekritzelt war, setzte er sich an den Nachbartisch und machte dort weiter.

Diese Versammlungen dauerten oft bis spät in die Nacht, vor allem freitags und montags. An diesen beiden Markttagen stieg die Spannung, und nicht selten griffen die berittenen Carabinieri ein, den Knüppel in der Hand, denn Benito hatte viele Zuhörer und seine Reden begeisterten die Bauern, die aus den benachbarten Gemeinden gekommen waren. Ich sah ihn oft mit zerrissener Kleidung nach Hause kommen, mit Schmutz und blauen Flecken bedeckt. Er war ganz glücklich.

»Wir haben uns prächtig geschlagen, Rachele,« frohlockte er.

Kam es zu keinen Zusammenstößen mit der Polizei, dann schlug man sich mit Mitgliedern der Republikanischen Partei oder sogar unter Sozialisten, denn die gemäßigteren Verbände der Sozialistischen Partei in anderen Städten lehnten Benitos extremistische Haltung ab; er wollte alles umstürzen: die Monarchie, die Kirche, das herrschende System.

Die zwei Jahre, die wir in Forli gelebt haben, waren reich an Ereignissen, und ich merkte kaum, wie die Zeit verging. Nur nachts zählte ich die Stunden, wenn ich auf den Klang seiner Schritte oder den Ton seiner Stimme lauschte. Ich war überzeugt, daß man ihn mir einmal blutüberströmt ins Haus bringen oder ich ihn nie wiedersehen würde.

Eines Nachts hatte ich so bis zum Morgengrauen auf ihn gewartet. Ich schluchzte, meinen Kopf in die Hände vergraben, und war sicher, daß er bereits im Gefängnis war oder in der Leichenhalle lag. Da hörte ich Schritte auf der Treppe. Zitternd öffnete ich die Tür und blickte auf zwei unbekannte Männer, die meinen Mann stützten. Sein Gesicht war fahl, seine Augen starrten blicklos.

»Ängstigen Sie sich nicht, Signora, es fehlt ihm nichts. Er hat heute Nacht sehr viel geredet, und ohne es recht zu merken, hat er eine unglaubliche Menge Kaffee und Cognac getrunken.«

Nach dieser Erklärung ließen mich die beiden mit Benito allein. Ich versuchte ihn auszuziehen, während sein abwesender Blick auf mir ruhte, ohne daß er mich erkannte. Und dann, von einer Sekunde zur anderen, fing er an zu toben. Er zerschlug alles, was ihm in die Hände kam, und brüllte wie ein Besessener. Zu Tode erschrocken weckte ich eine Nachbarin auf, und wir holten einen Arzt. Er half uns, Benito ans Bett zu fesseln, und nach und nach beruhigte er sich.

Als er am Nachmittag aufwachte, wollte er nicht glauben, was er angestellt hatte, er war fassungslos.

»Sieh nur!« schrie ich ihn an, »du hast alles zerschlagen, ich brauche ein Vermögen, um alles wieder zu kaufen.«

Die Möbel, unser bißchen Geschirr, der Spiegel bildeten nur noch einen Trümmerhaufen.

»Sei dir bitte über eines im klaren«, fuhr ich ihn an, »ich akzeptiere niemals einen Alkoholiker als Mann. Als Kind mußte ich unter einer Tante leiden, die trank. Ich weiß, daß du beachtliche Vorzüge hast, ich bin sogar bereit, über deine Frauengeschichten hinwegzusehen, aber wenn du noch einmal in diesem Zustand auftauchst, bringe ich dich um.«

Benito hörte mich wortlos an. Dann nahm er meine Hand und zog mich zu Eddas Bettchen, die damals noch kein Jahr alt war.

»Ich schwöre dir über ihrem Haupt, daß das nie wieder vorkommen wird.«

Ich wußte, daß er seinen Schwur halten würde, denn Edda bedeutete ihm alles.

Und tatsächlich, abgesehen von bestimmten Gelegenheiten, wo er aus Gründen der Höflichkeit am Weinglas nippen mußte, hat er nie wieder Alkohol getrunken. Diese denkwürdige Nacht bildete den Ursprung der legendären Abstinenz des Duce.

Die Zuneigung, die mein Mann zeitlebens den Kindern entgegenbrachte, überraschte selbst seinen eigenen Vater, der bei seinem Sohn derartige Gefühle nicht erwartet hatte.

Mit Edda, der ältesten, war es ganz schlimm. Bei ihrer Geburt wollte er selbst ein Bettchen für sie kaufen, obwohl er sich sonst kaum um häusliche Probleme kümmerte. Wenn sie nachts weinte, nahm er seine Violine und spielte. Er hörte nicht auf, bis sie wieder eingeschlafen war. Später, als Edda etwa drei Jahre alt war, schleppte er sie überall mit hin, sogar zu seiner Zeitung. Auf diese Weise kannte sie bereits mit vier Jahren das Alphabet, das sie voller Stolz mit Kreide auf den Küchenfußboden malte. Und Benito, nicht weniger stolz, ließ nicht zu, daß ich es auswischte . . .

Nach Vittorios Geburt, in Mailand, kamen die Nachbarn ebenfalls in den Genuß vieler nächtlicher Konzerte. Unser drittes Kind, Bruno, wurde auch in Mailand geboren, wo Benito die von ihm gegründete Tageszeitung *Popolo d'Italia* leitete. Am 22. April 1918 mußte Benito nach Genua fahren. Bevor er abfuhr, sah er mich scharf an und erklärte mir:

»Ich hoffe, daß du dir nicht die Zeit, in der ich nicht da bin, aussuchst, um den Kleinen zur Welt zu bringen (in seiner Vorstellung handelte es sich bereits um einen Jungen). Ich bin es leid, als letzter von der Geburt meiner Kinder zu erfahren, wie bei Vittorio.«

Am Abend empfing Morgagni, der Geschäftsführer des *Popolo d'Italia*, meinen Mann mit einem breiten Lächeln am Bahnhof:

»Es ist ein Junge! Rachele geht es gut.«

Benito sprang in ein Taxi, raste die Treppe hinauf, und noch ehe er sich das Baby ansah, rügte er mich mit ernster Stimme:

»Ich hatte dir doch gesagt, du sollst auf mich warten. Warum hast du es nicht getan?«

So sind die Männer. Sie wollen in jeder Lage die Herren sein.

Um an dieser Geburt mit teilzunehmen, wollte Benito in den folgenden Tagen unbedingt meine Mutter vertreten und mir das Essen zubereiten. Von meinem Bett aus gab ich ihm Ratschläge, aber ich merkte sehr schnell, daß das überflüssig war: Er hatte alle Töpfe verbrannt, und ich konnte nicht einmal mehr ein Ei kochen. Außerdem hatte er in zwei Tagen bereits das ganze Geld ausgegeben, das mir für den Monat zur Verfügung stand. So bin ich nach achtundvierzig Stunden aufgestanden, um noch größeren Schaden zu verhüten.

Etwa neun Jahre später, bei Romanos Geburt, spielte sich ein besonderes Drama ab. Ich gehe nicht auf die besonderen Vorsichtsmaßnahmen ein, die diese Geburt begleiteten, weil es sich diesmal um die Frau des Regierungschefs handelte; man drängte mir eine Hebamme und einen berühmten Gynäkologen auf, der mich zur Verzweiflung brachte mit seinen neuen Methoden und seinen ständigen Mahnungen, ich sei die Gattin des Duce, so daß ich eines Tages explodierte: »Wissen Sie, wenn eine Frau ein Kind zur Welt bringt, dann unterscheiden sich die Schmerzen nicht nach der sozialen Schicht. Eine Frau von bescheidener Herkunft spürt sie genauso wie eine Königin.«

Mein Mann, der in Rom war, wurde unterrichtet, als die Geburt kurz bevorstand. Da er wieder überzeugt war, daß es ein Junge werden würde, ließ er von der Presseagentur Stefani die Nachricht verbreiten, ich hätte einen Jungen geboren, der zu Ehren Roms den Namen Romano trage. Aber als Benito im Eiltempo gegen 17 Uhr in der Villa Carpena eintraf, mußte er zu seinem Entsetzen feststellen, daß ich noch nicht entbunden worden war.

»Was machen wir denn nun? Die Agentur Stefani hat die Geburt bereits mit allen Einzelheiten angezeigt.«

»Was kann ich dazu?« entgegnete ich, »geh schlafen. Man wird dir Bescheid geben.«

Gegen Mitternacht weckte ihn Cina, unser Zimmermädchen: »Duce, es ist ein Junge!«

Benito stürzte in mein Schlafzimmer. Er nahm den Kleinen auf den Arm, umarmte mich und schrie:

»Gut gemacht, Rachele! Sehr gut! Du hast mir wirklich Freude gemacht.«

Mir ist nie klar geworden, ob er sich mehr darüber freute, einen Sohn zu haben, oder über die Bestätigung seiner Meldung, die er zu früh in der Welt hatte verbreiten lassen.

Bei der Geburt meines letzten Kindes, Anna Maria, war ich nach der Erfahrung mit Romano vorsichtig geworden. Ich gab Benito einen späteren Termin für die Entbindung an. So machte ich die Arbeit ganz allein, ohne Hebamme und Geburtshelfer, und rief dann Mussolini in Rom an:

»Sie ist da!« sagte ich mit ruhiger Stimme.

»Wer?«

»Nun, die Kleine.«

»Welche Kleine?«

»Unsere. Jetzt suche du ihr einen Namen.«

Zufrieden über die Wirkung meiner Nachricht legte ich den Hörer auf. Und ich wartete auf seinen Rückruf, damit er mir sagte, wie das Kind heißen sollte. Doch am nächsten Morgen öffnete ich die Zeitung und erfuhr, daß ich eine kleine Anna Maria geboren hatte. Diesmal war ich die Überraschte, aber ich war glücklich: Anna Maria war der Vorname meiner Mutter . . .

Als wir Großeltern wurden, war es Benitos größte Freude, mit den Enkeln zu spielen. Das einzige, was er von ihnen verlangte, war, keinen Lärm zu machen, weil er davon Kopfschmerzen bekam. Aber was stellte er nicht alles mit ihnen an! Duce oder nicht, mein Mann kroch auf dem Teppich herum, spielte das Pferd und war zu jedem Unsinn bereit. Kurz, er benahm sich wie alle Väter oder Großväter.

Eine Hauptsorge in bezug auf die Kinder war für Benito die Wahl ihrer Schuhe. Er verlangte, daß sie eine Nummer größer waren als eigentlich notwendig.

»Du mußt das verstehen,« erklärte er mir, »ich habe als Kind dermaßen gelitten: Ich mußte meine Schuhe noch tragen, wenn sie bereits zu klein waren, weil meine Eltern mir keine anderen kaufen konnten. Und später konnte ich mir selbst auch keine leisten. Ich möchte nicht, daß meine Kinder die gleichen Qualen leiden. Sie sollen sich in ihren Schuhen wohlfühlen.«

Mussolinis Entwicklung zum Faschisten

Wir lebten bereits zwei Jahre in Mailand – seit Dezember 1912 –, als mein Mann zum Direktor der wichtigsten Zeitung der sozialistischen Partei Italiens, *L'Avanti*, ernannt wurde. An einem Oktoberabend des Jahres 1914, ich glaube, es war der 19., kam Benito verbittert und niedergeschlagen aus Bologna zurück.

»Rachele, wir müssen wieder ganz von vorne beginnen. Die Zeitung hat mich vor die Tür gesetzt.«

»Was ist denn passiert?«

»Die Sozialistische Partei war mit meiner Kampagne für Italiens Eintritt in den Krieg auf seiten der Alliierten ganz und gar nicht einverstanden. Das Exekutivkomitee ist der Auffassung, daß die Stellungnahme der Zeitung der Parteipolitik zuwiderlaufe. Daher hat man mich entlassen.«

»Und was machen wir jetzt?«

»Wir müssen zunächst Geld zum Leben finden, und dann zur Gründung einer neuen Zeitung; denn ich bin völlig verloren, wenn ich mich nicht ausdrücken kann. Ich muß meine eigene Zeitung haben.«

»Aber sie zahlen dir doch eine Entschädigungssumme, bei all dem, was sie dir noch schulden?«

»Ich weiß, aber ich habe alles zurückgewiesen. Ich will von diesen Leuten nichts mehr annehmen. Ich habe ihnen gesagt, daß ich zur Not als Maurer arbeiten würde, aber daß ich ihr Geld nicht haben wollte.«

Ich war bestürzt. Zunächst wegen Benito, der sich während der zwei Jahre halb zu Tode gearbeitet hatte. Als er Claudio Treves als Direktor von *L'Avanti* ablöste, verkaufte die Zeitung nur zwanzigtausend Exemplare am Tag. In weniger als zwei Jahren hatte Mussolini die Auflage auf hunderttausend Exemplare gebracht. Ich habe ihn oft bis tief in die Nacht hinein an seinen Artikeln und Kommentaren schreiben sehen. Manchmal gingen wir abends ins Theater, um die ersten

Andrucke abzuwarten. Benito verbrachte dann noch mehrere Stunden bei der Zeitung, wo er die Abzüge korrigierte.

Ich war um so unglücklicher, weil er es bei seiner gewohnten Uneigennützigkeit abgelehnt hatte, das ganze Gehalt einzustecken, das ihm als Direktor zustand. Einige verdienten im Monat tausend Lire, aber er, um die Kosten von *L'Avanti* nicht noch zu steigern, begnügte sich mit fünfhundert. Das führte übrigens zu einem schönen Wutausbruch meinerseits:

»Und warum überläßt du anderen, was dir zusteht? Wie kannst du beurteilen, ob dir das reicht oder nicht? Wer macht die Einkäufe und kennt die Preise?«

Doch im Laufe der Zeit hatte sich die Lage gebessert. Wir zogen in unsere Wohnung in der Via Castel Morrone Nr. 19, in einem Arbeiterviertel von Mailand; und ich glaubte, daß die düsteren Tage für immer vorüber seien.

Ich wollte die Sorgen meines Mannes nicht verstärken, aber ich fragte mich doch, wie wir die achtzig Lire Miete zahlen sollten; wir hatten keinen Pfennig mehr. Schließlich lieh Benito sich Geld, damit wir wenigstens leben konnten.

Es galt nun, Kapital zu finden, um eine Zeitung zu gründen. Benito hielt zu Hause einen Kriegsrat ab, zu dem er einige politische Freunde und mehrere Leute einlud, die an der Gründung einer Zeitung mit Mussolini als Direktor interessiert waren. Zu ihnen gehörten Filippo Naldi, der Direktor des *Resto del Carlino* in Bologna, Manlio Morgagni, der später der Geschäftsführer des *Popolo d'Italia* wurde, Nicolas Bonservizi, Sandro Giuliani, Lido Caiani, Gino Rocca, Giacomo Di Belsito. Filippo Naldi hatte zweihundert Lire in der Tasche, das erste Kapital für die Zeitung.

Morgagni gelang es, Inserenten zu finden, die im voraus bezahlten. Damit verfügten wir über viertausend Lire Bargeld. Anschließend bemühten wir uns, Abonnenten zu werben; ich übernahm die Rolle des Schatzmeisters, ich kontrollierte die eintreffenden Summen und stellte die Quittungen aus. Benito und seine wenigen Freunde durchstreiften Italien auf der Suche nach neuen Geldquellen. Dank Naldis Hilfe wurde eine kleine Mannschaft gebildet, die aus zwei Redakteuren und einem Techniker bestand, der den Druck überwachte. Die *Messagerie Italiane* sicherten den Vertrieb der Zeitung, und eine neue Werbeagentur kümmerte sich um den Anzeigenteil.

Schließlich erschien die erste Nummer des *Popolo d'Italia*. Für meinen

Mann bedeutete das einen großen Sieg über die reformistischen Sozialisten, die die Mehrheit bildeten, über alle die, die versucht hatten, ihn aus dem Weg zu räumen – und über sich selbst, der stark an diesem Erfolg gezweifelt hatte. Der 15. November 1914 war ein großer Tag. Während der vorangegangenen Nacht bekam ich Benito nicht zu Gesicht: Er blieb in der Druckerei und überprüfte jede Zeile, jedes Wort. Unter den Namen seiner Zeitung setzte er, zum Beweis, daß er noch immer Sozialist war: »Sozialistische Tageszeitung«.

Er war bleich, unrasiert, erschöpft, aber glücklich. Er wußte jedoch, daß die schwerste Prüfung noch bevorstand, denn die Sozialisten würden alles daransetzen, um den *Popolo d'Italia* kaputtzumachen. Deshalb wurden wir alle, meine Mutter, ich, unsere Freunde, eingesetzt, jeden Tag die Runde der Zeitungskioske zu machen, um zu kontrollieren, ob der *Popolo* günstig ausgehängt war und gut verkauft wurde.

Zu Hause gab es ein ständiges Kommen und Gehen. Leute, die ich nie gesehen hatte, gingen ein und aus. Aus allen Ecken Italiens kamen kleine Überweisungen, manchmal vier oder fünf Lire; aber wir erhielten auch Beträge von fünfhundert oder tausend Lire. Bald übernahm Morgagni die Leitung des Anzeigenteils, und die Aufträge wurden immer zahlreicher. Eines Sonntags, als Benito und ich Edda spazieren führten, hielten wir vor einem Zeitungsstand und mein Mann fragte ganz harmlos:

»Wie geht denn diese Zeitung?«

»Nicht schlecht,« erwiderte der Verkäufer, »aber wenn der *Popolo d'Italia* jeden Tag einen Artikel der ›Intelligenzbestie‹ Mussolini veröffentlichen würde, ließe er sich noch hundertmal besser verkaufen.«

Benito zeigte keine Reaktion.

Man hat viele Dinge über Mussolini und die Gründung des *Popolo d'Italia* erzählt. Es wurde behauptet, daß er Geld aus dem Ausland bekommen habe und sich dafür habe bezahlen lassen, daß er die Regierung und das italienische Volk dazu aufgefordert habe, gegen Deutschland und Österreich in den Krieg zu treten. Mir hat Mussolini immer bestätigt, daß er zu Beginn des Ersten Weltkriegs glaubte, Italien müsse neutral bleiben. Doch nach der Marne-Schlacht kam er zu der Überzeugung, daß Italien nichts dabei gewinnen könne, wenn es sich aus dem Krieg heraushielte.

Benito erklärte mir, daß er niemals vergessen habe, warum er im Jahre 1908 aus Trient ausgewiesen worden sei. Und daß man die Gelegenheit nicht verpassen dürfe, die Grenze zwischen Italien und dem Österreich der Habsburger zu berichtigen. Außerdem war Mussolini davon überzeugt, daß das italienische Volk einen Krieg brauchte, um sich der Notwendigkeit einer grundlegenden sozialen Umwandlung bewußt zu werden. Für ihn bot der Krieg eine Öffnung zur gesellschaftlichen Revolution. Das sollte sich ja später auch bewahrheiten.

Im Verlauf einer stürmischen Versammlung in Mailand setzte mein Mann den Sozialisten die Gründe für seine Meinungsänderung auseinander. Er erklärte ihnen, daß er seine Entscheidung nicht aus einer Laune heraus getroffen habe, sondern nachdem er durch lange Überlegung zu dem Schluß gekommen sei, daß es keine andere Wahl gebe. Ich erinnere mich noch an zwei Sätze, die er mir anschließend sagte:

»Sie hassen mich, weil sie mich noch lieben. Sie können mir meinen sozialistischen Glauben nicht rauben, indem sie meine Mitgliedskarte zerreißen, oder mich daran hindern, weiter für den Sozialismus und die Revolution zu kämpfen.«

Die Gelder, die angeblich aus dem Ausland kamen, habe ich nie gesehen, und in jener Zeit kontrollierte ich die Kasse. Wenn wir über derartige Quellen verfügt hätten, wären die Mitarbeiter und die Drucker im übrigen regelmäßiger bezahlt worden . . .

Ein Jahr später, 1915, besuchte uns tatsächlich Marcel Cachin, ein französischer Kommunist. Ich erinnere mich gut an ihn, denn er sprach kein Italienisch, und wir hatten einige Schwierigkeiten, uns zu verständigen, wenn Benito nicht da war.

Cachin führte mehrere Unterredungen mit meinem Mann, doch ist mir nicht bekannt, daß er Geld hinterlassen hätte. Im übrigen war Cachin nicht der einzige ausländische Sozialist oder Kommunist, der mit Mussolini in Verbindung trat; selbst Lenin besuchte ihn in Mailand.

Das geschah kurze Zeit nach der Gründung des *Popolo d'Italia*.

Lenin, der aus der Schweiz gekommen war, wollte Mussolini überzeugen, wieder in die Sozialistische Partei zurückzukehren. Aber der wollte nichts davon wissen. Dabei schätzte er Lenin sehr, er hatte ihn kennengelernt, als er in der Schweiz arbeitete und studierte. Ich fand ihn sehr sympathisch und liebenswürdig mit seinem kleinen Bärtchen und seiner Gelehrtenbrille. Er blieb einige Tage in Mailand. Später meinte mein Mann:

»Lenin hat einmal in seinem Leben großes Glück gehabt; er ist gestorben, bevor Stalin ihn umbringen konnte.«

Nach dem erregenden Erlebnis einer Zeitungsgründung erwarteten mich andere, nicht weniger aufregende Abenteuer: Benitos Duelle.

Als er sein erstes Duell vorbereitete, starb ich fast vor Angst. Er ging im Morgengrauen in Begleitung seiner Sekundanten fort, und ich war überzeugt, daß ich ihn nicht mehr lebend wiedersehen würde, um so mehr, da sein Gegner ein Offizier war, der Oberst Cristoforo Baseggio, ein Abweichler der Partei, der bestimmt die Klinge zu führen wußte.

Benito blieb ganz ruhig und selbstsicher:

»Rege dich nicht auf, Rachele,« beruhigte er mich, »ich habe ein paar gründliche Fechtstunden bei Camillo Ridolfi genommen.«

Aber ich war sicher, daß sie nicht genügten, um das Schlimmste zu verhindern, selbst wenn Ridolfi ein hervorragender Lehrmeister war.

Am Tag vor dem Duell mußte ich Benito ein neues Hemd kaufen, und die halbe Nacht hörte ich ihn, seinen Fechtmeister und die Zeugen leise im Zimmer nebenan diskutieren. Das Geklirr der Degen klang so unheilvoll in meinen Ohren, daß ich sie mir schließlich verstopfte. Am frühen Morgen verschwanden sie, ganz in schwarz gekleidet, den Zylinder in der Hand, wie Leichenträger.

Ich erwartete, meinen Mann in üblem Zustand wiederzusehen, aber er kam ganz unversehrt zurück und trug eine kleine Katze auf dem Arm.

»Ich habe sie auf dem Hinweg am Straßenrand gefunden, sie hat mir Glück gebracht, wir werden sie behalten.«

Die kleine Katze muß danach viel zu tun gehabt haben, denn ein Duell folgte dem anderen. Jedesmal, wenn jemand eine andere Meinung vertrat, ein politischer Gegner oder sogar ein Freund, wurde das Problem auf dem Rasen geregelt.

Benito hat sich mehr als zehnmal geschlagen, unter anderem mit einem Sozialisten, einem Anarchisten und sogar mit Claudio Treves, seinem Vorgänger als Direktor der Zeitung *L'Avanti*. Dieses Duell war im übrigen eines der härtesten, denn Benito fehlte ein Stück seines Ohres und sein Hemd war voller Blut. Treves hatte eine tiefe Wunde in der Achselhöhle.

Dieses Duell löste bei mir eine heftige Reaktion aus. Da ich mich daran gewöhnt hatte, meinen Mann heil und unversehrt nach seinen Zweikämpfen wieder zu Hause zu sehen, hatte die Angst um sein Leben einer wachsenden Unruhe wegen der Kosten dieser Auseinandersetzungen Platz gemacht. Benito mußte den Fechtmeister und den begleitenden Arzt bezahlen und die Sekundanten entschädigen, sei es auch nur mit einem Geschenk. Dabei vergesse ich noch die Wachposten, die aufpaßten, ob die Polizei kam, denn die königlichen Erlasse untersagten die Duelle mit aller Schärfe.

Als die Blutflecken trotz mehrmaligem Waschen nicht aus dem neuen Hemd herausgingen, geriet ich in Zorn:

»Jetzt reicht es wirklich. Dieses Hemd bleibt von nun an allen anderen Duellen vorbehalten. Du glaubst doch nicht, daß ich Lust habe, jedesmal Geld aus dem Fenster zu werfen, wenn Herr Mussolini mit jemandem eine Meinungsverschiedenheit hat. Entweder gibst du es auf, dich zu schlagen, oder du gehst mit diesem Hemd . . .«

Mein Mann stimmte für die zweite Lösung und behielt das Hemd. Allmählich wurden die Duelle so alltäglich, daß wir uns einen Code ausdachten, um meine Mutter nicht mehr zu beunruhigen, die sich nie daran gewöhnen konnte. Benito erklärte mir morgens, nach dem Aufwachen:

»Heute kochen wir Spaghetti.«

Und ich packte sogleich seine Sachen in einen kleinen Koffer. Nach dem Kampf rief er an, und wenn alles gut verlaufen war, verkündete er:

»Du kannst die Spaghetti wegschmeißen.«

Um das Ereignis zu feiern, sahen wir uns abends ein Marionettenspiel an, für das Benito eine besondere Vorliebe hatte.

Er erzählte mir oft von seinen Duellen; ich unterhielt mich köstlich dabei, denn es fehlte ihm nicht an Humor. So kreuzte er einmal ganz ernsthaft die Klinge mit einem seiner Gegner, als plötzlich ein lautes Geschrei ertönte. Ein paar brave Frauen wollten ihre Wäsche im Fluß waschen und waren auf die Duellanten gestoßen. Verstört stürzten sie davon und brüllten:

»Hilfe! Sie bringen sich um!«

Die beiden mußten sich einen anderen Ort aussuchen. Ein anderes Mal hatten sich Benito und sein Gegner in einem gemieteten Zimmer eingeschlossen. Die Möbel rückten sie alle in eine Ecke. Mitten im Kampf warnte sie die ›Wache‹, daß die Polizei anrücke. Die beiden Kämpfer stürzten nach draußen, den Degen in der einen, den Zylinder in der anderen Hand. Doch die Polizisten verfolgten sie. Wie in einem Kriminalfilm sprangen sie in ein Auto, das sie zum Bahnhof fuhr. Dort erwischten sie einen Güterzug und landeten schließlich in einem kleinen Dorf, wo sie ihr Duell beendeten.

Viele Jahre später erinnerte ich mich an die Code-Sprache, die wir für die Duelle benutzten. Ich wollte mich ihrer bedienen, als Benito am 25. Juli 1943 verhaftet worden war. Ich konnte ihm schreiben, aber da ich seinen Aufenthaltsort nicht kannte, mußte ich meine Briefe den Carabinieri übergeben, die sie weiterleiteten. Es war mir klar, daß die Korrespondenz kontrolliert wurde, und so schrieb ich, um ihm zu sagen, daß alle Welt seine Rückkehr in die Romagna erwartete: »Hier warten alle darauf, daß der Fluß wieder Wasser führt.«

Benitos Antwort: »Ich bedaure es sehr, daß die Romagna unter Trockenheit zu leiden hat...« Danach habe ich keinen Code mehr benutzt.

Zu den amüsantesten Erinnerungen aus unserer Mailänder Zeit gehören die Theaterbesuche.

Benito kam eines Abends mit Theaterkarten nach Hause, die seiner Zeitung zur Verfügung gestellt worden waren.

»Wir gehen heute abend ins Theater; ich muß anschließend nochmal in die Druckerei, um die Korrekturbogen zu lesen.«

Bereits nach wenigen Minuten begann es mir leid zu tun, daß ich mich hatte überreden lassen. Bei jeder Szene, die Benito nicht gefiel, brach er in schallendes Gelächter aus und kritisierte mit lauter Stimme den Text und die Darsteller. Alle Blicke richteten sich auf uns. Ich genierte mich entsetzlich und machte mich in meinem Sessel ganz klein. Aber ihm war das völlig gleich, um so mehr, als er wirklich etwas von der Sache verstand: 1911 hatte er einen Roman mit dem Titel *Claudia Particella, die Geliebte des Kardinals* geschrieben. Die Trienter Zeitung *Popolo*, die dieses Feuilleton veröffentlichte, erlebte deshalb eine spürbare Auflagensteigerung.

Ich hielt Benito sein Betragen vor, doch er meinte, daß man nicht das Recht habe, die Zuschauer mit schlechten Stücken zu langweilen.

»Schreib das in der Zeitung, aber mach nicht alle auf dich aufmerksam.«

»Ich gehe ins Theater, um mich zu amüsieren. Wenn ich mich nicht amüsiere, dann sage ich es. Das ist alles...«

Beim nächsten Theaterbesuch sahen wir eine Oper, ich glaube *Parsifal*. Ich hoffte, daß Benito sich diesmal etwas ruhiger verhalten würde, was er auch wirklich tat, denn er schlief vom Anfang bis zum Ende.

Wenn Benito sich in manchen Theateraufführungen unmöglich benahm, so war er der ideale Zuschauer fürs Varieté, für Zauber- und

Tricknummern und Komödien. Er verfolgte dann jede Geste mit der Begeisterung und der Aufmerksamkeit eines Kindes. So blieb er bis zu seinem letzten Lebenstag.

Bei unseren Kinoabenden in der Villa Torlonia, als Mussolini Regierungschef war, wußte ich genau, daß er nicht bis zum Ende bleiben würde, wenn es sich um einen traurigen, poetischen oder romantischen Film handelte.

Lief hingegen ein historischer Film oder ein guter *Dick und Doof* (Laurel und Hardy), dann rührte er sich nicht vom Fleck und begleitete jeden Gag mit lauten Begeisterungsrufen.

Nachdem ich einmal begriffen hatte, welche Stücke gefährlich waren, beschloß ich, Benito zu bestimmten Vorführungen nicht mehr zu begleiten. Meine Mutter löste mich ab, doch nach dem ersten Abend schwor die Ärmste, daß sie nie wieder mitgehen würde: Um sein Mißfallen kundzutun, hatte Benito einfach seinen Schuh ausgezogen und auf die Bühne geworfen. Da er aber auf keinen Fall allein ins Theater gehen wollte, engagierte ich ein junges Mädchen als Gesellschaftsdame.

Doch das dauerte auch nicht lange, denn vorsichtigerweise hatte ich ein eher häßliches Mädchen ausgesucht. Das gefiel Benito weniger, schließlich zog er es doch vor, allein zu gehen. So hatten wir alle unsere Ruhe.

Mussolinis Machtergreifung

Als ich einmal im Geschichtsbuch meiner Tochter Edda blätterte, las ich einen denkwürdigen Ausspruch Mussolinis, den er am 30. Oktober 1922 geäußert haben soll, als er von König Viktor Emanuel III. im Quirinal-Palast empfangen wurde. Er hatte erklärt: »Majestät, ich bringe Ihnen das Italien von Vittorio Veneto.«

Damit sollte zum Ausdruck gebracht werden, daß Mussolini ein siegreiches Land vertrat. Wie durch den Sieg von Vittorio Veneto 1918 die Niederlage von Caporetto ausgelöscht wurde, so waren im Jahre 1922 das Chaos und die Unruhen, die vor dem Marsch auf Rom in Italien geherrscht hatten, überwunden und die staatliche Einheit wiederhergestellt.

Ich gab meinem Mann zu verstehen, daß seine Worte am 30. Oktober die Situation sehr gut gekennzeichnet hätten. Doch zu meiner Überraschung mußte ich hören, daß Mussolini diesen »historischen« Satz nie ausgesprochen hat.

Das mindert jedoch in keiner Weise die Bedeutung des Ereignisses, denn ohne den Marsch auf Rom wäre unser Schicksal wohl anders verlaufen.

Im Jahre 1919 war mein Mann allerdings noch weit von dem Gedanken entfernt, daß er schon drei Jahre später Regierungschef sein würde.

1919 war für uns ein dunkles Jahr. Im politischen wie im privaten Bereich kannten wir nichts als Sorgen. Zunächst bekam ich die spanische Grippe, als ich Bruno noch stillte. Damals forderte diese Krankheit in Italien über fünfhunderttausend Todesopfer, mehr Tote als der Erste Weltkrieg.

Dann erkrankte Bruno an Diphtherie. Mein Mann und ich saßen tagelang an seinem Bett; für Benito war diese Krankheit wichtiger als jeder politische Erfolg, als jede politische Niederlage. Bei Tisch rührte er kaum seinen Teller an und verließ das Haus nur für die Zeit, die zur

Herausgabe der Zeitung unbedingt notwendig war. Wir glaubten nicht, daß Bruno überleben würde. Oft hielt ich ihn stundenlang in den Armen und weinte verzweifelt vor mich hin.

Schließlich erklärten die Ärzte, daß keine Gefahr mehr bestünde. Als ich Benito diese frohe Nachricht verkündete, füllten sich seine Augen mit Freudentränen.

Doch kaum genesen, bekam Bruno eine schwere Lungenentzündung. Nachdem er auch diese Krankheit überstanden hatte, wog er nur noch sieben Kilogramm. Benito und ich waren völlig erledigt, er noch mehr als ich. Denn wenn er grundsätzlich schon keine Krankheiten ertragen konnte, die eigenen genauso wenig wie die der anderen, so brachten ihn kranke Kinder ganz aus der Fassung.

In politischer Hinsicht sah es nicht besser aus. Am 23. März 1919 gründete Mussolini die *Fasci di combattimento,* das heißt, die faschistische Bewegung. Als er abends nach Hause kam, war er nicht besonders glücklich. Trotz der Ankündigung im *Popolo d'Italia,* die alle Gleichgesinnten über die Gründung einer neuen Bewegung unterrichtete, der man während der Versammlung im Theatersaal Dal Verme beitreten konnte, erschienen kaum hundertfünfzig Leute. Benito mußte sogar den Saal wechseln, damit er mit der kleinen Teilnehmerzahl nicht zu lächerlich wirkte. Das Zusammentreffen fand schließlich in einem kleinen Saal der Piazza San Sepolcro statt.

Bei der Wahl des Exekutivkomitees griff Benito auf gut Glück ein paar Enthusiasten aus der ersten Reihe heraus.

Einige Monate später, im November 1919, fanden die Parlamentswahlen statt. Mein Mann kandidierte, mit ihm bewarben sich auch zwei bekannte Persönlichkeiten um einen Sitz: Filippo Tommaso Marinetti, der Gründer der futuristischen Bewegung, und Arturo Toscanini, der berühmte Dirigent.

An jenem Abend rief Benito mich gegen 23 Uhr an:

»Ein totales Fiasko!« verkündete er mir, »wir haben keinen einzigen Sitz. In der *Galerie* – im Zentrum Mailands – tobt alles gegen uns, vor allem die Sozialisten. Ich habe Angst, daß einige bis zu unserem Hause ziehen. Rege dich nicht auf, aber bringe vorsichtshalber die Kinder in Sicherheit.«

Verstört rannten meine Mutter und ich hin und her. Schließlich wickelte ich die Kinder in Decken ein und trug Edda, Vittorio und Bruno auf den Dachboden, den einzigen mir sicher erscheinenden Ort. Vittorio, der knapp drei Jahre alt war, fragte mich:

»Was ist los, Mama, brennt unser Haus?«
Und Edda, die gerade neun geworden war, erwiderte:
»Sei still! Wenn sie dich hören, schneiden sie dir den Kopf ab . . .«
Ich kehrte in unsere Wohnung zurück und begann hinter den Fenster-
läden Wache zu halten. Seit dem Sommer wohnten wir im Foro
Bonaparte 38, in einem freundlichen Wohnhaus, nicht weit von einem
Park, allerdings auch nicht weit vom Sitz der Sozialistischen Partei
entfernt. Von dorther erwartete ich die Gefahr. Ich hörte bereits ge-
waltigen Lärm herübertönen.
Etwa zwei Stunden später sah ich einen Fackelzug die Straße herauf-
kommen, in dem ich ein paar Särge zu entdecken glaubte. Das
schwache Licht der Straßenlaternen und die flackernden Fackeln der
Leute gaben der Szene eine noch unheimlichere Wirkung. Als die
Menge unter meinen Fenstern vorüberzog, erkannte ich genau die
Särge und einzelne Gestalten, die ihre Faust gegen das Haus reckten
und brüllten:
»Mussolini ist tot! Mussolini ist tot! Hier ist sein Leichnam, hier sind
die Leichen seiner Freunde!«
Ich wurde von panischer Angst erfaßt und glaubte wahnsinnig zu
werden. Ich war überzeugt, daß mein Mann tatsächlich tot war, ich
wäre am liebsten zu diesen Leuten dort hinuntergestürzt, um ihnen
seinen Körper zu entreißen, aber ich mußte an meine Mutter und an
meine drei Kinder denken.
Viele Jahre später, 1945, wurde ich von ähnlichem Entsetzen gepackt,
als unter meinen Fenstern junge Leute, Faschisten oder nicht, zu Boden
stürzten, von den Kugeln der Partisanen tödlich getroffen.
Diese unerträgliche Angst dauerte bis zum nächsten Morgen. Mein
Mann hatte mich kein einziges Mal angerufen, was nicht seiner Gewohnheit entsprach und den Leuten draußen Recht zu geben schien.
Schlimmer noch, am frühen Morgen verkündete mir die Frau des
Hausmeisters ganz verstört, daß L'Avanti berichtet hätte, ein Leich-
nam wäre aus dem Fluß gezogen und als der Mussolinis identifiziert
worden.
Schließlich setzte ein mitleidiger Polizist meinen Qualen ein Ende.
Er ließ mir mitteilen, daß mein Mann gesund und munter sei; er sei
während einer Kundgebung in der Nacht festgenommen worden und
befinde sich augenblicklich im Gefängnis San Vittore. Im Laufe des
Tages wurde er bereits wieder freigelassen.
Benito berichtete mir, daß Toscanini und Luigi Albertini, der Direktor

des *Corriere della Sera*, der größten italienischen Zeitung, ein glühender Gegner meines Mannes, für seine Freilassung eingetreten waren. Dieser Einsatz des Direktors des *Corriere* sollte dem Blatt drei Jahre später das Leben retten.

Als ich Benito die makabre Szene vom Vorabend schilderte, erinnerte er mich daran, daß er mir im Ersten Weltkrieg einmal von der Front Handgranaten mitgebracht habe. Er erklärte mir, wie man damit umgehen müsse, und ich räumte sie beruhigt oben auf einen Schrank.

Außerdem brachte Benito mir noch einen Revolver mit, den ich am Tag in meiner Handtasche trug; nachts versteckte ich ihn unter Vittorios Bett. Mussolini hat Waffen nie besonders geschätzt, aber ich legte Wert darauf, unsere Haut so teuer wie möglich zu verkaufen, um so mehr, als ich immer gern geschossen und gejagt habe. Im Zweifelsfall hätte ich sicher weniger abzudrücken gezögert als mein Mann.

Glücklicherweise brauchte ich mich nicht des Revolvers zu bedienen, und das Jahr ging ohne weitere ernste Zwischenfälle zu Ende.

Allerdings wäre es falsch zu schreiben, daß es 1919 kein bedeutendes Ereignis mehr gab, denn im September begann Gabriele d'Annunzios Abenteuer in Fiume.

Fiume war eine Stadt am Adriatischen Meer, die nach den Abkommen, die zu Ende des Ersten Weltkriegs unterzeichnet worden waren, nicht zu der von den Italienern zu besetzenden Zone gehörte.

Letztere hatten diesen Zustand nicht akzeptiert, und seit Monaten häuften sich die Zwischenfälle zwischen Franzosen und Italienern, wodurch die öffentliche Meinung meines Landes aufgerüttelt und der italienische Nationalismus geschürt wurde.

Während eine internationale Kommission die Situation untersuchte, beschloß d'Annunzio, in eigener Verantwortung zu handeln: Mit seinen Getreuen besetzte er ganz einfach die Stadt.

Als wir eines Abends, ich glaube, es war der 11. September, aus dem Theater kamen, erhielt Mussolini eine Botschaft von d'Annunzio: »Die Würfel sind gefallen. Ich breche jetzt auf. Morgen früh erobere ich Fiume mit der Waffe in der Hand. Möge der Gott Italiens mir beistehen.«

Ein derartiges Unternehmen, das ganz dem Stil des berühmten Dichters entsprach, verhöhnte öffentlich die italienische Regierung. Das störte meinen Mann, der sonst durchaus die Ansicht unterstützte, daß Fiume eine italienische Stadt werden müsse.

Er half daher d'Annunzio, dachte jedoch keinen Augenblick, daß seine Aktion von Erfolg gekrönt sein könnte.

Damit hatte Benito recht: D'Annunzios Freunde nahmen ihn immer weniger ernst, sie waren der Paraden und theatralischen Demonstrationen überdrüssig, mit denen der Dichter die Bewohner von Fiume überschwemmte. Am Tag vor Weihnachten 1919 bombardierte eine Einheit der italienischen Marine die Stadt. Vier Tage später verließ d'Annunzio Fiume.

Mein Mann ließ ihn deshalb jedoch nicht fallen. Es war ihm klar geworden, daß d'Annunzio mit der Besetzung von Fiume dem italienischen Nationalismus neuen Auftrieb gegeben hatte. Er hatte bewiesen, daß ein derartiges Gefühl noch vorhanden war.

Zum anderen wandten sich die Männer, die der Dichter um sich geschart hatte, die *Arditi*, das heißt, die von d'Annunzio bewaffneten Legionäre, meinem Mann zu und brachten frisches Blut in die Faschistische Partei.

Das Dekor, das d'Annunzio so sehr schätzte, bot den faschistischen Organisatoren – soweit es nicht zu übertrieben war – viele Anregungen für die Demonstrationen.

Für all dies war Mussolini dem Dichter dankbar und vergaß ihn nicht, als er an die Spitze der Regierung trat. Benito bewunderte im übrigen außer dem Demagogen d'Annunzio – einige hatten sogar vorgeschlagen, ihn an Stelle meines Mannes zum Duce von Italien zu wählen – auch den Dichter. Beide verband daher eine echte Freundschaft.

Ich war allerdings nicht immer der gleichen Ansicht. Vor allem nicht nach 1922, als ich beobachtete, wie d'Annunzio die Freundschaft und Bewunderung meines Mannes ausnutzte und mißbrauchte.

Seine Lebensweise irritierte mich. Er schickte, zum Beispiel, keinen Brief mit der Post, seine Korrespondenz wurde nur durch Boten befördert. Befand sich der Empfänger im Ausland, sandte er Telegramme. Da diese genauso lang wie seine Briefe waren, kostete das irrsinnige Summen, die er natürlich nicht bezahlte. Schließlich gab mein Mann dem Postminister ganz einfach die Anweisung, d'Annunzio für seine Telegramme keine Rechnung mehr zu präsentieren. Er meinte, daß der Staat auf diese Weise weniger Geld verliere, als wenn er die Pension des Dichters erhöhte.

»Wie kannst du nur einen solchen Menschen bewundern?« habe ich ihn mehr als einmal gefragt. »Du, du hast doch immer so darauf geachtet, deine Schulden bis zur letzten Lira zu bezahlen, und du stößt dich nicht an seiner Nachlässigkeit?«

»Laß nur,« entgegnete er mir lächelnd, »das Talent ist keine Funktion der Schulden ...«

Ich muß jedoch sagen, daß Benito die Wunderlichkeiten seines illustren Freundes etwas weniger schätzte, nachdem er einige Ferientage in seiner Residenz am Ufer des Gardasees verbracht hatte. Er hatte gehofft, sich dort auszuruhen, aber er kam noch erschöpfter zurück, als er vorher gewesen war, und recht fassungslos über das, was er gesehen hatte.

Er erzählte mir, daß alle Diener komplizierte Namen mythischer Personen aus d'Annunzios Romanen und Gedichten trugen. Und jedesmal, wenn sie ihrem »Meister« begegneten, mußten sie sich tief verneigen und die Arme vor der Brust kreuzen. Selbstverständlich mußten sie dabei alles fallen lassen, was sie in der Hand hielten.

Jeden Morgen um fünf Uhr wurde Benito von Kanonenschüssen geweckt, von der *Redipuglia* abgefeuert, einem kleinen Kriegsschiff, das d'Annunzio in seinen Garten hatte stellen lassen.

»Weißt du,« meinte Benito, »ich war beinahe froh, das Bett zu verlassen, an dessen Fußende zwei Erzengel wachten, die so riesig waren, daß sie lebendig schienen.«

Voller Entsetzen entdeckte mein Mann, daß d'Annunzio selbst in einem Sarg schlief; um sich daran zu gewöhnen, hatte der Dichter erklärt, in Voraussicht seines nahen Todes. Tatsächlich starb er kurze Zeit später. Aber er sollte uns noch über seinen Tod hinaus in Staunen versetzen.

Er starb am 1. März 1938. Mein Mann fuhr in seine Residenz, um ihm die letzte Ehre zu erweisen. Dort erklärte man ihm, daß eine Klausel im Testament des berühmten Verstorbenen ihn, den Duce, persönlich betraf, und daß sie auf der Stelle ausgeführt werden müsse.

Und mit feierlicher Geste überreichte ein Chirurg Mussolini eine scharfe Klinge, die auf einem Samtkissen lag. Sie sollte dazu dienen, dem Dichter ein Ohr abzuschneiden, denn dieser hatte dem Duce als Zeichen ihrer Freundschaft ein Ohr vermacht, »den schönsten und reinsten Teil seines Körpers«. Benito gestand mir, daß er sich noch nie in einer so peinlichen Situation befunden habe.

Während seiner Erzählung saßen wir mit Romano und Anna Maria am Tisch. Bruno war Offizier der Luftwaffe und Vittorio bereits verheiratet.

Romano und Anna Maria hörten auf zu essen und der elfjährige Junge fragte entsetzt:

»Und hast du es abgeschnitten?«

Er blickte so verstört, daß ich Angst vor der Antwort seines Vaters hatte. Darauf zog Benito mit bewußter Bedächtigkeit sein großes Taschentuch hervor. Als er es langsam öffnete, stieß Romano einen kurzen Schrei aus, seine Schwester schlug die Hände vor die Augen, und ich selbst hielt den Atem an. Wir beruhigten uns erst, als mein Mann sich geräuschvoll zu schneuzen begann . . .

»Haltet ihr mich für einen Kannibalen?« grollte er, »es gelang mir, die Leute zu überzeugen, daß ich dieses Vermächtnis nicht annehmen konnte.« Lächelnd fügte er hinzu: »Ich muß mich in Gardone erkältet haben . . .«

Abgesehen von Benitos Erkältungen verlief das Jahr 1920 sehr ruhig. Wir führten ein bürgerliches Leben, und in politischer Hinsicht begann sich das Blatt zugunsten meines Mannes zu wenden.

Benito kaufte unseren ersten Wagen, einen Bianchi, Modell Torpedo. Er war weiß oder grau, ich erinnere mich nicht mehr genau, aber ich weiß noch, daß wir sehr glücklich waren. Sonntags machten wir lange Spazierfahrten, Benito und ich saßen vorne, die Kinder hinten. In jener Zeit bildeten wir ein schönes Paar, Benito sehr elegant – er war es seit seiner Rückkehr von der Front 1917 geworden –, in einem schwarzen oder grauen Anzug, denn er kleidete sich immer dunkel, einem Hemd mit steifem Kragen und mit einer prächtigen Krawatte. Ich trug der Mode entsprechend Kleider mit sehr weiten Röcken, die in der Taille eng geschnürt waren. Mit besonderer Vorliebe zog ich lange geknöpfte Stiefel an, wie die eleganten Damen um 1800.

Später hatten wir auch einen Chauffeur, und nichts unterschied uns von der übrigen Mailänder Bourgeoisie.

Abends gingen wir oft ins Theater Fossati, wo vor allem Operetten gespielt wurden. Es lag nicht weit von unserem Haus entfernt. Benito hatte mir sogar zugestanden, weniger heftig zu reagieren, wenn ihm eine Aufführung nicht gefiel. In diesen Jahren entwickelte sich meine Vorliebe für Mailand. Wir waren eine glückliche Familie.

Ich sah meinen Mann weniger als zuvor, das heißt, er führte das normale Leben eines aktiven Mannes, eines Zeitungsdirektors und Politikers. Er reiste viel, und wenn er in Mailand wohnte, befand sich sein

Hauptquartier im »Keller«, einem Büro, das er sich im Gebäude des *Popolo d'Italia* an der Via Paolo de Cannobio eingerichtet hatte. Während der nächsten zwei Jahre wurden zahllose Telephongespräche von unserem Haus aus geführt oder entgegengenommen – wie der Anruf 1922, als der König Mussolini mit der Regierungsbildung beauftragte. Aber ich glaube, das eigentliche Nervenzentrum des Marsches auf Rom war der »Keller«.

Doch wie immer in Italien war das belebteste Mailänder Viertel, die *Galerie* in der Nähe der Scala, mit berühmten Lokalen, die noch immer bestehen, wie das *Biffi* und das Restaurant *Savini*, auch einer der Pole der politischen Aktivität. Mussolini trank dort seinen Kaffee und diskutierte lange mit seinen Freunden. Im Grunde führte er, auf einer anderen Ebene, das gleiche Leben wie in Forli mit der *Lotta di Classe* und dem *Macaron*.

Inzwischen war er allerdings der Chef einer großen Tageszeitung und einer von ihm gegründeten aufsteigenden Partei.

Ab 1920 schien der Faschismus seine Krise überwunden zu haben. Bei den Kommunalwahlen im Herbst gewannen die Faschisten vier Sitze in Bologna, der sozialistischen Hochburg. In Mailand konnten die Sozialisten sich nur mit einer sehr schwachen Mehrheit behaupten.

Wahrscheinlich begann in dieser Zeit der Prozeß der faschistischen Machtergreifung, nach einem sehr ernsten Zwischenfall auf der Eröffnungssitzung des Stadtrats von Bologna am 21. November 1920: Es kam zu einem Aufruhr, und einer der faschistischen Räte, Giulio Giordani, wurde erschossen.

Als Benito nach Hause kam, verhieß sein Gesichtsausdruck nichts Gutes. Er erzählte mir zornerfüllt, was geschehen war, und ging sofort nach dem Abendessen wieder weg. Ich spürte, daß uns aufregende Stunden bevorstanden.

Von diesem Augenblick an wurde der Kampf zwischen den Faschisten und den »Roten« unerbittlich. Die »Roten« waren zahlreicher, denn es gab keine Sozialisten, Republikaner, Demokraten usw. mehr, sondern nur noch »Rote«. Mein Mann stimmte den organisierten Repressalien zu, doch zuvor hatte er im *Popolo d'Italia* einen sehr scharfen Artikel geschrieben, in dem er seine Gegner öffentlich warnte, daß er den Gewaltakten der Extremisten mit Gewalt begegnen würde, auch wenn er alle Kriege, und ganz besonders den Bürgerkrieg, verurteile.

In dieser Zeit schlossen sich viele kleine Grundbesitzer und Industrielle Mussolinis Bewegung an; sie fürchteten die Auswirkungen der Oktoberrevolution in Rußland und die Unruhen, die in allen Teilen Italiens ausbrachen. Mussolini machte nun einen entscheidenden Wandel durch.

Der Mann, der von 1908 bis 1912 und selbst noch 1920 die gesellschaftlichen Strukturen verändern wollte, wurde zu einem Verteidiger der herrschenden Ordnung. Oder sagen wir, die »Roten« und die Kommunisten, deren Verbreitung in Europa Mussolini in wachsendem Maße fürchtete, waren die Urheber der Unruhe geworden, und er, der einst die Massen dazu aufgerufen hatte, sich aufzulehnen, wünschte zwar immer noch eine soziale Revolution, aber sie sollte sich im Rahmen einer gewissen Legalität vollziehen.

Der Kampf mußte an zwei Fronten geführt werden: gegen die »Roten« und gegen die Schwäche der Regierung.

Mussolini war sich darüber klar geworden, daß er auf eine wenigstens minimale Unterstützung der Armee nicht verzichten konnte. Er mußte seine allzu eifrigen Freunde mäßigen und gleichzeitig die Begeisterung der Truppen wachhalten. Später warfen manche meinem Mann vor, er habe ein doppeltes Spiel getrieben. Doch es war wesentlich schwieriger für ihn, die Massen im Zaum zu halten, als ihnen alle Freiheit zu lassen. Hätte er letzteres getan, wäre ihm der ganze spätere Ärger mit dem König und seinen Helfershelfern erspart geblieben: Ab Oktober 1922 hätte es keinen König mehr gegeben.

Zu Hause mußten wir uns der zu unserem Schutz angeschafften Handgranaten entledigen, für den Fall einer polizeilichen Durchsuchung. Das Jahr 1921 war in privater wie politischer Hinsicht reich an Aufregungen. Im März hatte ich im Traum eine böse Vorahnung. Seit einiger Zeit nahm mein Mann Flugstunden. Ich sah ihn eines Nachts in einem brennenden Flugzeugrumpf eingeschlossen. Nach dem Erwachen erzählte ich Benito meinen Traum und flehte ihn an, nicht mehr zu fliegen.

»Beruhige dich, ich verspreche es dir«, versicherte er mir. Und um mir zu beweisen, daß er wirklich auf mich hörte, ließ er seinen Ledermantel, den er immer beim Fliegen trug, zu Hause.

Einige Stunden später klingelte das Telephon. Noch ehe ich den Hörer abnahm, sagte ich zu meiner Mutter:

»Das ist sicher Benito. Er hat einen Unfall gehabt. Er ist meinem Rat nicht gefolgt ...«

Ich irrte mich nicht. Beim Start auf dem Flugplatz von Bresso setzte ein Motor aus, und die Maschine stürzte ab. Mein Mann hatte sich das Kniegelenk gebrochen und wurde nach Hause gebracht.

Ich fragte ihn nicht einmal, ob er Schmerzen hätte, sondern rief ihm zornentbrannt entgegen:

»Das geschieht dir recht, ich bin sehr zufrieden!«

Dann brach ich in Tränen aus, während er begütigend murmelte:

»Laß nur, Rachele, das ist doch gar nicht so schlimm. Ich werde nun sogar brav zu Hause bleiben müssen.«

Er bekam bis zu 41 Grad Fieber, aber ich hatte ihn über zwanzig Tage bei mir.

Am 15. Mai 1921 wurde Mussolini zum erstenmal *Onorevole,* das heißt Abgeordneter. Man wählte ihn in Bologna – Ferrara – Ravenna – Forli und in Mailand – Pavia. Er freute sich besonders über die Ergebnisse in Mailand, denn er erhielt dort 124 918 Stimmen gegenüber 4 064 zwei Jahre zuvor. Benito arbeitete jetzt immer enger mit jenen Männern zusammen, die später als *Quadrumvirn* den Marsch auf Rom leiten sollten: Italo Balbo, Michele Bianchi, De Vecchi, De Bono.

Mussolini setzte damals alles daran, um Gewaltmaßnahmen zu vermeiden. Im Juli 1921 kämpfte er in seiner eigenen Partei, auf einer Tagung des Nationalen Faschistischen Rats, um die Annahme eines Vorschlags des Ministerpräsidenten Bonomi, der auf ein Waffenstillstandsabkommen zwischen Sozialisten und Faschisten abzielte. Gegen den Willen seiner eigenen Anhänger unterzeichnete er dieses Abkommen am 2. August 1921; daraufhin wurde er am 16. August auf einem Kongreß der Faschisten der Emilia, der Romagna, von Mantua, Cremona und Venedig überstimmt. Viele, die ihm später halfen, stimmten gegen ihn; unter anderen Italo Balbo und Farinacci.

Mussolini reagierte genauso, wie er es schon im Jahr 1914 getan hatte und auch 1943 tun sollte, als er die auf einer höheren Ebene gefällte Entscheidung akzeptierte: Er zog sich zurück. Der Mensch gewann die Oberhand über den Politiker. Benito verließ das Exekutivkomitee der Faschisten. Er erklärte mir damals:

»Der Besiegte muß das Feld räumen. Ich verlasse den höheren Rang. Doch ich bleibe, und ich hoffe, daß mir das nicht verwehrt wird, ein einfacher Soldat in der Mailänder *Fascio.*«

Ich fragte mich schon, ob wir nun wieder ganz von vorne anfangen müßten. Glücklicherweise wurde die Angelegenheit am 7. November

1921 auf einer Tagung der viertausend faschistischen Delegierten Italiens geregelt. Außerdem war Mussolinis Situation nicht mehr mit jener zu vergleichen, als er aus der Sozialistischen Partei ausgeschlossen wurde. Er besaß jetzt eine eigene Zeitung und war von niemandem abhängig. Zwar hatte er das Exekutivkomitee verlassen, aber nicht die Partei, und viele führende Parteimitglieder waren ihm treu geblieben, wie der zweite Parteisekretär Cesare Rossi. Daher wurden die Brücken nie ganz abgebrochen, und Benito betrachtete den Faschismus weiterhin als sein »Kind«.

Zu den politischen Sorgen kam noch eine andere, an die ich seit einigen Monaten nicht mehr gewöhnt war: ein Duell. Benitos Gegner war ein ehemaliger sozialistischer Freund, Francesco Ciccotti, Herausgeber der Zeitung *Paese*. Er hatte meinen Mann wegen eines im *Popolo d'Italia* erschienenen scharfen Angriffs auf ihn zum Duell gefordert. Da die Polizei ihn ständig überwachte, mußte Benito wahre Kriegslist entwickeln, um sich zu schlagen. Der Kampf fand schließlich in einer Villa in Livorno statt und endete erst nach der vierzehnten Runde, als die Ärzte Ciccotti geboten, wegen seines Herzens aufzugeben.

Am 22. November 1921 deutete mein Mann zum erstenmal in einem vom *Popolo d'Italia* veröffentlichten Artikel an, daß ein Regimewechsel eintreten könnte. Allerdings hielt er ihn frühestens in zehn Jahren für möglich.

Ich will nicht auf die Organisation und die politischen Aspekte des Marsches auf Rom eingehen. Ich überlasse den Historikern diese Aufgabe, der sie übrigens in reichem Maße nachgekommen sind, denn es wurden und werden viele Tausende von Büchern über Mussolini geschrieben.

Benito bemühte sich, überall zugleich zu sein, an allen heißen Punkten Italiens, um zu heftige und übergreifende Zusammenstöße zu vermeiden. Damit er schneller am Ort war, benutzte er ein Jagdflugzeug aus dem Ersten Weltkrieg, was meine Sorgen nicht gerade verringerte. Ich glaube, Mussolini war der erste Politiker, der seine vielen Reisen in einem Privatflugzeug zurücklegte.

Ich erinnere mich, daß die ersten bedeutenden Operationen, die die Staatsautorität bedrohten, von Italo Balbo ausgelöst wurden.

Im April 1922 hatte er ganz einfach vorgeschlagen, den Landwirtschaftsminister zu entführen, der die Provinz Ferrara in Begleitung des Präfekten von Bologna besuchte. Balbo war von dem Minister empfangen worden und hatte ihm eine Denkschrift über die Lage der lokalen Landwirtschaft überreicht. Während der Audienz nahm er den Präfekten von Ferrara beiseite und erklärte ihm kaltblütig, daß er den Minister entführen werde, wenn mehrere Faschisten, die in Bologna verhaftet worden waren, nicht umgehend freigelassen würden. Der Präfekt versicherte, daß die Verhaftung nur eine Präventivmaßnahme gewesen sei und die Leute in zwei Tagen wieder auf freiem Fuß seien. Er intervenierte bei seinem Kollegen aus Bologna und hielt sein Versprechen.

Im August gelang es den Faschisten zum erstenmal, ihre eigenen Interessen von den Regierungstruppen vertreten zu lassen, die sie in ihren Dienst zwangen.

Die örtlichen Leiter der Partei in Parma hatten Italo Balbo gebeten, die Stadt unter seine Kontrolle zu bringen, weil die »Roten« dort sehr stark seien. Balbo ließ die *squadre*, das heißt, die militärischen Abteilungen der Faschisten, aus mehreren Städten nach Parma kommen. Dann begab er sich zum Präfekten. Dieser empfing ihn im Beisein des Generals Lodomez, dem die Garnison unterstand. Balbo warf dem Präfekten seine Gefälligkeit gegenüber den »Roten« vor und erklärte: Wenn die Regierungstruppen nicht in zwölf Stunden die Barrikaden zerstört und die Sozialisten entwaffnet hätten, würde er, Balbo, mit seinen Truppen die Staatsgewalt übernehmen. Ein faschistischer Führer drohte also, in die Rechte des Staates einzutreten ...

Der Präfekt bat um eine Frist von zwei Stunden. Als sie abgelaufen war, zerstörten die Truppen die Barrikaden, aber sie entwaffneten nicht die Sozialisten.

Balbo kehrte daher wieder zum Präfekten zurück, um ihm mitzuteilen, daß er sich unter diesen Bedingungen gezwungen sähe, Gewalt anzuwenden. Der damalige Parteisekretär, Michele Bianchi, legte Balbo jedoch nahe, einen Zusammenstoß zu vermeiden. Dieser forderte daraufhin den Präfekten auf, die Macht der Armee zu übergeben.

Am 5. August traf General Lodomez persönlich um Mitternacht in dem Hotel ein, in dem Italo Balbo sein Hauptquartier aufgeschlagen hatte. Er gab bekannt, der Belagerungszustand sei dekretiert worden, und die Macht läge nunmehr in den Händen der Armee.

Im September 1922, etwa zwei Monate vor dem Marsch auf Rom, spielte sich eine ähnliche Aktion in Bozen ab. Dort herrschte nach Ansicht der Faschisten eine absurde Situation, die aus der Provinz einen Staat im Staat gemacht hatte. Die Zeichen der italienischen

Staatshoheit waren dort so diskret, daß man sich fragte, ob die italienische Souveränität dort nicht nur vorübergehend sei. Die Uniformen der Miliz stammten aus dem österreichischen Kaiserreich, Südtirol (Oberetsch) hatte seine eigenen Gesetze usw. Ein italienischer Ministerpräsident, Bonomi, hatte sogar toleriert, daß der Bozener Bürgermeister Perathoner an den König auf seiner Durchreise eine Rede in deutscher Sprache richtete.

In Übereinstimmung mit der Führung der Faschistischen Partei regelten De Stefani, Starace und Giunta dieses Problem sehr schnell. Mit Hilfe der *squadre* aus dem Trentino, aus Venetien und der Lombardei besetzten sie das Rathaus und die deutschen Schulen, die wesentlich schöner und moderner waren als die, die den Italienern vorbehalten blieben, und stellten ihre Bedingungen: sofortige Abdankung des Bürgermeisters, Auflösung der Bürgerwehr, die eine österreichische Uniform trug, und Verlegung der italienischen Schulen in die deutschen Gebäude. Nach langem Zögern billigte die Regierung in Rom alle Maßnahmen, auch die Demission des Bürgermeisters.

Nach Bozen griffen die Faschisten in Trient ein. Der Kommissar für Venetien und das Trentino, ein gewisser Credaro, sollte abgesetzt werden, weil er seine Aufgabe nicht im Sinne der Faschisten erfüllte. Die Regierung suchte nach Ausflüchten, gab am Ende aber doch den faschistischen Forderungen nach.

Diese mit Erfolg durchgeführten Aktionen der Faschisten überzeugten immer mehr Italiener davon, daß es nun eine organisierte Kraft im Lande gab, die sich dem allgemeinen Aufruhr widersetzte. Nach einigen Monaten konnte man in Italien zwei Formen der Macht unterscheiden: die offizielle, die von der Regierung in Rom wahrgenommen wurde, und die tatsächliche, die die Faschisten in der Provinz ausübten.

Das konnte nicht sehr lange dauern, denn in dem Maße, in dem die erstere nachließ, nahm die letztere zu.

Ich kann sogar behaupten, daß Mussolini seit August 1922 in der Lage gewesen wäre, die Macht zu ergreifen. Die Soldaten waren auf seiner Seite, die Generäle unterstützten ihn immer offener, an Mitteln fehlte es ihm nicht. Ein Gewaltstreich hätte genügt.

Aber Mussolini wollte die Macht legal übernehmen, wie ich bereits oben schrieb, mit Unterstützung der gesamten Armee – denn seiner Meinung nach war eine Revolution nur mit der Armee, aber nicht gegen sie möglich.

Ich war leider nicht in der Hauptstadt, um dort das Ergebnis des Marsches auf Rom zu beobachten. Am Abend berichtete mir Mussolini am Telephon, daß es überwältigend gewesen sei; er stand neben dem König auf dem Balkon des Quirinal, um dem Vorbeimarsch der Schwarzhemden zuzusehen. Nein, es war kein Traum: Er, Benito Mussolini, war wirklich der neue Regierungschef Italiens.

Ich blieb bis zu seiner Abreise nach Rom am Abend des 29. Oktober 1922 hinter den Kulissen. Meine Aufgabe bestand darin, die Telephonanrufe, die aus allen Winkeln Italiens eintrafen, entgegenzunehmen und an meinen Mann weiterzuleiten.

Am 16. Oktober begann die letzte Phase der Vorbereitungen für den Marsch auf Rom. Die Führer der Faschistischen Partei trafen sich in Mailand, unter dem Vorsitz meines Mannes, um die Lage zu besprechen. Bei dieser Gelegenheit wurden die *Quadrumvirn* De Bono, De Vecchi, Balbo und Michele Bianchi gewählt. Ich erinnere mich, daß wir De Vecchi den »Trommler« nannten und daß De Bono bereits seinen weißen Bart trug. Später lernte ich Bianchis Aufrichtigkeit schätzen.

Ununterbrochen trafen Leute bei uns ein, in allen Altersstufen, manche in einer Art Uniform, andere einfach in Zivilkleidung. Sie trugen ein Bündel auf dem Rücken, darin befanden sich Brot, Schinken, Salami, Käse und Kartoffeln sowie Holz und Petroleum für ein Lagerfeuer, denn sie mußten auf freiem Feld übernachten, um nicht der Polizei in die Hände zu fallen.

Einige schliefen auf dem Dach unseres Hauses; sie wachten über die Sicherheit meines Mannes, wenn er sich zu Hause ein paar Stunden ausruhte. Wir warteten jeden Augenblick auf einen Zwischenfall, sei es von seiten der Polizei oder von seiten der »Roten«. Die Faschisten hatten sogar eine Wohnung gemietet, die der unseren gegenüberlag, um zu verhindern, daß gefährliche Elemente sich dort niederließen, und um die Straße besser überwachen zu können.

Jedesmal, wenn eine mögliche Gefahr auftauchte, warnten sie uns mit einem Lied, das ich jetzt noch mitunter summe:

»L'Ardito è bello, l'Ardito è forte, piace alle donne, paura non ha . . .« (Der Ardito ist schön, der Ardito ist stark, und er gefällt den Frauen, Angst kennt er nicht . . .)

Am 22. Oktober fuhr Benito nach Rom. Da er fürchtete, daß sich einige Parteiführer von ihrem Wunsch beherrschen ließen, alles umzustürzen und die Macht an sich zu reißen, wollte er selbst an Ort und

Stelle über seine Anhänger wachen. Ich habe ihn selten so angespannt gesehen, denn wieder einmal mußte er den Strom eindämmen, um so weit wie möglich im Rahmen der Legalität zu bleiben.

Mussolini blieb einige Stunden in Rom und reiste dann weiter nach Neapel, wo der Parteikongreß abgehalten wurde. Der Marsch auf Rom hätte an diesem Tag in Neapel beginnen können, vierzigtausend begeisterte Faschisten warteten nur auf ein Zeichen. Aber mein Mann begnügte sich damit, die letzten Einzelheiten festzulegen: geheime Mobilmachung am 27. Oktober, Besetzung der Präfekturen am 28. Am gleichen Tag sollten drei Kolonnen in Richtung Hauptstadt losmarschieren. Zusammenstöße mit der Armee waren zu vermeiden, alle Städte hatten die nationalen Farben zu flaggen.

Nach Mailand zurückgekehrt, verfolgte Benito telephonisch die Verhandlungen, die seine Vertreter in Rom mit möglichen Regierungschefs führten. Denn bis zur letzten Minute war nur von einer Beteiligung der Faschisten an der Regierung die Rede, keineswegs von einer Regierung unter der Leitung Mussolinis.

Am Abend des 27. Oktober schlug Benito mir vor, im Theater Manzoni *Die lustige Witwe* anzusehen. Ich war leicht irritiert.

»Wie kannst du nur in einem derartigen Augenblick in *Die lustige Witwe* gehen wollen?«

Benito antwortete nicht sofort. Doch während er seinen Hemdkragen zuknöpfte, pfiff er vor sich hin. Er brachte mich damit noch mehr aus der Fassung, denn er haßte das normalerweise, und wehe den Kindern und dem Hausmädchen, wenn er sie beim Pfeifen überraschte. Erst unterwegs erklärte mir Benito den Sinn des Unternehmens.

»Alles ist zum Marsch auf Rom bereit. Meine Anwesenheit an diesem Abend im Theater kann die Polizei nur täuschen, denn sie wird annehmen, daß keine unmittelbare Gefahr droht, wenn ich eine Operette besuche.«

Nachdem wir uns also recht auffällig gezeigt hatten, Benito, Edda und ich, eine nette kleine Familie, verließen wir zwanzig Minuten nach Beginn der Vorstellung diskret wieder das Theater.

Mein Mann erklärte mir am nächsten Tag, daß er befürchtet hatte, der Ministerpräsident Luigi Facta, der die Ausrufung des Belagerungszustands befürwortete, würde eine gewaltsame Auseinandersetzung suchen, sowie er von der bevorstehenden Aktion der Faschisten erfahren hätte.

In diesem Fall wäre der Zusammenstoß zwischen Faschisten und Teilen der Armee, die der Regierung treu geblieben waren, unvermeidlich gewesen.

Am 28. Oktober war die erste Partie gewonnen: Der König, ein geschickter Taktiker, lehnte es ab, den Belagerungszustand zu erklären.

Mein Mann bewahrte den ganzen Tag eine olympische Ruhe, wie immer, nachdem er eine Entscheidung getroffen hatte. Im »Keller« wie zu Hause hörte das Telephon nicht zu klingeln auf. Salandra, ein ehemaliger Ministerpräsident, bot Mussolini fünf Ministerposten in einer von ihm zu bildenden Regierung an. Doch er lehnte schroff ab. Er wußte, daß die Macht in seiner Reichweite war, daß es nur noch ein paar Stunden zu warten galt.

Benito aß wie an jedem anderen Tag mittags und abends zu Hause und fand sogar die Zeit, einen Blick auf Eddas Schulaufgaben zu werfen. Nach dem Abendessen ging er zurück zur Zeitung, um die Morgenausgabe vorzubereiten, die seinen letzten Artikel enthielt, den er als Journalist geschrieben hat.

Ich erinnere mich an einige Sätze, die ich kürzlich wiedergelesen habe:

»Ein gewaltiger Sieg steht bevor, mit nahezu einhelliger Zustimmung der Nation. Die Regierung muß eindeutig faschistisch sein. Sie wird ihren Erfolg nicht mißbrauchen, aber darauf achten, daß er nicht vermindert wird. Der Faschismus will die Macht und wird sie bekommen.«

Am 29. Oktober herrschte allgemeine Hochstimmung. Als Benito noch schlief, las Cirillo, sein Chauffeur, den Artikel im *Popolo d'Italia*; er setzte sich ans Klavier und sang: »Wir haben die Macht ergriffen . . .«, als hätte er alles ganz allein gemacht. Die Kinder, Edda und Vittorio, nutzten die Stunde und gingen nicht zur Schule.

Gleich nachdem er aufgestanden war, schloß sich Benito mit mir in unserem Schlafzimmer ein. Er trug mir auf, den Faschisten in Mailand zu sagen, daß sie um keinen Preis den *Corriere della Sera* in Brand stecken dürften. Den Direktor dieser Zeitung, der wenige Augenblicke später anrief, konnte ich daher beruhigen.

Nachdem mein Mann das Haus verlassen hatte, um zu seiner Zeitung zu gehen, erhielt ich gegen zehn Uhr einen Anruf aus Rom. Eine männliche Stimme sagte mir:

»Wir wollen Herrn Mussolini persönlich sprechen.«

»Er ist nicht da. Sie können ihn beim *Popolo d'Italia* erreichen.«

»Dort ist er nicht, wir haben bereits angerufen.«

Eine halbe Stunde später wieder ein Anruf aus Rom, und diesmal erfuhr ich, woher er kam:

»Es ist sehr dringend. Wir wollen wissen, wo wir ihn finden können. Hier spricht der Königliche Palast.«

Ich sprach in der Tat mit dem Adjutanten des Königs, der mir eröffnete, daß der König beschlossen habe, Mussolini mit der Regierungsbildung zu beauftragen.

Wenige Minuten danach rief mein Mann an.

»Benito, der Königliche Palast sucht dich überall, wo warst du denn?«

»Ich weiß, ich weiß,« war die Antwort, »ich habe bereits mit dem Quirinal Verbindung aufgenommen. Ich muß nach Rom fahren. Packe mir einen Koffer mit einem Anzug und ein paar Sachen. Aber sage niemand ein Wort.«

Bevor Benito Mailand verließ, wartete er auf das offizielle Telegramm, mit dem der König ihm bestätigen sollte, daß er ihm die Bildung der neuen Regierung übertrug. Kurz nach elf Uhr traf ein erstes Telegramm ein; es war vom General Cittadini gezeichnet und forderte meinen Mann auf, sich nach Rom zu begeben, um mit dem König über die Bildung der Regierung zu beraten. Benito lehnte es ab, dieser Einladung Folge zu leisten. Er wünschte ein klar formuliertes Telegramm, in dem ihm mitgeteilt würde, daß er damit beauftragt sei, die neue Regierung zu bilden. Es kam gegen Mittag an, war wieder von General Cittadini gezeichnet und enthielt den von Mussolini gewünschten Text.

Als Benito diese Nachricht, die ihn zum Ministerpräsidenten machte, seinem Bruder Arnaldo zeigte, murmelte er: »Wenn nur unser Vater noch lebte.«

Da in den nächsten Stunden kein Zug nach Rom fuhr, verbrachte mein Mann den Nachmittag bei der Zeitung. Er ordnete seine Papiere, bereitete eine Sonderausgabe des *Popolo d'Italia* vor, übertrug die Leitung der Zeitung seinem Bruder Arnaldo und traf sich anschließend mit Cesare Rossi. Er ließ die Neuigkeit an alle faschistischen Milizeinheiten durchgeben, wobei er das Hauptquartier in Perugia ermahnte, in der Begeisterung nicht die Disziplin zu verlieren.

Am Abend kam er nach Hause, wo eine wahre Siegesstimmung herrschte. Er nahm seinen Koffer, verabschiedete sich kurz von mir – wir sind in unserer Familie nie sehr überschwenglich gewesen –, um-

armte die Kinder und brach zum Bahnhof auf, nachdem er mich noch
einmal daran erinnert hatte, darüber zu wachen, daß der *Corriere
della Sera* nicht angezündet würde.

Natürlich wartete auf dem Bahnsteig bereits eine Menschenmenge;
ich erfuhr durch Cirillo, der Benitos Koffer trug, daß er dem Bahnhofs-
vorsteher erklärte: »Ich möchte pünktlich auf die Minute abfahren.
Alles muß perfekt klappen . . .«

Zu Hause kehrte langsam wieder Ruhe ein. Ich ging ein wenig nach
draußen und überraschte mich dabei, wie ich in eine Kirche trat. Dort
kniete ich nieder und sprach ein Gebet, das ich lange Zeit für mich
behalten habe:

»Mein Gott,« betete ich, »gib, daß wir uns nicht verändern. Daß mein
Mann so bleibt, wie er ist, und daß ich nicht von Stolz und Eitelkeit
beherrscht werde.«

Die ersten Schritte des Diktators Mussolini

Es ist unglaublich, wie viele Freunde wir plötzlich hatten, wieviele Leute uns einmal geholfen haben wollten und uns jetzt mehr oder weniger diskret daran erinnerten, nachdem mein Mann Regierungschef geworden war.

Ein Mann ließ mir einen gewaltigen Blumenstrauß schicken, begleitet von einem kleinen Brief, in dem er um eine Unterredung bat. Ich empfing ihn. Er wollte mir nur bestätigen, daß er ein glühender Faschist sei und Mussolini sich auf ihn verlassen könne. Ich erinnerte mich an diesen Besucher: Ich war ihm vor etwa zwei Jahren im Zug zwischen Forli und Mailand begegnet. Während einer Diskussion über die politische Lage hatte er den Reisenden des Abteils lange auseinandergesetzt, daß Mussolini weniger als nichts sei. Ich hatte ihm widersprochen, seine Argumente widerlegt, was ihn ganz außer sich brachte.

»Kennen Sie denn Mussolini, um so von ihm sprechen zu können?« fragte ich ihn schließlich.

»Aber sicher, und ich kenne nicht nur ihn selbst sehr gut, sondern auch seine Frau.«

»Das freut mich sehr,« bemerkte ich ironisch, »denn ich bin seine Frau, Signora Mussolini.«

Der junge Mann sagte kein Wort mehr; bis zu dem Tag, als mein Mann an die Macht kam.

Auch Benito traf in Rom ständig auf Leute, denen er etwas schuldete. Bei seiner Abfahrt aus Mailand hatten wir ausgemacht, uns jeden Abend anzurufen. Wir erzählten uns, was sich am Tag abgespielt hatte, und tauschten unsere Eindrücke aus.

»Weißt du,« sagte er an einem Abend, »es ist phantastisch, wieviele Kriegskameraden ich hier wiederfinde. Heute habe ich jemanden empfangen, der geholfen hat, mich zum Feldlazarett zu tragen, als ich 1917 verwundet wurde.«

58

»Ich hoffe, du hast dich dankbar gezeigt.«

»Gewiß! Nur gibt es da ein kleines Problem: Er war der vierhundertste Mann, den ich aus diesem Grund empfangen habe. Ich glaube, mich haben damals sechs oder acht Leute getragen . . .«

Ein anderes Mal erzählte er mir, daß er einen Besucher empfangen habe, der hartnäckig auf einer Audienz bestanden hatte. Als er in Benitos Büro trat, murmelte er nur:

»Ich wollte Sie sehen! Ich wollte Sie sehen!« und brach bewußtlos zusammen.

Danach kam ein Carabiniere zu meinem Mann, der einen Gummiknüppel mitbrachte. Er bat Benito, ihm zu verzeihen, daß er ihn einmal bei einer Demonstration in Forli verhaftet habe, und überreichte ihm den Knüppel, mit dem er ihn »behandelt« hatte.

»Ich habe verziehen und den Knüppel behalten«, schloß mein Mann philosophisch.

Wir sahen uns nach vierzig Tagen wieder. Benito kam inkognito nach Mailand, aber sein Besuch wurde sofort bekannt. Trotzdem konnten wir ungefähr eine Woche ganz unter uns bleiben, vom 16. bis zum 23. Dezember 1922.

Da wir nun freier und ausführlicher als am Telephon miteinander sprechen konnten, fragte ich ihn über sein neues Leben aus, über seine Tätigkeit als Regierungschef, über seine Eindrücke. Er berichtete mir nun auch über seine Unterredung mit König Viktor Emanuel III. Er war etwas enttäuscht gewesen über sein Auftreten und seinen Mangel an Gelassenheit.

»Ich hatte den Eindruck,« fügte er hinzu, »daß am königlichen Hof die Koffer bereits gepackt waren – für den Fall, daß es zum Aufstand gekommen wäre. Doch ich glaube, ich konnte ihn schnell über meine Absichten beruhigen. Ich denke, daß er mir jetzt vertraut und ich von nun an mit seiner Unterstützung rechnen kann.«

Die Reaktionen des Königs kurz nach der Begegnung mit meinem Mann, über die man mich ständig unterrichtete, bestätigten Benitos Eindruck.

»Dieser Junge wird lange am Ruder bleiben,« hatte der König geäußert, »bevor ich ihn gesehen habe, hatte ich eine völlig andere Meinung von ihm.«

Gleich nach seinem Sieg mußte mein Mann sich mit einigen allzu ehrgeizigen Faschisten auseinandersetzen, die Belohnungen und Auszeichnungen verlangten.

Einer der Hauptverantwortlichen für den Marsch auf Rom wollte sofort zum Marschall ernannt werden. Benito mußte sogar einige seiner Anhänger verhaften lassen, weil sie sich weigerten, in Restaurants und Cafés zu bezahlen.

»Der Sieg ist ihnen in den Kopf gestiegen. Sie werden arrogant und anmaßend, sie schlagen sich sogar untereinander und können sich nicht vorstellen, daß man nach der Eroberung der Macht wieder in die Legalität zurückkehren muß und sogar die Verlierer zu schützen hat. Das verstehen sie einfach nicht, und statt mich den bedeutenden internationalen und nationalen Problemen zu widmen, bin ich gezwungen, die kleinlichen Streitereien dieser Leute zu schlichten, die mir eigentlich helfen sollten.«

Aus diesem Grund sorgte Benito dafür, daß die Teilnehmer des Marsches auf Rom so schnell wie möglich wieder in ihre Heimatorte zurückkehrten. Außerdem bemühte er sich, in aller Eile eine freiwillige Bürgerwehr aufzustellen, um die alten Kämpfer und die Faschisten in den Grenzschutz, die Forstpolizei und den Zolldienst zu integrieren.

Glücklicherweise wurden diese Probleme schnell gelöst und die kleinen »Duce« an ihre Plätze verwiesen.

Doch das Schwierigste stand noch bevor: den zerstörten Staatsmechanismus wieder in Gang zu bringen. Mein Mann hatte die Regierung zunächst im Innenministerium, im Palazzo Viminale, untergebracht, dann verlegte er sie in den Palazzo Chigi. Aber wenn die Mauern auch noch so fest standen, im Inneren funktionierte überhaupt nichts.

»Ich habe ein Boot geerbt, in das von allen Seiten Wasser dringt; ich habe bei den Beamten eine unerhörte Nachlässigkeit beobachtet, vor allem bei den höheren Rängen. Sie kommen zum Beispiel morgens nie vor zehn Uhr.«

»Eines Tages,« erzählte Benito, »stieg ich die Treppe des Ministeriums hinauf und begegnete jemandem, der herunterkam. Es war kurz nach acht Uhr.

›Ist niemand da oben?‹ fragte ich ihn.

›Oh, der verrückte Mussolini muß da sein. Er kommt immer um acht Uhr,‹ war die Antwort. Dann hat er mich erkannt – und wußte nicht, wohin er sich verkriechen sollte.«

»Man muß zum diplomatischen Korps gehören, um zu wissen, wie Italien behandelt wird,« hatte ein italienischer Diplomat erklärt und hinzugefügt, daß das vereinigte Italien weniger respektiert würde als zuvor das geteilte. Daher galt Mussolinis Hauptsorge der Aufgabe, seinem Land den Platz zu verschaffen, der ihm seiner Ansicht nach auf internationaler Ebene zustand.

Ich verfüge über keinerlei Kompetenz, um die Konferenzen von Lausanne und London zu analysieren. Doch kann ich berichten, daß Benito von seiner Reise nach Lausanne so befriedigt war, wie ihn der Aufenthalt in London enttäuschte:

»London ist eine scheußliche Stadt, von dichtem grauem Staub bedeckt, der überall eindringt, in die Zimmer, die Kleider, die Koffer. Das ist schlimmer als Wüstensand. Ich fahre so bald nicht wieder in diese Stadt. Was die Engländer angeht, sie verstehen unsere Probleme nicht, oder sie wollen sie nicht verstehen. Für sie ist Italien so unbedeutend . . . Aber du wirst sehen, das ändert sich bald.«

Manche Leute haben sich gefragt, warum Mussolini während der zwanzig Jahre seiner Regierungszeit so wenig ins Ausland gereist ist, von Deutschland einmal abgesehen. Ich glaube, er fühlte sich in einem anderen Land einfach nicht wohl, und der Eindruck, den er von London heimbrachte, hat diese Abneigung gegen Auslandsaufenthalte noch verstärkt.

Im rein persönlichen Bereich blieb seine neue Machtposition durchaus nicht ohne Wirkung auf meinen Mann. Er hatte Mailand mit einer schwarzen Hose und einer blauen Jacke verlassen, er kam mit maßgeschneiderten Anzügen zurück, einigen aus englischem Stoff, dazu Hemden mit Stehkragen und dunklen, sehr schönen Krawatten. Er brachte auch Hüte mit, an denen die Kinder ihren besonderen Spaß hatten, vor allem an einem flachen Strohhut und einer »Melone«, die er schon öfters getragen hatte. Von ihr wollte sich Benito nicht trennen, obgleich sie längst nicht mehr modern war. Er verband mit ihr glückliche Erinnerungen, sagte er: »Selbst wenn wir nur noch drei auf der Welt sind, die diesen Hut tragen: Stan Laurel, Oliver Hardy und ich; er hat meinen Schädel mehr als einmal vor Knüppelschlägen geschützt.«

Benito erzählte mir lachend, daß ihn einer seiner alten Freunde, ein Journalist beim *Popolo d'Italia*, angerufen habe, um ihn zu fragen, wie er ihn künftig anzureden habe und ob er ihn noch duzen dürfe.

»Stell dir das vor! Für wen hält er mich denn? Ich heiße noch immer Benito Mussolini und bin der gleiche Mensch. Habe mich mich verändert, Rachele?«

»Ich glaube nicht, nach dem, was ich beurteilen kann, aber du bist eleganter geworden. Du wirkst ›bourgeoiser‹.«

»Dazu bin ich hier in Rom verpflichtet. Ich bin immerhin der Regierungschef. Ich muß ein Beispiel geben und korrekt wirken, wenn ich Ausländer empfange. Und wenn ich dir sage, daß sie sogar am Hofe Anstandsunterricht nehmen!«

»Das werde ich auch tun, damit ich nach Rom kommen kann.«

»Das fehlte gerade noch.«

»Und wie soll ich dich jetzt nennen, Benito?«

»Dummkopf, du wirst doch nicht wieder das Theater von Forli anfangen!«

Wir begannen beide zu lachen . . .

Die Geschichte von Forli war in der Familie bekannt, denn Benito erzählte sie gern, um mich zu necken. Sie spielte sich im Jahr 1910 ab, als wir beschlossen hatten, zusammenzuleben. Wie alle anderen in Forli nannte ich Mussolini *professore*, denn er besaß Diplome und hatte unterrichtet. In Italien ist das allgemein so üblich. Doch ich redete ihn auch weiterhin mit *professore* an, als wir zusammen in unsere erste Wohnung gezogen waren, und duzte ihn nur mit großer Überwindung. Er fragte mich schließlich ungeduldig, ob wir erst vier Kinder haben müßten, damit ich mich entschließen könnte, ihn Benito zu nennen und zu duzen.

Es gelang mir erst an dem Tag, als er völlig betrunken nach Hause kam. Der Zorn überwand die Schranken der Schüchternheit.

Die Titelfrage stellte sich jedoch für manche andere, wie etwa den Chauffeur Cirillo. Ab 1912 hatte Benito als Zeitungsdirektor Anspruch auf *direttore*. 1921 wurde er Abgeordneter, das bedeutete *onorevole* und ein Jahr später Ministerpräsident, also *presidente*.

»Ich nenne ihn Duce,« erklärte mir Cirillo, »denn er ist der Duce, und das ist der einzige Titel, der sich nicht ändert.«

Er hatte recht, den Titel Duce führte Mussolini seit 1912. Und er war ihm von den Sozialisten verliehen worden, wie ich betonen möchte! Zu jener Zeit war er eine der berühmtesten Persönlichkeiten der Partei. Auf einem Bankett, nachdem er gerade aus dem Gefängnis entlassen worden war, hatte einer der Veteranen, Olindo Vernocchi, zu ihm gesagt:

»Ab heute bist du nicht nur der Vertreter der Sozialisten aus der Romagna, Benito, du bist der Duce aller revolutionären Sozialisten Italiens.«

Auf diese Weise ging Benito Mussolini als faschistischer Führer mit einem Titel in die Geschichte ein, den ihm die Sozialisten verliehen hatten. Tatsächlich hat er in seinem Innersten nie aufgehört, Sozialist zu sein. Doch davon sprechen wir später.

Sobald mein Mann in Rom eingezogen war, regneten die Einladungen auf mich herab. Man bat mich, Patenschaften für Kinder und eine Reihe von Verbänden zu übernehmen. Liebenswürdig aber bestimmt wies ich alle Einladungen zurück. Doch ich konnte mich nicht weigern, Benito auf bestimmte Kundgebungen zu begleiten, vor allem wenn sie sich in unserer heimatlichen Romagna abspielten.

Ich erinnere mich vor allem an meine erste offizielle Reise im Sommer 1923.

Zum erstenmal stand ich auf der Ehrentribüne, und gerade in den zwei Städten meiner Kindheit, in denen ich Armut und Elend kennengelernt hatte: in Forli und Predappio.

Ich kann nicht leugnen, daß ich sehr bewegt und stolz war, und Benito empfand genauso wie ich.

Im Zug von Mailand nach Forli sagte er lächelnd zu mir: »Ist dir klar, Rachele, daß einige von den Polizisten, die gleich salutieren werden, mir Handfesseln angelegt, mich ins Gefängnis geschleift, mich geschlagen und beleidigt haben! Was soll ich mit ihnen machen?«

»Gib ihnen einen kräftigen Fußtritt,« erwiderte ich.

»Du bist nicht gescheit! Diese Leute haben ihre Pflicht getan. Und sie werden sie jetzt noch besser erfüllen, denn sie haben Angst, daß ich mich erinnern könnte. Was hat es für einen Sinn, sich zu rächen? Ich habe sogar das Rizinusöl verbieten lassen.«

»Das ist falsch. Du wirst sehen, daß das falsch ist!«

Ich erkläre kurz, was die ›Behandlung mit Rizinusöl‹ bei den Faschisten bedeutete. Es handelte sich um eine Strafmaßnahme, die die *squadre* bei ihren Repressalien anwandten; doch sie blieb den Persönlichkeiten mit einem gewissen sozialen Niveau vorbehalten. Die Faschisten tauchten etwa bei einem Rechtsanwalt auf, der antifaschistische Ideen vertrat oder ihren Gegnern half. Sie zwangen ihn, eine bestimmte Menge Rizinusöl zu schlucken, zu wenig, um sein Leben in Gefahr zu bringen, aber genug, um ihn einige Tage ans Haus zu fesseln, denn so lange hielt die Wirkung des Rizinusöls vor.

Es hieß später, die Faschisten hätten barbarische Methoden benutzt.

Ich billige sie zwar nicht gerade, aber ich meine doch, daß es vorzuziehen ist, einige Zeit im W.C. blockiert zu sein, als mit einem gebrochenen Bein oder Schlimmerem im Krankenhaus zu liegen. Wie dem auch sei, eine der ersten Maßnahmen Mussolinis, nachdem er an die Macht gekommen war, betraf das Verbot dieser ›Rizinus-Behandlung‹.

Es war also nicht davon die Rede, sie den Polizisten von Forli zu verpassen.

Am Bahnhof erwartete uns eine riesige Menschenmenge. Ich erlebte das zum erstenmal und war besonders beeindruckt. Der Ordnungsdienst war überfordert. Wir wurden bis zum Wagen getragen, wo ich meinen schönen, mit Blumen geschmückten Hut aufsetzen wollte: Ich hatte nur noch einen Fetzen in der Hand.

Während eines Empfangs in der Präfektur entdeckte ich die Gräfin Merenda, die uns im Jahr 1910 unsere kleine dunkle Wohnung vermietet hatte. Jetzt war der Augenblick gekommen, mit ihr abzurechnen, denn ich hatte nie vergessen, wie sie uns behandelte, als mein Mann noch eine bescheidene Stellung innehatte. Ich hörte sie einmal zum Hausverwalter sagen:»Ist es möglich, daß in meinem Hause solches Lumpenpack wohnt!«

Am anderen Morgen hatte ich meinem Mann damals die Worte der Gräfin Merenda wiederholt, als er sich gerade rasierte. Er ließ mich gar nicht ausreden und schrieb, das Gesicht noch voller Seifenschaum, auf einen Briefbogen:

»Bitte merken Sie sich, Frau Gräfin, daß meine Frau mehr Adel besitzt als Sie . . .«

Damals war es dabei geblieben. Doch jetzt würde ihr das Lumpenpack vor aller Welt antworten. Als mich jemand bat, ein Wort zu sagen, ging ich sofort zum Angriff über:

»Wenn man eine bedeutende Stellung hat, will alle Welt einen empfangen. Aber wenn man arm ist, dann sieht es anders aus . . . Ich erinnere mich an eine gewisse Gräfin, die übrigens anwesend ist . . .«

Weiter kam ich nicht. Benito spürte das heraufziehende Gewitter und holte mich zu sich. Von da an war die Gräfin Merenda jedoch sehr liebenswürdig zu mir.

Doch mein Mann erlebte nicht nur begeisterte Empfänge. Nach einer kurzen Atempause griff die Opposition ihn noch heftiger an als in der Zeit vor der Machtergreifung. Es kam zu blutigen Auseinandersetzungen, und die Ermordung des sozialistischen Abgeordneten Giacomo

64

Matteotti führte zu einer schweren Erschütterung des Faschismus. Selbst mein Mann blieb nicht verschont, denn es wurde bewiesen, daß Faschisten daran beteiligt gewesen waren. Ich glaube, ich habe ihn selten so angewidert, empört und niedergeschlagen gesehen. Er tat alles, um die Mörder zu finden. Sie wurden hart bestraft, auch die Mitglieder der Faschistischen Partei. Benito kümmerte sich außerdem selbst um die Familie Matteotti und sorgte für eine gute Ausbildung der Kinder.

Zum erstenmal wurde ihm klar, daß seine eigenen Freunde eine Gefahr darstellen konnten. Mehr als einmal wiederholte er mir, daß er von nun an niemandem mehr vertrauen würde: »Wenn meine eigene Mutter wieder lebendig würde, hätte ich nicht einmal mehr zu ihr Vertrauen.«

Ich kannte ihn gut genug, um zu wissen, daß das nicht stimmte. Denn bei Benito Mussolini grenzte das Vertrauen an Naivität. Die Zukunft sollte mir recht geben . . .

Im Lauf von zehn Jahren erlebte ich die Angst vor den Duellen, den Verhaftungen, dem Krieg; die Unsicherheit vor dem Morgen, den Rausch des Erfolgs. Und ich entdeckte auch einen anderen Mussolini.

Ich will hier nicht die Liste der Attentate aufführen, die gegen meinen Mann verübt worden waren; sie ist nicht sehr lang. Doch bildeten sie zu siebzig Prozent, mit der Ermordung Matteottis, die Voraussetzung für die Einführung der Diktatur in Italien. Die Parlamentarier der Opposition taten den Rest, indem sie sich in ihren Elfenbeinturm zurückzogen. Mein Mann hat mir immer wieder auseinandergesetzt, daß er die gesamte Macht nur deshalb an sich genommen habe, damit nicht alle Welt, Freunde oder Feinde, nach eigenem Belieben handelten.

Zwei Attentate haben mich ganz besonders berührt: Das erste – es handelte sich in der Tat um das zweite, das auf Mussolini verübt wurde – fand im April 1926 statt. Mein Mann hatte bei einem medizinischen Kongreß im Kapitol in Rom den Vorsitz geführt. Als er das Kapitol verließ, gab eine Engländerin, Violet Gibson, fünf Revolverschüsse auf ihn ab. Eine einzige Kugel traf ihn, aber da er im gleichen Moment das Gesicht zu einem Balkon hob, wurde er nur an der Nase verletzt. Sein erster Kommentar: »Und das hat eine Frau getan!«

Als er mir den Vorfall schilderte, fand ich ihn beinahe amüsant: »Weißt du, Rachele, nicht die Engländerin hätte mich fast getötet, sondern die Ärzte. Ich war bei einem Ärztekongreß – und einige zwanzig stürzten sich sofort auf mich, jeder wollte für sich die Ehre in Anspruch nehmen, Mussolini zu retten. Ich hatte Angst, in dem Gedränge zerdrückt zu werden, und entkam den ›Rettern‹ nur, indem ich kräftige Faustschläge verteilte.«

Am 31. Oktober des gleichen Jahres sah ich selbst, wie ein Attentat verübt wurde und welche Folgen das haben konnte. Ich merkte, daß mein Mann nicht übertrieben hatte.

Wir befanden uns in Bologna zur Einweihung einer Sporthalle. Bei Tisch stellte Benito fest, daß wir dreizehn Frauen waren.»Das ist ein schlechtes Vorzeichen!« rief er aus.

Am Nachmittag erwarteten wir meinen Mann nach dem Ende der Veranstaltungen am Bahnhof. Plötzlich stürzte der Marquis Paolucci mit verzerrtem Gesicht auf uns zu; er hatte kaum die Kraft, die Worte »Mut, Exzellenz, Mut!« hervorzustoßen.

Ich kam nicht dazu, mich aufzuregen, denn Benito folgte ihm, von einer Menschenmasse geschoben. Er berichtete mir, daß nicht weit von uns entfernt, als er noch im Wagen gesessen habe, ein junger Mann, dessen bleiches, angstvolles Gesicht er gesehen habe, auf ihn geschossen und ihn verfehlt habe. Doch noch ehe die Polizei einzugreifen vermochte, habe die Menge ihn auf der Stelle gelyncht.

»Es ist reiner Wahnsinn, aus einem so jungen Kerl das Werkzeug eines Verbrechens zu machen,« meinte er zu mir. Das Geschick seines Mörders erschütterte ihn sichtlich mehr als sein eigenes.

Erst auf der Weiterfahrt bemerkte Benito, daß seine Jacke versengt war, und in der Villa Carpena sah ich die Blutflecken auf seinem Hemd und seinem Unterhemd. Die Kugel hatte die Haut in Höhe des Herzens gestreift. Sie war an einem Taschenkalender abgeprallt.

Wenige Minuten, nachdem wir zu Hause angekommen waren und uns langsam von dem Schrecken erholten, spielte er in seinem Zimmer Geige. Seine Gedanken waren noch immer bei dem Jungen.

Mussolini und die Frauen

Er liebte sie mit runden Formen. Blond, brünett oder rothaarig, das war ihm gleich. Nur parfümiert durften sie nicht sein. Er, das war Benito Mussolini; sie, das waren die Frauen.

Die Frauen und Mussolinis Bündnis mit Hitler waren, glaube ich, in einer bestimmten Epoche die bevorzugten Themen der internationalen Presse.

Ich kann heute sagen, daß Mussolini, was die Quantität angeht, ebenso viele Jagdtrophäen besaß wie jeder normale Italiener, der den Frauen gefällt. Ich versuche nicht aus Trotz ihre Bedeutung zu schmälern, aber ich möchte doch wahrheitsgemäß feststellen, daß mein Mann immer zu Hause geschlafen hat, es sei denn, er war auf Reisen. Er verließ das Haus gegen acht Uhr morgens, kehrte gegen dreizehn Uhr zurück, ging um sechzehn Uhr wieder fort und kam abends gegen zwanzig Uhr. Jedesmal, wenn er den Palazzo Venezia verließ, klingelte das Telephon in der Villa Torlonia, wo wir wohnten. Man gab mir bekannt: der Duce begibt sich nach Hause bzw. an den und den Ort.

Daher frage ich: wo und wann hat er es getan?

Wo? Ich glaube, ich kann darauf antworten: in seinem Büro, wo er sich einen kleinen Salon hatte einrichten lassen, ohne Bett, mit einem Sofa zum Ausruhen. Wann? Zwischen Tür und Angel.

So sah Mussolinis gewaltiges Liebesleben aus. Wer tut es ihm nicht gleich?

Abgesehen davon besteht keinerlei Zweifel: Mussolini hat nie einer Dame den Hof gemacht. Die Frauen haben sich ihm an den Hals geworfen, weil er ihnen gefiel, weil sie daraus Nutzen zu ziehen hofften oder ganz einfach, weil sie ihre Freundinnen mit der Erklärung beeindrucken wollten: »Ich bin die Geliebte des Duce.«

So empfing der Duce eines Tages in seinem Büro eine junge Frau, deren Mann im Kampf als Flieger sein Leben gelassen hatte. Er suchte nach ermutigenden Worten, sprach von der Größe des Opfers ihres

Mannes, als ihm bewußt wurde, daß die Frau – die Witwe – ihn mit gierigen Augen anstarrte, ohne eine Spur von Trauer. Er brach die Unterredung sofort ab.

Als er mir abends die Szene beschrieb, war er so angewidert, daß ich seine Worte keinen Augenblick anzweifelte.

Dennoch war mein Mann gewiß kein Heiliger. Mir ist praktisch nie etwas verborgen geblieben. Ich habe nichts unternommen, als ich erfuhr, daß Magda Fontanges überall verkündete, sie sei die Geliebte meines Mannes; das ging so weit, daß mein Mann ihr über den französischen Botschafter in Rom, de Chambrun, den Aufenthalt in Italien untersagen ließ, weshalb sie auf letzteren schoß, um sich zu rächen. Ich bewahrte die Ruhe, als man mir berichtete, daß Cécile Sorel mit hochrotem Kopf, verwirrt und strahlend aus dem Büro meines Mannes gekommen sei usw. Ich kannte meinen Mann besser als alle anderen. Ich wußte, daß er in seiner Jugend Geld aus dem Portemonnaie seiner Schwester nahm, um die jungen Mädchen zum Eis einzuladen und sie zum Tanzen auszuführen. Sie mußte die Mädchen dann anschließend trösten, die weinend zu ihr rannten, weil Benito sie verlassen hatte. Bevor ich ihn traf, hatte er an vielen Orten Herzen gebrochen, in Predappio, in Forli, dann in Tolmezzo, Oneglia, Gualtieri, in der Schweiz, kurz, überall, wo er gewesen war. Im übrigen hat er nie geleugnet, daß er die Frauen liebte, mit einer Einschränkung, wie er mir sagte: »Du wirst die einzige hübsche Frau bleiben, die ich in meinem Leben gehabt habe, denn der Schönheit muß man mit Mißtrauen begegnen: Sie raubt einem den Verstand.«

Ich glaube, er hat den seinen nie verloren. Wenn er einer Frau gefiel, oder umgekehrt, so war die Verbindung stürmisch, aber kurz. Danach kümmerte sich Mussolini nicht mehr um die Frau, die er in seinen Armen gehalten hatte.

Ich glaube, was die Frauen zuerst an ihm anzog, das war sein Blick, der gleiche Blick, dessen Opfer ich in jungen Jahren geworden war. Dann sein gutes Aussehen und die tiefe melodische Stimme, der manche »Zauberkraft« nachsagten. Aber wenn sie einmal erobert worden waren, stieß er sie durch seine Grobheit wieder ab. Wie jeder Italiener war er der Ansicht, daß das weibliche Geschlecht eine bestimmte soziale Stufe nicht zu überschreiten habe und daß seine Rolle sich auf das Haus beschränke. Diesen Prinzipien getreu, fühlte er sich nie gebunden und behandelte diese armen Unglücklichen wie Gegenstände.

Trotzdem habe ich unter drei Frauen sehr gelitten. Ich habe gegen jede von ihnen mit allen meinen Kräften gekämpft. Es handelte sich um Ida Dalser, Margherita Sarfatti und Clara Petacci.

Ich wurde zum erstenmal wirklich unruhig, als ich einen anonymen Brief erhielt, in dem man mir mitteilte, daß mein Mann sich auf ein Abenteuer eingelassen habe, das ihm Unannehmlichkeiten bringen könne. Ich beschloß, meine Nase in seine Angelegenheiten zu stecken.

Wenige Tage später fuhr mein Mann nach Genua, um von einem Freund, dem Kapitän Giuletti, der den Verband der Seeleute leitete, Geld zu leihen. Während seiner Abwesenheit besuchte mich zu Hause eine Frau. Sie war häßlich, älter als ich und schauderhaft geschminkt. Sie weigerte sich, ihren Namen zu nennen, wollte jedoch wissen, wie wir lebten, was mein Mann tat usw. Sie hatte sogar die Unverfrorenheit, Edda zu fragen, ob ihr Vater ihre Mutter liebe und ob er sich gut mit ihr verstehe.

Ich war von diesem Besuch sehr peinlich berührt und berichtete meinem Mann davon, als er zurückkam.

»Das ist die Österreicherin. Das ist Ida Dalser,« erklärte er mir, ebenfalls verärgert.

Er erzählte mir nun von dieser Liaison, von der ich bis dahin nichts geahnt hatte. Er hatte sie in Trient kennengelernt und dann in Mailand wiedergetroffen, wo sie ihn seitdem bis zur Zeitung verfolgte; dort wußten alle Bescheid, daß sie abzuweisen war, wenn sie nach ihm fragte.

»Sie ist gefährlich, sie ist völlig überspannt,« schloß er.

Als sie ihm mitteilte, daß sie ein Kind von ihm bekommen habe, zögerte Benito nicht, es anzuerkennen. Es war ein Junge, dem Ida Dalser den Namen Benito Albino gab. Wir dachten, dieses Problem wäre damit geklärt.

Doch im Dezember 1915, als ich Einkäufe machte, wurde meine Mutter zu Hause von Polizisten überrascht, die behaupteten, sie hätten Anweisung, alle unsere Möbel zu beschlagnahmen. Hilflos ließ meine Mutter sie gewähren. Als ich nach Hause kam, verstand ich nicht mehr als sie, vor allem, da ich gerade von Benito einen Brief von der Front erhalten hatte, in dem er schrieb, daß es ihm gut gehe.

Die Erklärung sollte nicht auf sich warten lassen, denn die Polizisten kamen noch am selben Tag zurück, um mich zu verhaften und ins Kommissariat zu führen.

»Sind Sie Frau Mussolini oder nicht?«

»Ja,« erwiderte ich.

»Dann gibt es keinen Zweifel, Sie sind die Schuldige!«

Ich fiel aus allen Wolken. Ich fragte sie, was ich denn getan hätte, weshalb ich schuldig wäre. Mit sehr ironischem Unterton erinnerte der Beamte mich daran, daß ich ein Zimmer im Hotel *Milano* in Mailand in Brand gesteckt hätte.

»Ich bin niemals in diesem Hotel gewesen. Ich habe unser Haus nicht verlassen, außer, um in der Stadt einige Einkäufe zu machen. Wie soll ich denn ein Hotel angezündet haben? Und warum?«

Durch meine Empörung unsicher geworden, fragte der Kommissar nun nach genaueren Angaben zu meinem Personenstand: Namen, Geburtsort und -jahr, Namen der Eltern usw. Und er entdeckte, daß es sich um eine andere »Frau Mussolini« handelte. Er überprüfte meine Angaben und die Informationen, die er über die mysteriöse Brandstifterin hatte, und wir stellten fest, daß sie niemand anders als Ida Dalser war.

Gleichzeitig erfuhr ich, daß mein Mann mit Paratyphus nach Cividale ins Krankenhaus gekommen war. Ich fuhr zu ihm – in einem Viehwagen – und berichtete über mein Mißgeschick.

»Es gibt nur eine Lösung,« meinte er, »um Ida Dalser daran zu hindern, daß sie überall erzählt, sie sei Frau Mussolini: wir heiraten.«

»Ich werde darüber nachdenken,« antwortete ich, entschlossen, mich lange bitten zu lassen, um mich für den durchgestandenen Ärger zu rächen. »Doch ich warne dich, ich könnte noch im letzten Augenblick nein sagen.«

»Das Schlimme ist, daß du das wirklich tun würdest,« seufzte er und ergriff meine Hand.

In der Tat hatte Benito recht, denn Ida Dalser machte sich die Situation zunutze, daß wir, entsprechend der revolutionären sozialistischen Doktrin von 1910, nicht offiziell verheiratet waren. Ich erinnere mich noch, wie Benito einen Wutanfall bekam, als er Edda beim Standesamt von Forlì anmeldete. Er ließ auf ihrer Geburtsurkunde vermerken: »Edda, Tochter von Benito Mussolini und N. N.« Der Standesbeamte erzählte daraufhin überall, wir wären zivil und kirchlich getraut, um ihn zu kränken. Mein Mann suchte ihn schließlich auf und brachte die Sache mit zwei kräftigen Ohrfeigen wieder in Ordnung.

Ich war natürlich einverstanden, daß wir standesamtlich heirateten; die Trauung fand einige Zeit später in einem Raum des Krankenhauses von Treviglio statt. Benito war durch eine Gelbsucht ans Bett gefesselt, er trug eine Wollmütze, die er tief ins Gesicht gezogen hatte, und wirkte sehr nervös. Als der Moment kam, das rituelle Ja zu sagen, tat er es mit ganz fröhlicher Stimme. Ich antwortete jedoch nicht, tat so, als wäre ich zerstreut, und beobachtete dabei Benito aus den Augenwinkeln. Bei der zweiten Frage des Beamten blieb ich ebenso stumm. Benito starrte mich verstört an. Schließlich, beim dritten Mal, sagte ich meinerseits ja. Er stieß einen tiefen Seufzer aus und ließ seinen Kopf erschöpft zurücksinken.

»Hast du Angst gehabt?« fragte ich ironisch.

Er blickte mich nur aus zornig blitzenden Augen an.

Ich dachte, daß die Affäre Dalser damit endgültig begraben wäre. Ich irrte mich.

1917 wurde Benito schwer verwundet, er war von dreiundvierzig Granatsplittern getroffen worden. Nur knapp entging er einer Amputation, und nach mehreren angstvollen Wochen transportierte man ihn ins Mailänder Lazarett.

Als ich ihn dort besuchte, fiel mir an einem Morgen eine unfreundliche brünette Frau auf, doch ich erkannte in ihr nicht die österreichische Brandstifterin Ida Dalser. Sie hingegen erinnerte sich an mich. In dem Saal, in dem mein Mann lag, stürzte sie auf mich los, beschimpfte mich und schrie mir ins Gesicht:

»Ich bin Mussolinis Frau. Nur ich habe das Recht, in seiner Nähe zu bleiben . . .«

Die anwesenden Soldaten amüsierten sich königlich.

Völlig außer mir, wutentbrannt warf ich mich auf sie und traktierte sie mit Faustschlägen und Fußtritten. Ich griff mir sogar ihren Hals und begann sie zu würgen. Benito versuchte, von seinem Bett aus einzugreifen, doch er war wie eine Mumie mit Verbänden umwickelt und unfähig, die kleinste Bewegung zu machen. Dann ließ er sich aus dem Bett fallen, um uns aufzuhalten. Glücklicherweise trennten uns die Ärzte und Krankenschwestern, bevor ich Ida Dalser ganz erdrosselt hatte. Sie ergriff die Flucht, und ich brach schluchzend zusammen.

Anschließend strengte Ida Dalser einen Prozeß gegen meinen Mann an, der ihr ab 1918 eine monatliche Pension von zweihundert Lire für das Kind überwies. 1926 ließ er dem Jungen eine Summe von hunderttausend Lire gutschreiben, die ihm bei seiner Volljährigkeit auszuzahlen war.

Ida Dalser fand ein trauriges Ende. Sie starb 1937 in der Irrenanstalt San Clemente in Venedig. Ihr Sohn wurde Funker, aber auch er starb bereits am 25. Juli 1942 in Mombello.

Der Kampf mit Margherita Sarfatti wurde viel erbitterter und hinterlistiger, denn sie war wesentlich intelligenter und gefährlicher. Sie war Journalistin und leitete die Literatur- und Kunst-Chronik, zunächst bei *L'Avanti* und dann beim *Popolo d'Italia*. Ich wußte seit langem über diese Verbindung Bescheid, doch jedesmal, wenn ich mit Benito darüber sprach, erklärte er, daß diese Frau zu »intellektuell«, zu kultiviert für ihn sei. Aber nach der Erfahrung mit Ida Dalser paßte ich auf; denn ich hatte erkannt, daß bei Benitos Abenteuern die Gefahr nicht von ihm selber kam, sondern von den Frauen, die sich an ihn klammerten und ihn nicht mehr verlassen wollten. Bis 1918 gab es, glaube ich, nichts zwischen den beiden, doch danach änderte sich das.

Im Jahr 1921 kam Margherita Sarfatti eines Tages in unser Haus, um mit Benito verschiedene berufliche Probleme zu besprechen; er erholte sich gerade von seinem Flugzeugunfall. Ich tat, als wüßte ich von nichts. Sie verhielt sich einwandfrei, aber ich war wütend, daß sie es gewagt hatte, zu mir ins Haus zu kommen. Daher bemerkte ich ganz nebenbei, als sie wieder fort war und ich Benitos Bett aufschüttelte: »Manche Leute besitzen wirklich eine unglaubliche Unverfrorenheit. Sie aus dem Fenster werfen, ist das mindeste, was man mit ihnen tun sollte . . .«

Benito, der kein reines Gewissen hatte, begnügte sich damit, mir mit wenig überzeugender Stimme zu erklären, ich würde Gespenster sehen.

Von 1922 bis 1926 setzte mein Mann die Verbindung mit Margherita Sarfatti in Rom fort.

Im Jahr 1925 beschloß ich zu reagieren, denn diese Beziehung dauerte schon zu lange. Ich hatte erfahren, daß mein Mann an einem Magengeschwür litt, und wollte nach Rom fahren. Auf dem Mailänder Bahnhof wurde ich vom Polizeichef persönlich zurückgehalten, der mir eine lange Rede hielt und mir erklärte, daß die Fahrt an das Krankenbett meines Mannes wie eine Verschlimmerung seiner Krankheit ausgelegt werden und politische Reaktionen provozieren könnte. Im Interesse des Landes sollte ich in Mailand bleiben. Ich war wenig überzeugt, gab jedoch nach.

Im nächsten Jahr fuhren meine Kinder und ich zu Weihnachten nach Rom. Benito war ausgesprochen liebenswürdig und der aufmerksamste Vater und Ehemann. Ich war um so glücklicher, als er mir geschworen hatte, daß der Fall Sarfatti abgeschlossen wäre. Er brach tatsächlich alle Beziehungen mit ihr ab, sie wurde sogar mit einer Entschädigung von der Zeitung entlassen.

In der Villa Torlonia verbrannte mein Mann sämtliche Briefe dieser Frau vor meinen Augen. Ich meinte, nun endlich Frieden zu haben. Aber einige Jahre später, 1931, öffnete ich eines Tages den *Popolo d'Italia* und las zu meinem Entsetzen unter einem Artikel den Namen Margherita Sarfatti. Mein Blut kochte. Ich hatte nur einen Gedanken: »Die taucht wieder auf!« Aber man würde schon sehen . . .

Ich hielt mich gerade in Meran auf, um mich wegen eines Ekzems behandeln zu lassen und gleichzeitig eine diskrete Untersuchung über die Rolle der italienischen Verwaltung anzustellen, die den österreichischen Einfluß in Südtirol zu sehr förderte. Daher konnte ich meinen Mann nicht direkt zur Rede stellen. Aber es blieb die Möglichkeit, ein Telegramm zu schicken.

Ich füllte auf der Post ein Formular mit einem langen Text, ohne auf die Kosten zu achten. Die Angestellte war starr vor Entsetzen, als sie nicht nur den Text, sondern vor allem den Namen und die Adresse des Empfängers las.

»Ich kann ein derartiges Telegramm nicht weitergeben. Ich verweigere die Annahme!« rief sie entrüstet.

Ich erinnere mich nicht mehr an den genauen Inhalt, aber es ist nicht schwer, sich vorzustellen, was eine Frau in dieser Situation an ihren Mann schreibt.

»Sie werden es entgegennehmen und sofort abschicken,« entgegnete ich schroff. »Wenn Sie weitere Angaben brauchen: ich heiße Rachele Mussolini und der Herr, an den ich schreibe, ist mein Mann.«

Dann nahm ich noch ein zweites Telegramm, füllte es aus wie das vorige und richtete es an Arnaldo, den Direktor des *Popolo d'Italia*.

Am gleichen Abend rief Benito mich an.

»Was soll denn diese Geschichte?« fragte er mich, zugleich wütend und beunruhigt. »Ich weiß nicht, welchen Artikel von Margherita Sarfatti du meinst. Ich weiß nur, daß ich mich von ihr getrennt habe und nichts mehr davon hören will.«

Am Ton seiner Stimme spürte ich, daß er die Wahrheit sagte. Aber ich war noch nicht zufrieden.

»In Ordnung, aber wenn ich noch einmal den Namen Sarfatti in der Zeitung sehe, jage ich den *Popolo d'Italia* in die Luft. Und du weißt genau, Benito, ich zögere nicht, meine Drohungen wahrzumachen! Überdies,« fügte ich hinzu, »würde ich den Leuten einen Gefallen tun, denn der *Popolo d'Italia* gefällt keinem Menschen mehr, er ist ungenießbar geworden...«

Die Drohung verfehlte nicht ihre Wirkung: Sarfattis Name verschwand für immer aus der Zeitung. Doch sie hat trotzdem nicht alles verloren, denn ich habe erfahren, daß sie die Briefe, die sie von meinem Mann besaß, verkauft hat.

Das dritte und letzte Abenteuer, unter dem ich vielleicht am meisten gelitten habe, hatte der Duce mit Clara Petacci. Ich muß hier sagen, daß ich seit dem Tod meines Mannes, wenn ich ein Gebet für ihn spreche, auch an Clara Petacci denke; denn ich glaube, man muß verzeihen können, vor allem wenn der Tod sein Werk getan hat. Von allen Frauen, die sich meinem Mann an den Hals geworfen haben, hat eine einzige diese Verbindung mit dem Leben bezahlt, obwohl sie die Möglichkeit hatte, ins Ausland zu fliehen und dort aus dem Gewinn zu schlagen, was sie von Mussolini erhalten hatte, wie Margherita Sarfatti. Aus diesem Grund empfinde ich keinen Groll mehr, wenn ich diese Zeilen schreibe, sondern nur Trauer und unendliches Mitleid.

Lange Zeit war mir die Verbindung zwischen meinem Mann und Clara Petacci verborgen geblieben. Alle Welt wußte Bescheid, meine Kinder, das Personal... Eine Mauer des Schweigens umgab dieses Abenteuer, vor allem, um mir Kummer zu ersparen, weniger aus Komplicengesinnung. Die seltenen Male, wo ich nahe daran war, etwas zu entdecken, dank meiner privaten Mini-Polizei, stieß ich mich an dieser Schranke. Auf diese Weise erfuhr ich erst am 26. Juli 1943 davon, als ich nach der Verhaftung meines Mannes die Zeitungen aufschlug. Wie immer, wenn ein Idol vom Podest gestoßen worden ist, warf man der Öffentlichkeit alles zum Fraß vor, einschließlich Clara Petacci.

Mich packte eine ohnmächtige Wut, als ich diese »Enthüllungen« las, und die Angst um Benitos Leben machte die Situation nicht erträglicher.

Mein Mann hatte Clara Petacci etwa 1936 kennengelernt. Sie stammte aus einer sehr guten Familie, ihr Vater war einer der Ärzte von Pius XI.

74

Man hat viele Dinge über diese Liaison erzählt, ich bin sicher, daß sie sehr gelegen kam, als die feindliche Propaganda Material gegen Mussolini suchte.

Die Fehler, die Benito mit dieser Frau machte, kamen ihn teuer zu stehen, denn die gegnerische Presse beutete die Affäre Mussolini – Petacci gegen ihn aus. So erfuhr ich, und unsere Kammerfrau Irma hat es mir bestätigt, daß mein Mann eine direkte Telephonlinie von der Villa Torlonia zum Appartement seiner Mätresse hatte legen lassen. Er hatte nicht bemerkt, daß alle seine Gespräche abgehört wurden, er hielt seine Linie für sicher.

Doch während der ganzen Dauer dieser Verbindung hat Benito keine einzige Nacht außerhalb unseres Hauses verbracht; er hat sich mit Clara Petacci nie öffentlich gezeigt und er hat sie nie jemandem vorgestellt. Sie mußten sich beide mit kurzen Rendezvous begnügen, meistens in einem kleinen Appartement, das Benito sich im Palazzo Venezia hatte einrichten lassen, wie ich später erfuhr.

Ich entschloß mich erst 1944 einzugreifen, und von allen Problemen, die ich in meinem Leben zu regeln hatte, war dieses eines der unangenehmsten.

Wir wohnten seit einigen Monaten in Gargnano am Gardasee, Benito, die Kinder und ich, in der Villa Feltrinelli – von den Eltern des Verlegers –, und Clara Petacci hatte gleichfalls eine Villa einige Kilometer von uns entfernt bezogen.

Ich hatte erfahren, daß gewisse Leute ihre Anwesenheit in Gargnano dazu benutzen wollten, Mussolini in Verruf zu bringen; und daß einige Faschisten aus eben diesem Grunde ihr eine »Sonderbehandlung« zugedacht hatten.

Daraufhin entschloß ich mich, sie aufzusuchen, mit ihr zu sprechen und sie vor den ihr drohenden Gefahren zu warnen. Vorher rief ich Benito an und sagte ihm, daß ich Clara Petacci treffen wolle.

»Tu, was du für richtig hältst,« antwortete er mir.

Ich nahm den Wagen, der von unserem Chauffeur gefahren wurde, und bat zwei Freunde aus der Romagna, uns in einem anderen Auto zu folgen.

Unterwegs hielt ich vor dem Innenministerium der Sozialrepublik von Salo an, denn ich wollte, daß der Minister, Guido Buffarini, mich begleitete. Ich wußte, daß er ein großer Intrigant war und in Kontakt mit Clara Petacci stand. Aus diesen Gründen schätzte ich ihn nicht besonders, und ich legte Wert darauf, daß er meiner Unterredung mit ihr beiwohnte.

Buffarini erschien sofort, meine Anwesenheit beunruhigte ihn. Er hatte nicht einmal eine Jacke übergezogen, um mich zu empfangen.

»Ziehen Sie sich fertig an und kommen Sie mit mir,« forderte ich ihn auf.

»Wohin gehen wir?«

»Ich werde es Ihnen sagen, wenn ich es für nötig halte. Beeilen Sie sich.«

Er folgte mir ohne Widerspruch, und wir setzten unsere Fahrt fort. Wir hielten vor Clara Petaccis Villa an, und ich klingelte am Gartentor. Buffarini wollte meine Freunde entfernen, aber sie wie ich lehnten ab. Es regnete in Strömen, und die Gruppe, die da draußen vor der Tür wartete, wirkte sicher recht unheimlich.

Nach mehrmaligem Klingeln erschien ein deutscher Offizier, der mir, ohne das Tor zu öffnen, zu verstehen gab, daß ich nicht hereinkommen könnte und daß es sinnlos wäre, darauf zu bestehen. Ich klammerte mich an das Gitter und versuchte hinüberzusteigen, doch es gelang mir nicht. Nach über einer Stunde nahmen meine Freunde schließlich Buffarini in ihre Mitte und fingen an, ihm zu drohen. Die Methode erwies sich als zweckmäßig, denn er schwitzte vor Angst. Völlig aufgelöst winkte er nach oben zu einem Fenster, damit jemand öffnete, was sogleich geschah.

»Sind Sie bewaffnet?« fragte er mich, als er meine erboste Miene sah.

»Ich nehme nie eine Waffe mit, wenn ich Leute besuche,« erwiderte ich.

Ich wurde in ein kleines Zimmer geführt. Buffarini, der deutsche Offizier und ein anderer Soldat blieben stehen, während ich mich in einen Sessel setzte und vergeblich versuchte, meine Ruhe wiederzugewinnen.

Nach einigen Minuten sah ich eine Art Geist die Treppe heruntersteigen. Es war Clara Petacci, zerbrechlich und zögernd, die in ihrer Hand ein Batisttüchlein knüllte. Ich weiß nicht warum, doch diese schüchterne, etwas linkische Haltung und das Taschentuch entwaffneten mich. Trotz aller Wut, die ich empfand, gelang es mir, ruhig zu sprechen. Ich vermied, sie dabei anzusehen, um meine Gefühle nicht zu verraten.

»Signora oder Signorina?« fragte ich.

»Signora,« antwortete sie mit einer tiefen, leicht rauhen Stimme, die einen seltsamen Gegensatz zu ihrer sichtlich zarten Gestalt bildete. »Also Signora,« fuhr ich fort, »ich will versuchen, ruhig zu bleiben. Ich bin weder von Eifersucht getrieben zu Ihnen gekommen, noch, um Sie zu beleidigen oder gar zu bedrohen. Unser Land durchlebt jetzt dramatische Stunden, und unsere persönlichen Gefühle haben in dieser Situation zu schweigen. Ich bitte Sie daher um ein Opfer. Mein Mann braucht einen ausgeruhten Kopf zum Arbeiten; vor allem aber möchte ich den Skandal beenden, den Ihre Anwesenheit hier, nur wenige Kilometer von meinem Haus entfernt, heraufbeschwört. Wenn man einen Menschen liebt, muß man sich für ihn opfern können. Ich, Benitos Ehefrau, bin bereit, mich weit von ihm entfernt in die Einsamkeit zurückzuziehen, wenn diese Trennung zu seiner Rettung beizutragen vermag. Da Sie ihn zu lieben glauben, verzichten Sie darauf, ihn zu sehen. Lassen Sie ihn in Frieden leben. Ich sage das nicht, um ihn für mich allein zu behalten, sondern um seinetwegen.«
Clara Petacci saß zusammengesunken in einem Sessel und hörte mir schweigend zu. Ich redete also weiter:
»Sie wissen, daß mein Mann sehr an seinen Kindern hängt. Sie wissen, daß er fünf Kinder hatte und daß ihm nach Brunos Tod nur noch vier geblieben sind. Auch wegen dieser Kinder bitte ich Sie: stören Sie nicht länger das Leben einer Familie, verlassen Sie den Gardasee.«
Ich wartete, daß sie reagierte, mich abwies, sich verteidigte. Doch sie tat nichts. Sie wurde von Weinkrämpfen gepackt und schüttelte den Kopf, als wollte sie damit sagen, daß sie mich nicht mehr anzuhören vermochte. Außer mir über diese Szene ließ ich meiner Wut freien Lauf. Ich sagte ihr alles, was ich auf dem Herzen hatte: daß ich Frauen, die glauben, ihre Probleme mit Tränen zu lösen, nicht ertragen könne; daß es einfach unzulässig sei, daß sie sehr delikate Briefe meines Mannes abphotographieren lasse und in Deutschland und in der Schweiz in Sicherheit bringe; daß sie niemals einer direkten Telephonlinie zwischen ihr und unserer Villa hätte zustimmen dürfen, vor allem, da alle Unterhaltungen von den Deutschen abgehört und nach Berlin geschickt würden; und schließlich, daß sie nicht die geringste Vorsicht zeige und sich sogar mit verdächtigen Personen treffe.
Clara Petacci sagte noch immer kein Wort. Ich packte sie am Arm und schüttelte sie, bis sie zu sprechen begann:
»Der Duce liebt Sie,« sagte sie, »ich habe nie ein häßliches Wort über

Sie geäußert. Er hätte es nicht zugelassen, weil er Sie liebt und achtet.«

Ich hatte Mitleid mit ihr, als ich sie so verloren vor mir sah, nur von einer Liebe angetrieben, die nicht einmal erwidert wurde.

Meine Wut war sogleich verraucht, und ich erinnerte mich, daß sie sich nach Benitos Verhaftung am 25. Juli sehr mutig verhalten hatte. Badoglio, der unser gemeinsamer Feind geworden war, hatte sie sogar ins Gefängnis nach Novara geschickt. Ich flehte sie also an:

»Wenn es so ist, warum versuchen wir dann nicht gemeinsam, meinem Mann in einem so schwierigen Augenblick zu helfen?«

Sie stand auf und ging in den ersten Stock hinauf. Nach einigen Minuten kam sie zurück und reichte mir ein Bündel Briefe:

»Das sind zweiunddreißig Briefe, die Ihr Mann mir geschickt hat.«

Ein Blick genügte mir, um zu erkennen, daß es sich nur um getippte Abschriften handelte.

Jetzt hielt ich mich nicht mehr zurück. Ich schleuderte ihr alles, was ich über sie wußte, ins Gesicht, ich sagte ihr, wie sehr sie von den Partisanen und Spionen der Alliierten gegängelt würde.

Clara Petacci beschränkte sich darauf, von einer Ohnmacht in die andere zu fallen, Buffarini tanzte ständig mit einer Flasche Cognac um sie herum. Sie hatte nur die Kraft zu murmeln, daß mein Mann ohne sie nicht leben könne.

»Das ist nicht wahr!« schrie ich, »mein Mann weiß, daß ich hier bin. Rufen Sie ihn an und fragen Sie ihn!«

Sie rief an und erhielt die Antwort:

»Ja, ich weiß, daß meine Frau da ist. Sie hat recht, wir müssen einen Schlußstrich ziehen.«

Ich stand auf, doch bevor ich hinausging, rief ich ihr zu: »Sie werden ein böses Ende nehmen, man wird sie auf die Piazza Loreto stellen!«

Damit wiederholte ich ihr einen Satz, den mir ein Partisan in einem Drohbrief geschrieben hatte; er erklärte mir, daß wir alle auf diesen Mailänder Platz gestellt würden, wo die Deutschen italienische Geiseln als Repressalie für ein Attentat ermordet hatten.

Draußen war es dunkel, und es regnete immer noch. Meine Freunde warteten auf mich. Ich kehrte in die Villa Feltrinelli zurück. Mein Mann arbeitete noch in seinem Büro in der Villa delle Orsoline. Ich unterrichtete ihn, daß ich wieder zu Hause sei und Clara Petacci keinen Schaden zugefügt habe. Dann schloß ich mich in meinem Zimmer ein, und zum erstenmal hatte ich den Wunsch, mit dem Leben Schluß zu machen.

Später erfuhr ich, daß Benito mehrmals telephoniert hatte. Schließlich schickte er mir ein paar Zeilen, in denen er mich fragte, ob ich ihn empfangen wolle.

Während mehrerer Stunden versuchte er mich zu beruhigen, er hielt meine Hand, umarmte mich zärtlich und flehte mich an, ihm zu verzeihen. Wieder einmal hatte ich meinen Mann zurückgewonnen; aber diesmal waren wir nur knapp an der Katastrophe vorbeigekommen.

Mussolini und das Geld

Ich las einmal vor langer Zeit in einer Zeitschrift, daß Mussolinis Frau Schmuck und Pelzmäntel gesammelt hätte. Ich fand das recht amüsant, denn in meinem ganzen Leben habe ich nur ein einziges Schmuckstück besessen, ein Armband, und auch das mußten wir 1931 verkaufen, um einen Bankkredit zurückzuzahlen. Dieses Armband war ein ganz ungewöhnliches Geschenk gewesen, denn normalerweise schenkten wir uns in der Familie nichts. Die Kinder überraschten meinen Mann höchstens mit einer Krawatte; und bei besonderen Gelegenheiten überreichte Benito mir ein Photo von sich mit einer Widmung. Was die Pelzmäntel betrifft, so habe ich nie einen mein eigen genannt. Zu »mondänen« Einladungen lieh ich mir einen von meiner Tochter Edda aus.

Was hat man nach dem Krieg nicht alles über Mussolinis Vermögen geschrieben! Ich kann nur sagen: es gibt keinen verborgenen Schatz; weder in der Erde vergraben noch versenkt im Gardasee.

Selbst die Sozialrepublik von Salo, deren Chef mein Mann fast zwei Jahre lang war, hatte normal funktionierende Bankinstitute; die Minister gingen nicht mit Geldbündeln spazieren, und mein Mann trug nicht die Kronjuwelen mit sich herum.

Ich kann bestätigen, daß Mussolini während zwanzig Jahren, sechs Monaten und ich weiß nicht wievielen Tagen keinen Pfennig seines Gehalts als Ministerpräsident kassiert hat. Er verzichtete sogar auf seine Diäten, zugunsten der Kasse für Repräsentationskosten der Abgeordnetenkammer.

Das alles tat er nicht aus demagogischen Erwägungen, und wir lebten auch keineswegs in Armut. Mein Mann besaß eine Zeitung, den *Popolo d'Italia,* der gut verkauft wurde, und er schrieb Artikel für die ausländische Presse, besonders die amerikanische, die ihm beachtliche Honorare zahlte. Außerdem verfügte er über die Urheberrechte an seinen Büchern, von denen einige sogar ins Chinesische übersetzt worden sind.

Wir hatten also genug, um angenehm zu leben, überdies zahlten wir in Rom keine Miete, der Besitzer unserer Villa, Prinz Torlonia, hatte sie, trotz Benitos Widerspruch, auf eine symbolische Lira im Jahr festgesetzt. Die Wagen wurden von der Regierung gestellt; außer denen, die die Kinder und wir für unseren persönlichen Gebrauch gekauft hatten.

Wir besaßen sogar einige Ersparnisse, mit denen wir je ein Stück Land in der Romagna und in Ostia und eine Villa in Riccione erwarben.

Um nichts zu verbergen, sei auch gesagt, daß meinem Mann eine Reihe von Villen angeboten worden sind, darunter eine in Neapel, die Villa Rosebery, gegenwärtig Sommersitz des Präsidenten der Republik, das Geschenk einer englischen Familie – und eine andere in Rom, die Villa Chiara, heute ein öffentlicher Park, sowie Rocca delle Caminate. Diese Villa war die einzige bedeutende Gabe, die Benito behalten hat, weil die Einwohner von Ravenna und Forli das Geld dafür selbst gesammelt hatten. Alle anderen überließ er dem Staat.

Alle Geschenke, die Mussolini erhielt, wurden sofort an Wohltätigkeitsorganisationen verteilt. Ab 1942 floß diesen auch das Geld zu, das für den Kauf von Adelstiteln bezahlt wurde; bis dahin hatten nur wenige Privilegierte von diesem Handel »unter dem Tisch« profitiert.

Diese Tatsachen erschienen so unwahrscheinlich, daß zu Ende des Zweiten Weltkriegs mehrere Kommissionen ernannt wurden, um Mussolinis Verwaltung der Staatsgelder zu überprüfen. Giulio Andreotti gab das Ergebnis in einem Interview bekannt, das die linke Wochenzeitung *L'Espresso* veröffentlichte. Er erklärte, daß Mussolini in dieser Hinsicht für die ganze Zeit, die er an der Macht gewesen war, nichts vorgeworfen werden könne.

Warum handelte mein Mann so? War er ein Heiliger? Gewiß nicht. Aber für ihn war Geld nur ein Mittel, um das zu erwerben, was er brauchte. Wenn dieser Zweck erfüllt war, hielt er es für unnötig, überflüssige Dinge anzuhäufen ...

Ich muß gestehen, daß diese Haltung mitunter zu Reibereien zwischen uns führte, denn ich war immer der Auffassung, daß jedem Arbeiter sein Lohn zustand, und ich wollte nicht zulassen, daß er den seinen zurückwies. Aber er war nun einmal so, und es ist mir nie gelungen, ihn zu ändern.

Als Cesare Battisti um 1908 Benito nach Trient holte, um die Leitung seiner Zeitung zu übernehmen, bot er ihm ein Gehalt von 75 Lire im

Monat an. Er erwiderte, daß 50 Lire ihm genügten, und überließ den Rest der Zeitung. Nachdem wir zusammengezogen waren, spielte Benito mir zweimal diesen Streich. Bei der *Lotta di Classe* in Forlì verdiente er 120 Lire, von denen er zwanzig an die Partei abgab. Als er Direktor von *L'Avanti* wurde, lehnte er die tausend Lire, die sein Vorgänger Claudio Treves bekommen hatte, ab. Er nahm nur 500 Lire an.

Als er zum Regierungschef ernannt worden war, erzählte er mir sehr umständlich, daß diese Funktionen nur ehrenhalber wahrzunehmen seien. Ich erriet sofort, daß er sein Gehalt zurückgewiesen hatte, und sagte:

»Das ist schön und gut. Du tust, was du für richtig hältst. Aber ich muß ein Haus führen und Kinder ernähren. Ich weiß, daß gewisse Leute bei deiner Zeitung recht gut leben, während ich gezwungen bin, die Groschen zusammenzukratzen. Solange du in Mailand gewohnt hast, war ich unbesorgt. Aber jetzt werden wir getrennt sein, und ich möchte, daß du mit der Zeitung vereinbarst, daß ich regelmäßig eine bestimmte Summe erhalte.«

Benito erfüllte meinen Wunsch sofort. Ich bekam monatlich sechstausend Lire, und die Zeitung übernahm die Miete, die Kosten für das Auto und das Gehalt des Chauffeurs. Ich konnte nicht klagen . . .

Als ich 1926 zum erstenmal nach Rom fuhr, war ich nicht gerade begeistert. Mein Mann lebte schon seit vier Jahren allein in der Hauptstadt, und ich mit den Kindern in Mailand. Wenn er zu uns kam, war er ein seriöser Herr, ein friedlicher Familienvater . . . Aber in Rom entdeckte ich einen wahren »Playboy«: ausgesuchte Eleganz, Sportwagen, einen Puma an der Leine, um die Damen zu verblüffen . . .

Als ich dann noch in einem Nachttischkasten elf- oder zwölftausend Lire lose herumliegen sah, hielt ich meine Vorwürfe nicht mehr zurück.

Nach dieser Szene redete auch Arnaldo seinem Bruder ins Gewissen und überzeugte ihn, in Zukunft ein etwas geordneteres Leben zu führen.

Als wir in Rom die Villa Torlonia bezogen, gab mir mein Mann jeden Monat etwa 10 000 Lire, und wenn ich mehr brauchte, hatte ich es nur zu sagen. Ich habe allerdings nie erfahren, wieviel er genau verdiente. Als echter Südländer behielt er das für sich.

Ich erinnere mich noch, daß am Tag nach Mussolinis Verhaftung, das heißt am 26. Juli 1943, ein Offizier in die Villa Torlonia kam, in

der ich noch wohnte. Ich kam gerade aus dem Garten, mit Eiern und Salat in meiner Schürze, und er hielt mich für das Hausmädchen.
»Ich möchte gern Mussolinis Haus besichtigen, ist das möglich?« fragte er.
»Natürlich,« antwortete ich, »ich werde Sie begleiten.«
Ich legte die Eier und den Salat beiseite und spielte den Führer, nebenbei fragte ich ihn über die Situation aus. So erfuhr ich, daß Mussolinis Frau in Mailand vor dem Dom verhaftet worden sei, mit einem Koffer voller Geldscheine und Juwelen. Ich zeigte keine Reaktion, und wir setzten die Besichtigung fort. In einem Zimmer hing ein Photo meines Sohnes Bruno. Als der Fremde es betrachtete, beobachtete ich einen Ausdruck der Sympathie in seinem Gesicht.
»Das war ein großartiger Junge,« murmelte er. »So einfach und liebenswürdig! Wir gingen zusammen zur Schule.«
»Ja,« seufzte ich meinerseits, »daß war ein großartiger Junge.«
Ich weiß nicht, ob mich der Ton meiner Stimme verriet, aber der Offizier blieb plötzlich stehen und blickte mich aufmerksam an. Dann fragte er:
»Wer sind Sie? Gehören Sie zu seiner Familie?«
»Ja, ich bin Brunos Mutter. Ich bin Frau Mussolini.«
Er ergriff meine Hände, küßte sie und bat mich um Vergebung für das, was er über meine Verhaftung erzählt hatte.
»Ich hätte mir nie vorgestellt, daß ich die Gattin des Duce in einer Schürze antreffen würde . . .« Und er fuhr fort:
»Genauso war ich überzeugt, daß Mussolinis Haus ein luxuriös eingerichteter Palast sein müsse. Und es ist ein Haus wie jedes andere.«
Von außen gesehen, hatte die Villa Torlonia viel Stil, wenn sie auch etwas massiv wirkte. Sie lag im Residenzviertel der Via Nomentana. Der Park war riesig, mit einer so reichen Vegetation, daß man sich in einem Wald wähnte. Darin standen unter anderem große Gewächshäuser und ein reizendes kleines Theater.
Das Innere des Hauses hatte mich hingegen enttäuscht. Es war zwar groß, das muß ich zugeben, aber wieviel vergeudeter Platz! Wieviele Ecken und Winkel, mit kleinen Kammern und Zimmerchen, für die es keine Verwendung gab. Jedesmal, wenn ich in einen anderen Raum ging, stieß ich mich an einer Säule. Die Möbel waren dunkel und schwer, die in Benitos Zimmer einfach häßlich. Aber mein Mann wollte nichts anrühren, weil wir nur Gäste waren und den Prinzen

Torlonia auch nicht kränken durften. Doch nach und nach habe ich vieles verändert.

Dann haben wir uns mit Freunden aus der Romagna zwei Monate lang in Maurer, Klempner und Maler verwandelt und alles renoviert: die Badezimmer, die Küche, die im Keller lag und ganz unpraktisch eingerichtet war, die Zimmer der Kinder und des Personals. Schließlich wurde die Villa Torlonia wirklich komfortabel und behaglich.

Im Erdgeschoß befand sich der große Salon, wo wir abends Filme vorführten; ein schöner Raum mit sehr hoher Decke. Zwei Treppen führten in den ersten Stock. Diese Treppen wurden von den Kindern besonders geschätzt; wenn ich sie wegen einer Frechheit verfolgte, blieb ihnen immer ein zweiter Fluchtweg.

Neben dem großen Salon lagen viele kleine Räume, dort hatten sich die Jungen auch ihr Arbeitszimmer eingerichtet, in dem Vittorio später seine erste Zeitung herstellte. Alle Räume hatten den beachtlichen Vorteil, daß hohe Glastüren direkt in den Park führten.

In der ersten Etage befanden sich unser ovales Eßzimmer und unsere Schlafzimmer. Das Zimmer meines Mannes lag im rechten Flügel, mit Verbindung zu einem Bad und einem Büro; das meine lag im linken Flügel, hatte jedoch über einen Vorraum Zugang zu dem seinen.

Im nächsten Stock hatten die Kinder im linken Flügel ihre Schlafräume, auf der anderen Seite lagen die Zimmer des Personals und die Wäschekammer.

Unsere Lebensweise hatte sich gegenüber Mailand verändert. Die Kinder waren gewachsen, Vittorio und Bruno waren große Jungen und Edda ein junges Mädchen geworden, die uns mit ihren Verehrern bereits Sorgen machte. Nach einer Romanze mit einem jungen Juden, dem sie später, während des Krieges, das Leben rettete, hätte sie sich beinahe mit einem reichen jungen Adligen aus Forli, Orsi Mangelli, verlobt. Aber dieser Plan zerschlug sich nach einer kurzen Unterredung zwischen Mangelli und meinem Mann:

»Duce,« fragte er, »ich möchte gern mit Ihnen über die Mitgift sprechen.«

»Welche Mitgift?«

»Die Ihrer Tochter, Duce.«

»Sie bekommt keine, genauso wenig, wie ihre Mutter eine hatte.«

Der Freier verschwand aus Eddas Leben, und am 24. April 1930 heiratete sie Galeazzo Ciano, dessen Vater, Costanzo Ciano, ein Admiral mit einer blendenden Vergangenheit, einer der besten Freunde meines Mannes und sogar sein einziger offizieller Nachfolger war.

Ich führte nun ein größeres Haus; wenn ich in Mailand noch außerhalb des öffentlichen Lebens bleiben konnte, so mußte ich in Rom der Tatsache Rechnung tragen, daß ich die Frau des Regierungschefs war. Meine Freiheit wurde dadurch stärker eingeschränkt. Allerdings hinderte mich das nicht daran, im Park meine kleine Romagna mit Hühner- und Kaninchenställen und sogar einigen Ferkeln einzurichten.

Mein Mann änderte ebenfalls seine Lebensweise. Ab 1929 führte er das Leben eines Familienvaters, und seine Kaprizen aus den ersten sieben Jahren in Rom hörten auf. Sonntags fuhr die ganze Familie im Auto in die Berge, bis nach Ostia; unter der Woche gingen wir manchmal ins Theater oder die Oper. Aber im Gegensatz zu unseren Kindern, die sehr viel freier waren, konnten wir nicht ins Kino gehen, wenn wir gerade Lust hatten. Denn einmal folgten uns ständig die Polizisten des Sicherheitsdienstes, und zum anderen drängte sich sofort eine begeisterte Menschenmenge um meinen Mann, sowie er in der Öffentlichkeit erschien. Am Anfang hatte er sich darüber gefreut, aber sehr bald wurde es ihm lästig.

Als er einmal zu seinem Büro im Palazzo Venezia fuhr, ließ er den Wagen oben an der Via Nazionale halten. Noch ehe die Polizisten – in der Regel drei, die ihm in einem zweiten Auto folgten – reagieren konnten, war er schon auf dem Bürgersteig und schlenderte gelassen die Straße hinunter, glücklich, sich einmal frei zu fühlen. Seine Schutzengel hinter ihm wußten nicht, wie sie sich verhalten sollten: Sie konnten ihn nicht zwingen, wieder das Auto zu besteigen, aber sie wagten auch nicht, allzu dicht hinter ihm zu bleiben.

Benito legte so zwanzig oder dreißig Meter zurück, doch dann begannen die Leute sich zu fragen, ob ihre Augen sie nicht trogen, sie riefen seinen Namen, ein paar Kühnere gingen auf ihn zu und drückten ihm die Hand. Benito konnte schlecht die Flucht ergreifen, also blieb er stehen. Sofort kam es zu einem gewaltigen Gedränge. Die Menge stürzte sich auf ihn, um ihn anzufassen, ihm zuzujubeln, ihn zu umarmen. Als er mir dieses Erlebnis erzählte, sah ich, daß er wirklich Angst gehabt hatte. Nicht vor einem Attentat, sondern vor dieser entfesselten Masse, die nichts mehr zurückhalten konnte.

Wenn die Polizisten nicht eingegriffen hätten, ich weiß nicht, wie er wieder losgekommen wäre. Benito hat diesen Versuch nie wiederholt.

Wenn ich ihm in Riccione einen kleinen Spaziergang zu zweit auf dem Damm vorschlug, so vernahmen wir schon nach wenigen Metern hinter uns das »Klapp, Klapp« der Polizeistiefel.

»Hörst du,« meinte Benito, »es hat gar keinen Sinn, daß wir uns wegstehlen. Wir werden sie immer auf den Fersen haben. Ich kann mich nicht entspannen, wenn ich weiß, daß mich jemand ständig beobachtet. Ich frage mich, ob sie hier sind, um mich zu beschützen oder um zu spionieren.«

»Um zu spionieren, da kannst du sicher sein,« versicherte ich ihm.

So zogen wir uns immer mehr auf uns selbst zurück, um unsere freien Stunden zu genießen. Benito wurde nur zu Hause wirklich er selbst, nur dort konnte er sich völlig entspannen. Zwischen seinem Privatleben und der Öffentlichkeit errichtete er eine unüberwindliche Mauer.

So habe ich in den vierzehn Jahren, die wir in der Villa Torlonia lebten, kein einziges Mal einen Fremden an unserem Tisch gesehen. Das heißt, weder Minister, noch Freunde meines Mannes, noch ausländische Persönlichkeiten. Nur die Freunde unserer Söhne wurden toleriert. Auch Journalisten und Photographen blieben aus dem Haus verbannt. Die seltenen Male, die im Inneren gefilmt wurde, war mein Mann nicht besonders glücklich – und er hatte nur zugestimmt, weil es sich um amerikanische Filmleute handelte.

»Wenn ich nach Hause komme und meinen Hut an die Wand hänge, werde ich ganz einfach der Herr Mussolini. Der Duce, der Regierungschef bleibt im Palazzo Venezia.«

Als Galeazzo Ciano ihn einmal fragte, warum er nie in der Villa Torlonia empfange, erwiderte mein Mann:

»Alle Welt glaubt, daß ich vierundzwanzig Stunden am Tag der Duce bin. Wenn ich der gleichen Meinung wäre, würde ich verrückt werden. Ich brauche ein Mindestmaß an Entspannung, an Ruhe, um mich zu erholen und meine Identität zu bewahren. Ich bin kein Roboter, ich bin nicht mit Italien verheiratet, wie Hitler mit Deutschland. Das sagte Hitler zu mir, als ich ihn fragte, warum er nicht eine der wundervollen Frauen aus seiner Umgebung heirate. Ich bin ein normaler Mann, und ich wünsche, daß man meine Privatsphäre respektiert. Im Grunde,« fügte er hinzu, »haben die Engländer recht, wenn sie es ablehnen, daß ein Fremder die Nase in ihr Schlafzimmer steckt, weil es das Symbol ihres privaten Lebens ist. Sie haben recht, und ich denke wie sie.«

Der Alltag eines Diktators

Mussolinis Tagesablauf begann gegen sechs Uhr dreißig, wenn Irma ihn weckte, indem sie die Vorhänge aufzog. Er stand gleich auf, rasierte sich und trank einen Orangen- oder Traubensaft, während Irma ihm seine Kleidung zurechtlegte. Das Ganze dauerte kaum langer als zehn Minuten. Anschließend machte er ein paar Gymnastikübungen, danach traf er sich im Park mit Camillo Ridolfi, seinem Fechtmeister aus der Zeit der Duelle, der zugleich sein Stallmeister und Vertrauensmann war. Jeden Morgen kam Ridolfi mit drei oder vier Pferden zur Villa Torlonia, und je nach Laune sprang Benito über einige Hürden oder machte einen Spazierritt durch den Park. Nach etwa einer halben Stunde, gegen sieben Uhr dreißig, kehrte er ins Haus zurück, duschte sich, zog sich an und ging ins Eßzimmer, um zu frühstücken: Vollkornbrot, Milch mit etwas Kaffee und Früchte. Oft fragte er Irma, ob ich ihm nicht Gesellschaft leisten wolle, doch ich muß gestehen, daß ich ihm meistens erwiderte, ich hätte keine Zeit, da ich bereits mit dem Haushalt beschäftigt war.

Nach einer derartigen Antwort kam Irma eines Morgens ganz verwirrt zurück zu mir und erzählte, daß mein Mann ihr in vertraulichem Ton gesagt habe:

»Wissen Sie, Irma, meine Frau ist eben so. Aber unter dieser derben Schale ist sie wunderbar. Sie ist ein Buch, das eine phantastische Geschichte enthält, doch die Schwierigkeit liegt darin, daß es sich nicht öffnen will, damit niemand lesen kann, was dort geschrieben steht.«

Ich ließ es dabei bewenden, über diese Bemerkung ein bißchen zu murren, im Grunde war ich jedoch gerührt, denn er hatte wohl recht. Um ganz offen zu sein: wenn er mir einigen Kummer bereitet hat, so war es sicher auch nicht ganz einfach, mit mir zu leben.

Um seine Kleidung kümmerte sich Benito überhaupt nicht. In diesem Bereich war Irma unumstrittene Herrscherin. Sein Sekretariat gab jeden Abend die Liste der Unterredungen, Empfänge und Kundgebungen durch, die meinen Mann am nächsten Tag erwarteten, sowie die Uniform, die Orden und die Zivilkleidung, die er zu den verschiedenen Anlässen tragen mußte. Wenn Irma sich einmal geirrt hätte, wäre er ohne weiteres zu einer militärischen Zeremonie im dunklen Anzug erschienen oder hätte eine ausländische Persönlichkeit in Uniform empfangen, was sicher einige Verwirrung gestiftet hätte. Aber Benito und ich hatten absolutes Vertrauen in sie, und wir haben es nie bereut.

Die einzigen Garderobenfragen, für die er sich interessierte, betrafen Schuhe und Handschuhe. Am Anfang kam noch seine Schwäche für Hüte dazu: Benito war berühmt für seine eigenwilligen Kopfbedeckungen, die in keinerlei Beziehung zur restlichen Kleidung standen. Damit gab er sich eine persönliche Note; aber im Laufe der Jahre paßte er sich mehr und mehr den Konventionen an, und seine Hüte, die den Kindern so viel Spaß machten, blieben den Ferien in Rocca delle Caminate vorbehalten. Zugleich verlor er seine Vorliebe für weiße Gamaschen; sie stammte aus der Zeit, als er noch Direktor des *Popolo d'Italia* war und einer internationalen Konferenz in Cannes beiwohnte. Bei dieser Gelegenheit wurde er von Aristide Briand empfangen, den Benito sehr verehrte. Doch kurz bevor er den französischen Staatsmann treffen sollte, stellte er fest, daß seine Schuhe nicht sauber waren. Und da er viele Leute mit Gamaschen gesehen hatte, die zu jener Zeit modern waren, kaufte er sich ein Paar, um darunter seine Schuhe zu verbergen. Da er sie sehr praktisch fand, trennte er sich kaum noch davon, und es war zeitweise nicht einfach, ihn dazu zu bewegen, bei bestimmten Gelegenheiten auf seine Gamaschen zu verzichten.

Wenn Benito sich in einem Paar Schuhe wohlfühlte, ließ er sie mehrmals besohlen. Und wenn er seine Anzüge nicht mehr tragen konnte, so mußte Irma, die auch eine besonders geschickte Schneiderin war, daraus Anzüge für die Kinder nähen.

Galeazzo Ciano schlug meinem Mann einmal vor, doch den Schneider zu wechseln, denn ein Mann in seiner Position wäre es sich schuldig, bei einem angesehenen Couturier arbeiten zu lassen. Benito wies ihn schroff zurück und meinte, sein Schneider wäre ausgezeichnet und er sähe keinen Grund, ihn zu wechseln.

»Ich laufe doch draußen nicht mit einem Schild auf dem Rücken herum, das anzeigt, wer meine Kleidung schneidert.«

Mein Mann trug stets Schuhe ohne Schnürsenkel, »um weniger Zeit beim Anziehen zu verlieren«, und eine Nummer zu groß, damit er sich wirklich wohl darin fühlte. Später zog er Stiefel mit Reißverschluß an, weil er noch immer an einer Wunde aus dem Ersten Weltkrieg litt. Einer dieser Stiefel befindet sich über seinem Grab. Die Partisanen hatten die Schuhsohle aufgerissen, um zu sehen, ob dort etwas versteckt sei.

Benito besaß eine beachtliche Sammlung von Handschuhen, die er von italienischen Geschäftsleuten geschenkt bekam. Am liebsten trug er Handschuhe aus ganz weichem Leder.

Er legte großen Wert auf gründliche Körperpflege, aus Gründen der Hygiene, aber auch aus Eitelkeit. Er ging regelmäßig zum Zahnarzt, und jeden Donnerstag ließ er sich von einer Hand- und Fußpflegerin behandeln.

Am Morgen besprengte er sich mit Eau de Cologne. Als ich ihn deswegen neckte, entgegnete er mir, wenn er seinen Körper nicht in untadeligem Zustand bewahre, würden ihn die Frauen nicht mehr mögen, und ein Mann, der den Frauen nicht mehr gefalle, sei nichts mehr wert.

Damit trug er schwerlich dazu bei, mich an diesem Tag guter Laune zu stimmen.

Auf zwei vieldiskutierte physische Aspekte des Duce möchte ich gern kurz eingehen: seinen römischen Schädel und das boshafte Vergnügen, die Treppen hinaufzurasen, wobei er seine atemlosen Begleiter stets hinter sich ließ.

Der kahle Schädel meines Mannes ist eine Folge seines Haarausfalls, den er auf das Tragen des Helms im Kriege zurückführte. Er hatte zunächst auf die Wirkung verschiedener Haarwasser gehofft, aber als sich kein positives Ergebnis zeigte, entschied er sich für die radikale Lösung: den Schädel kahl zu rasieren. So entstand das Bild des Duce mit dem Kopf eines römischen Kaisers. Ich gebe zu, daß er ihm recht gut stand.

Seine Marathonläufe auf den Treppen fing er an, nachdem er einmal im Aufzug steckengeblieben war. Seither zog er es vor, zu Fuß die Treppen hochzusteigen, und die Leute, die ihn begleiteten, wagten nicht, sich anders zu verhalten. Benito, der die ganze Nation dazu bringen wollte, Sport zu treiben, sah amüsiert zu, wie sie keuchend nach Luft schnappten.

Doch ich komme auf seinen Tagesablauf zurück: Gegen acht Uhr verließ mein Mann die Villa Torlonia. Ein einziger Wagen des Sicherheitsdienstes folgte ihm mit zwei oder drei Inspektoren. Sein Chauffeur, während vieler Jahre Ercole Boratto, erreichte in einigen Minuten den Palazzo Venezia, denn die Polizisten schalteten die Ampeln sofort auf Grün, wenn sie das Auto des Duce entdeckten.

Im Palazzo Venezia fand mein Mann die Berichte der Carabinieri, der Polizei, des Präfekten und der Partei vor. Er las sie schnell durch und machte mit einem roten oder blauen Stift Anmerkungen. Wenn er etwas notieren wollte, benutzte er oft die Umschläge der Briefe, die er erhalten hatte.

Dann folgte die tägliche Konferenz mit dem Innen- und Außenminister, dem Chef der Polizei und, während des Krieges, mit dem Chef des Generalstabs. Der Morgen blieb im Prinzip wichtigen Unterredungen vorbehalten, mit ausländischen Regierungsangehörigen, Botschaftern usw. Nachmittags wurden weniger bedeutende Besucher empfangen: Gruppen, Studenten, Touristen von Rang oder Leute aus der Provinz.

Viele kamen zu ihm. Ich habe ausgerechnet, daß er in zwanzig Jahren ungefähr 229 000 Personen empfangen hat, einzeln oder in Gruppen, das heißt, etwa vierzig Personen am Tag.

Ich erinnere mich nicht mehr an alle Namen; unter den ausländischen Touristen gab es viele, die Mussolini wie das Kolosseum oder die Peterskirche besichtigten. Es besuchten ihn auch viele halb-politische Persönlichkeiten, wie der Sohn Roosevelts oder der Graf von Paris, über den mein Mann anschließend äußerte:

»Er scheint nicht sehr intelligent, aber er hat wundervolle Augen . . .«

Künstler aus allen Bereichen kamen, Cineasten, wie zum Beispiel Walt Disney, der Anna Maria eine Mickymaus in Naturgröße mitgebracht hatte, die laufen konnte.

Was die Politiker betrifft, so hat Mussolini, neben den Ministern, alle Regierungs- oder Staatschefs empfangen. Darunter auch den Kaiser von Abessinien, Haile Selassie. Der Duce hatte ihm ein Flugzeug zur Verfügung gestellt, und er beabsichtigte, nach dem italienischen Sieg in Abessinien den Kaiser auf seinem Thron zu belassen. Er wollte ihm einen Gouverneur zur Seite stellen. Als Haile Selassie sein Land dann doch verlassen hatte, meine Benito:

»Das sind die Engländer, die ihn zur Flucht gedrängt haben. Sie wollen ihn für ihren Propagandafeldzug durch die ganze Welt benutzen, weil sie Angst haben, daß wir ihr Empire in Afrika angreifen. Nicht Abessinien interessiert sie, sondern was darum herum liegt.«

Mahatma Gandhi kam ebenfalls nach Rom, wo er 1931 einem Konzert beiwohnen wollte. Ihm zu Ehren gab mein Mann einen Empfang im großen Salon, in dem die Filmvorführungen stattfanden – ein höchst seltenes Ereignis. Gandhi war eine der Persönlichkeiten, die meinen Mann am stärksten beeindruckt haben, vielleicht noch stärker als Hitler.

Ich sehe noch die Gesichter der »feinen Leute«, die eingeladen waren. Als Gandhi mit einer kleinen Ziege an der Leine in den Salon trat, empfing ihn eisiges Schweigen. Alle Anwesenden starrten bestürzt auf die sparsame Bekleidung des Inders und auf die Ziege.

Während der Tage, die Gandhi in Italien weilte, sorgten er und seine Ziege für Schlagzeilen in den Zeitungen.

Auch zu Hause stand er im Mittelpunkt aller Unterhaltungen: das Abenteuer, als Gandhi das Kolosseum besichtigte und die Ziege ihn fast in den Abgrund gezogen hätte; die Protokoll-Schwierigkeiten, die die Ziege verursachte; das Staunen der Leute, die Gandhi zum erstenmal empfingen und einem kleinen, halbnackten Herrn gegenüberstanden, der von einer Ziege begleitet wurde. Die Kinder amüsierte das alles mächtig und sie redeten sich die Münder heiß. Bis sie ihr Vater jäh bremste:

»Ich möchte, daß ihr euren Scherzen ein Ende macht. Wißt ihr, daß dieser kleine Mann, über den ihr euch lustig macht, ganz allein das Britische Weltreich zum Wanken bringt! Gandhi ist ein Heiliger, ein Genie, der in der Politik eine bisher unbekannte Waffe benutzt: die Güte . . .«

Auch Gandhi seinerseits sparte nicht mit Lob über meinen Mann.

Ich fragte mich manchmal, wie Benito es anstellte, um alle diese Leute anzuziehen. In Rocca delle Caminate versteckte ich mich sogar einmal hinter einer angelehnten Tür, um hinter sein »Geheimnis« zu kommen. Er verhielt sich dabei psychologisch sehr geschickt.

Wenn der Besucher Mussolinis Arbeitszimmer betrat, stand er auf und erwartete ihn entweder hinter seinem Schreibtisch oder ging ihm entgegen. Einige Sekunden lang wich sein Blick nicht vom Gesicht seines Gegenübers, der sofort unsicher wurde. Dann sagte Benito einige Worte der Begrüßung, und ohne weitere Zeit zu verlieren, ließ er seinen Besucher sprechen.

Während dieser redete, zeigte er nie ein Zeichen der Ungeduld, er spielte nie mit einem Bleistift oder Brieföffner. Sehr entspannt hörte er zu, den Kopf leicht nach links geneigt, die Unterarme auf den Tisch gestützt, und verlor die Person keinen Moment aus den Augen. Wenn mein Mann selbst das Wort ergriff, klang seine Stimme immer sehr warm, gleichmäßig und ziemlich leise, ob er nun streng oder besänftigend sprach.

Alle Kommentare, die ich gelesen habe und die eine Begegnung mit Mussolini schilderten, gaben den gleichen Eindruck wieder: Benitos Gesprächspartner waren seinem Charme erlegen. Selbst Churchill hat zugegeben, daß Mussolini ihm Sympathie und Respekt eingeflößt habe. In seinem Buch *Der Zweite Weltkrieg* schrieb er:»Die beiden Male, die ich Mussolini 1927 traf, waren unsere persönlichen Beziehungen freundschaftlich und einfach ...«

Hitler war nicht der gleichen Ansicht, er zog den Ausdruck der Kraft dem des Charmes vor. Er sagte einmal:

»Wie schade, daß der Duce die ganze Kraft, die er bei seinen öffentlichen Reden ausströmt, im Zwiegespräch verliert. Dann wird er ein charmanter Mann ...«

Denn in der Öffentlichkeit war mein Mann völlig anders. Seine leise, wohlklingende Stimme wurde rauh und leicht abgehackt. Ich muß zugeben, daß es angenehmer war, ihm privat zuzuhören als in der Öffentlichkeit.

Man hat behauptet, daß Mussolini, wie Hitler, seine Reden vor dem Spiegel einübte. Das ist absolut falsch. Er hat sehr früh begonnen, öffentlich zu sprechen, mit kaum sechzehn Jahren, so daß er alle rednerischen Kunstkniffe kannte, als er Regierungschef wurde. Er spürte die Menge wie kein anderer und konnte ihr Beifall, Geschrei, Begeisterung entlocken, wann er wollte.

Er wußte genau, wann er welche Bewegung machen mußte. Ich glaube, das war sein besonderes Talent, er schuf zwischen sich und der Masse eine Art unsichtbare Verbindung. Ich wurde mir dessen noch deutlicher bewußt, als Mussolini sich am 18. September 1943 über Radio München, von einem im Hotel Karlspalast eingerichteten Studio aus, an das italienische Volk wandte.

Ich stand neben ihm und versuchte, seinen Blick aufzufangen, während er vor dem Mikrophon sprach. Denn ich wußte, daß ihn die Tatsache, daß er ins Leere redete, das heißt ohne den Kontakt mit der Menge, seiner größten Fähigkeit beraubte. Nur weil ich ihn ständig anstarrte und er mich sozusagen als Zeugen nahm, fand er seine Sicherheit wieder.

Ich weiß, daß man Mussolinis Rhetorik, die Kundgebungen, den Stil seines Regimes stark kritisiert hat. Doch wenn man sich heute die Manifestationen in den demokratischen Ländern oder der Sowjetunion ansieht, so entdeckt man, daß der Dekor des Duce sich oft nicht mit dem ihren messen könnte.

Doch kehren wir wieder zum Tagesablauf meines Mannes zurück. Gegen 14 Uhr kam er wieder nach Hause. Sobald er den Palazzo Venezia verließ, wurde unser Pförtner benachrichtigt, der durch ein Klingelzeichen das Haus informierte, wenn das Auto vor dem Eingangstor stand. Im gleichen Moment warf die Köchin die Nudeln ins kochende Wasser, und ein Polizist, der in einem Nebenraum der Diele gewartet hatte, stieg die Treppen hinunter, um die Wagentür zu öffnen und den Aktenkoffer entgegenzunehmen, von dem mein Mann sich nie trennte. Er hatte ihn auch bei sich, als er am 28. April 1945 hingerichtet wurde.

Außer donnerstags und sonnabends hatten die Kinder und ich schon gegessen, wenn Benito kam. Doch wir leisteten ihm während seiner Mahlzeit Gesellschaft. Bevor er sich an den Tisch setzte, überflog er in seinem Büro die Zeitungen. Er las ohne Schwierigkeiten französisch, deutsch, englisch und spanisch, worin er mich zu unterrichten versuchte. Er sah die Presse noch immer mit der gleichen Geschwindigkeit durch wie in Forli. Wieder unterstrich er die Abschnitte, die ihn interessierten, mit rotem oder blauem Bleistift; diese Stifte durfte niemand sonst benutzen, »weil sie dem Staat gehörten«.

Einmal in der Woche fastete Benito. Er glaubte, daß diese Ruhestellung seinen Organen sehr gut täte. Wegen seines Magengeschwürs, das ihm hin und wieder zu schaffen machte, trank er nur Mineralwasser und Milch. Er aß keine Saucen und nur wenig Fleisch. Seine Mahlzeiten bestanden aus Teigwaren, Eiern, viel Gemüse und Früchten. Das Gemüse aß er am liebsten roh, so viele Sorten wie möglich, die in einer riesigen Salatschüssel angerichtet waren. Daneben stand ein großes Salzfaß, in das er Zwiebeln und Bohnen tauchte, bevor er sie verzehrte.

Wenn Benito zu einem offiziellen Essen eingeladen war, ›stibitzte‹ er vorher von unserem Essen, damit sein Hunger weitgehend gestillt war.

»Ich kann nicht essen, wenn ständig jemand hinter mir steht und jede meiner Bewegungen beobachtet, das raubt mir den Appetit.«

Er erzählte uns, daß die Gäste des Königs vor Entsetzen erstarrt seien, als er sich bei Tisch die Serviette um den Hals band:

»Ich muß mich wohlfühlen, wenn ich esse. Mit ihrem Gehabe lassen sie alles zur Qual werden. Und wie lange sich das hinzieht!«

Ich sehe noch, was für ein Gesicht er machte, als er zum erstenmal unseren Diener sah, der in weißer Weste und tadelloser Haltung darauf wartete, uns zu servieren.

»Ich glaube, ich esse lieber ein belegtes Brot in meinem Zimmer,« knurrte er voller Unbehagen.

Glücklicherweise gewöhnte er sich sehr schnell daran, und wir behielten unseren *Maître d'Hôtel* über zehn Jahre lang.

Bis 16 Uhr erholte Benito sich bei seiner Familie. Wenn das Wetter schlecht war, entführten die Kinder ihn zu einer Billardpartie, oder wir setzten uns in sein Büro und plauderten. Das war der ideale Augenblick, eine schlechte Note einzugestehen, eine Bitte vorzubringen oder eine Erlaubnis zu erkämpfen.

Bei schönem Wetter ging mein Mann gern im Park spazieren. Er steckte sich ein Pfefferminzblatt hinter das Ohr und wanderte durch die Alleen. Im Gemüsegarten pflückte er Erbsen, Pferdebohnen oder Radieschen und verspeiste sie roh. Manchmal besuchte er auch unseren Tiergarten, denn oft hatten wir wilde Tiere, die uns ausländische Besucher als Geschenk mitbrachten. Sie blieben allerdings nie länger als zwei oder drei Monate bei uns, dann überließen wir sie dem Zoo von Mailand oder Rom. Wir behielten nur die Hunde und Katzen. Den Hund Pitini brachte Vittorio aus Abessinien mit; einen anderen, Charlot, einen herrlichen Bastard, hatten wir siebzehn Jahre bei uns; er war so klug, nicht zu bellen, weil das meinen Mann störte. Außerdem waren immer ein paar Katzen da, eine stammte von einer Verehrerin meines Mannes, der Gattin eines alternden Lords.

An wilden Tieren besaßen wir nacheinander ein Löwenpaar, Ras und Italia, die besonders an Benito hingen, und die zu unserer freudigen Überraschung drei wonnige Löwenbabys bekamen, einen Jaguar, einen wunderbaren Königsadler, den Affen Coco, der einige Zeit bei uns blieb, einen Hirsch, zwei Gazellen, einen Falken, Papageien, einige Kanarienvögel und zwei süße Ponys, die direkt aus England kamen.

Manchmal entsprachen Benitos Mußestunden allerdings kaum meinem Geschmack, vor allem während der »Fußballperiode«, als Vittorio, Bruno und ihr Vater sich nach dem Essen mit dem Ball vergnügten. Sobald ich sah, daß mein Mann seine Jacke auszog, begann ich um meine Fensterscheiben zu bangen; denn regelmäßig tauchte Benito ganz verlegen vor mir auf, nachdem er sich durch klirrendes Fenster-

glas angekündigt hatte:
»Weißt du, Rachele, ich habe auf Bruno gezielt, und der Schuß ging daneben . . . Aber ärgere dich nicht, der Glaser wird gleich kommen, wir haben ihn schon angerufen.«
Und um mir ein Lächeln zu entlocken, fuhr er fort:
»Er mag uns gern, der Glaser, wir verschaffen ihm Arbeit. Wir müssen die Wirtschaft ankurbeln. Und die Glaser brauchen Aufträge wie alle anderen auch . . .«
»Ich werde dir eines schönen Tages die Scheiben deines Palazzo Venezia zerschlagen, du wirst schon sehen.«
»Einverstanden! Aber paß auf die Scheiben im rechten Flügel auf, das sind meine!«
Als der Fußball durch den Tennisball ersetzt wurde, konnte ich aufatmen. Aber Ballspiele sind der Lieblingssport der Familie geblieben.
Benito entspannte sich jedoch nicht nur beim Sport. Mein Mann und ich hatten auch Augenblicke, in denen wir unter uns blieben, besonders nach dem Mittagessen. Wie zwei Schüler hockten wir uns auf die Stufen der Freitreppe, immer in die Sonne, da Benito leicht fröstelte. Ein alter Feigenbaum war unser einziger Zuschauer. Wir regelten unsere kleinen ehelichen Differenzen, Benito teilte mir die guten wie die schlechten Nachrichten mit, und ich habe ihn oft vor alarmierenden Umtrieben gewisser Faschisten, Ministern und anderen, gewarnt. Denn ich war, wie die ganze Familie wußte, der Super-Geheimagent.
Oft lachten wir auch zusammen, manchmal so laut, daß die Kinder uns nach dem Grund fragten. Wir konnten nicht immer antworten, weil wir fürchteten, sie würden es ausplaudern; zum Beispiel, als Benito Mussolini einen japanischen Minister nachahmte, der mit einer Delegation seines Landes nach Rom gekommen und im Palazzo Venezia empfangen worden war.
»Stell dir vor, fast eine halbe Stunde lang mußte ich mich zusammenreißen, um nicht loszulachen. Während seiner Rede wiederholte der Minister mehrmals mit schriller Stimme: ›Kokodee! Kokodee!‹ oder so etwas Ähnliches. Ich weiß nicht warum, aber bei diesem Ausruf setzte sich in meinem Kopf der Gedanke fest, er werde demnächst ein Ei legen. Und je mehr ich mich bemühte, ernsthaft zu sein, um so mehr reizte er mich zum Lachen . . .«
Ein anderes Mal beschrieb Benito mir den Trubel, den das amerika-

nische Wunderkind Jacky Coogan, der berühmte »Kid« aus Charlie Chaplins Filmen, im Palazzo Venezia verursacht hatte. »Er bat mich um eine Photographie mit einer Widmung von mir. Da schrieb ich ihm: ›Benito Mussolini dem größten der kleinen Männer.‹ Er hat mir versprochen, sein eigenes Photo für die Kinder zu schicken.«

Unter dem Feigenbaum eröffnete mir Benito, daß wir uns während des Abessinischen Krieges von unseren Kindern trennen müßten, und daß uns Bruno, nach Beginn des Krieges in Spanien, zu verlassen hatte. Dort rechneten wir uns auch die Überlebenschancen unserer Tochter Anna Maria aus, als sie 1935 schwer erkrankte; und dort teilte Benito mir am Vorabend des Zweiten Weltkriegs seine ernsten Befürchtungen mit . . .

Gegen 16 Uhr fuhr Benito wieder zum Palazzo Venezia. Sein Programm war am Nachmittag weniger ausgefüllt als am Morgen, und hin und wieder beobachtete er von seinem Fenster aus fasziniert den Polizisten, der auf der Piazza Venezia den Verkehr regelte und mit einer Handbewegung Hunderte von Autos zum Stehen brachte.

»Das ist wirklich großartig, Rachele. Manchmal macht er weit ausholende Bewegungen, wie ein Roboter, und manchmal schafft er eine Art geheimer Übereinkunft zwischen sich und den Autofahrern. Mit einer diskreten Geste hinter dem Rücken gibt er ihnen ein Zeichen, weiterzufahren. Das ist schon Kunst, was er daraus macht.«

Als es in den höheren Rängen der Polizei bekannt wurde, daß mein Mann sich mitunter für die Verkehrsregelung auf der Piazza Venezia interessierte, beeilte man sich, besonders talentierte Polizisten auf diesen Posten zu schicken. Alle Beteiligten fanden ihren Vorteil dabei: die Autofahrer, die Touristen, die das Schauspiel bewunderten, und . . . natürlich mein Mann.

Um 21 Uhr kam Benito wieder nach Hause. Er verzehrte sein Abendbrot mit der gleichen Geschwindigkeit wie das Mittagessen. Er aß eine Gemüsesuppe, manchmal etwas Fleisch oder Eier, Gemüse und Früchte. Abends blieben wir ein wenig länger bei Tisch sitzen und unterhielten uns, während im großen Salon der Projektionsapparat aufgestellt wurde.

Im Verlauf der vierzehn Jahre, die wir in der Villa Torlonia wohnten, änderte sich dieser Zeitplan vielleicht zehnmal. Es mußte schon ein wirklich triftiger Grund vorliegen, wie Eddas Hochzeit – nach der ich anordnete, daß die folgenden woanders stattfinden würden, einmal, weil im Haus alles durcheinander geriet, zum anderen, weil nach dieser Aufregung der Verlust eines Kindes noch stärker spürbar wurde – oder ein bedeutender Besuch, wie der Gandhis, Chamberlains, Hitlers, Lavals; oder schließlich der Krieg. Sonst spielte sich jeden Abend das gleiche ab: Nach dem Essen wurde ein Film vorgeführt. Dazu versammelten sich alle im großen Salon, auch das Personal. Zunächst sah sich mein Mann die Wochenschauen an. Die ausländischen interessierten ihn ganz besonders; er ließ sich Dokumentarfilme über die sowjetische Armee und die Besetzung Polens zeigen, die Vittorio oder andere Personen ihm beschafften. Ich glaube, daß auf einem dieser Filmabende zum Teil der Eintritt Italiens in den Krieg auf seiten Deutschlands im Juni 1940 beschlossen wurde.

Benito besah sich mit großer Aufmerksamkeit auch die Wochenschauen, die in Italien für das Ausland gedreht worden waren, um das Bild zu kontrollieren, das dort von unserem Land gezeigt wurde; und mehrmals widersetzte er sich dem Export eines Streifens. Anschließend lief ein Spielfilm, bei dessen Auswahl er nicht mitwirkte. Handelte es sich um einen historischen oder komischen Film, oder spielte Greta Garbo mit, so blieb er mit Sicherheit bis zum Schluß. Wenn ihm das Programm nicht gefiel, warf er zwar nicht mehr den Schuh gegen die Leinwand, aber er schlich sich auf Zehenspitzen hinaus.

Während Irma seine Kleider aufräumte, trank er ein Glas Milch oder Kamillentee. Dann ging er ins Bett und war zwei Minuten später eingeschlafen. Bis zum nächsten Morgen vermochte ihn nichts mehr zu wecken, nicht einmal die Bombenangriffe, wie ich später in Gargnano feststellen konnte. Um nichts zu verheimlichen, füge ich hinzu, daß Mussolini nicht schnarchte.

Niemals dreizehn an einem Tisch

Wie alle Menschen hatte auch Benito seine kleinen Ticks. So konnte er keine Krankheiten ertragen, weder die eigenen, noch die der anderen. Als einmal ein Zimmermädchen hustete, sah ich, wie er die Stirn runzelte, und sogleich bedeutete er mir:
»Sie soll sich ausruhen, ich möchte sie hier nicht mehr husten hören.«
Wenn er selbst eine Grippe bekam, verbarrikadierte er sich in seinem Schlafzimmer und untersagte den Kindern strengstens den Zugang.
»Ich will euch nicht sehen,« rief er ihnen zu. »Wenn ihr etwas zu sagen habt, könnt ihr hinter der Tür sprechen.«
Wenn seine Krankheit allerdings nicht ansteckend war, mußten sie ihm Gesellschaft leisten und die Zeitungen vorlesen. Und wehe dem, der über einen Namen stolperte . . . Die einzige Person, die von seinen Vorkehrungen nicht betroffen wurde, war ich. Wenn ich krank war, ansteckend oder nicht, ließ er einen Tisch in mein Zimmer stellen und nahm alle Mahlzeiten mit mir gemeinsam ein, damit ich nicht allein blieb.
Der Diktator Mussolini erwies sich in den Händen der Ärzte als der folgsamste Mensch. Er mochte in gesundem Zustand gegen sie und ihre Medikamente wettern, in ihrer Gegenwart akzeptierte er alles ohne Widerspruch und tauschte sogar das Nachthemd, das er gewöhnlich trug, gegen einen schönen Schlafanzug.
Neben der Medizin respektierte er noch eine andere Macht: die der *jettatore*, das heißt, der Leute, die mit dem »bösen Blick« behaftet waren. Denn wie jeder Südländer war Benito abergläubisch.
Er hätte sich nie an einen Tisch gesetzt, wenn die Runde mit ihm aus dreizehn Personen bestand. Sonntags kontrollierte er immer selbst, wie viele wir zu Hause waren. Und sehr oft wurde eines der Kinder, zumeist Romano oder Anna Maria, in die Küche verbannt, wenn wir Gäste zum Essen hatten.

Benito hätte nie eine wichtige Sache am Freitag unternommen, und nicht selten konnte man beobachten, wie er seine Hand an einen bestimmten Körperteil hielt, sogar in der Öffentlichkeit, um ein Unglück abzuwenden.

Wie ich oben schrieb, fürchtete er vor allem die Menschen mit dem »bösen Blick«. Einer seiner Mitarbeiter beim *Popolo d'Italia* stand in diesem Ruf. Benito mochte ihn gern. Dennoch gab er ihm vorsichtig zu verstehen, daß er ihn nicht allzu oft sehen wolle.

Ich machte mich über ihn lustig, aber ich muß zugeben, daß die Koinzidenz verwirrend war: Als dieser Mitarbeiter in unserem Hause weilte, kam es mehrere Male zu seltsamen Vorfällen: Lampen zersprangen, eine Kaffeemaschine explodierte, Teller zerbrachen, ohne daß jemand die Sachen angerührt hätte.

»Siehst du,« wiederholte mein Mann, »ich habe es dir gesagt, er hat den bösen Blick!«

Einmal mußte er dem König von Spanien, der sich in Rom aufhielt, einen Besuch abstatten. König Alfons XIII. wurde gleichfalls als *jettatore* verdächtigt. Man erzählte sich, daß überall, wo er auftauchte, Katastrophen passierten.

Nachdem er sich von ihm verabschiedet hatte, empfahl Benito seinem Chauffeur, besonders vorsichtig zu sein; er entspannte sich erst am nächsten Tag, als er meinte, daß der »böse Blick« des Königs seine Wirkung nun verloren hätte.

Mein Mann glaubte auch an Geister, genau wie ich. Ich glaube immer noch daran, wie ich auch davon überzeugt bin, daß man manchmal Vorahnungen hat. Jedenfalls habe ich sie gehabt, und sie haben sich immer als richtig erwiesen. In Rom oder in der Romagna nahmen Benito und ich an spiritistischen Sitzungen teil. An einem Abend hatte sich der Tisch durch den Raum bewegt und auf seinem Weg alles umgestoßen. Ein anderes Mal waren wir in unserer Villa Zeuge, wie der Prinz Giovanni Torlonia den Geist seiner Mutter rief und dieser ihm sagte:

»Sobald ich wieder entschwinde, Giovanni, werden Veilchen auf dem Tisch blühen.«

Daraufhin verbreitete sich über dem Tisch vor uns ein intensiver Veilchenduft.

In der Romagna gibt es viele Häuser, in denen es spuken soll. Rocca delle Caminate stand ebenfalls in diesem Ruf, und Benito bewunderte mich sehr, weil ich keine Angst hatte, dort allein zu schlafen.

»Wieso hast du keine Angst? Ich würde dort nie allein übernachten!«

»Die Geister sind freundlich,« erwiderte ihm der Wächter. »Ich höre oft in der Nacht Musik, dann setze ich mich auf die Treppenstufen und lausche . . . Sie haben mich nie geärgert.«

Noch ein anderer Charakterzug von Mussolini konnte überraschen: Er war überzeugt, daß ein schlecht begonnenes Unternehmen nicht mehr berichtigt und zu einem guten Ende geführt werden könnte. So war er tief betroffen, als am 18. Juni 1940, gerade eine Woche nach Italiens Kriegseintritt, ein Flugzeug, in dem sich Italo Balbo befand, irrtümlicherweise von der Luftabwehr des italienischen Schiffes *Sangiorgio* abgeschossen worden war. Benito betrachtete das als ein schlechtes Vorzeichen und dachte in der folgenden Zeit oft an diesen Zwischenfall.

Später, am Vorabend des 25. Juli 1943 und des 28. April 1945, als Vittorio, Romano und ich ihn drängten, gegen seine Feinde vorzugehen und schließlich zu fliehen, entgegnete er uns mit einem Lächeln, das ohne Illusionen war:

»Es ist nichts mehr zu ändern, ich muß meinem Schicksal bis zum Ende folgen.«

Wie Mussolini regierte

Mein Mann hatte eine vielleicht wenig orthodoxe, aber sicher sehr wirksame Auffassung von der Art, wie ein Land regiert werden sollte. In seinen Augen zählten nur die Tat und das Ergebnis, die Methoden mochten ungewöhnlich sein, das war ihm gleich. Seine Waffen waren das Telephon, das Flugzeug, der direkte Kontakt mit dem Volk und seine persönliche Anwesenheit. Er verbrachte oft mehrere Stunden mit nacktem Oberkörper auf einem Feld und half den Bauern bei der Arbeit.

Sein Pragmatismus brachte einmal einige angesehene römische Archäologen zur Verzweiflung. In Rom wurde gerade die erste Strecke der Untergrundbahn gebaut. Mein Mann wünschte, daß die Arbeiten so schnell wie möglich vorangingen, weil er am Rande der Stadt eine neue Siedlung, EUR, gründen wollte. Dort sollte 1942 eine riesige Ausstellung stattfinden, um das zwanzigjährige Bestehen des Faschismus in Italien zu feiern. Doch die Arbeiten wurden durch die Entdeckung einiger antiker Ruinen aufgehalten. Ingenieure und Archäologen diskutierten daraufhin in endlosen Verhandlungen, was nun zu tun sei.

Schließlich befaßte mein Mann sich mit dieser Sache; er ordnete an, daß ungeachtet der Funde weitergebaut werden sollte. Den unglücklichen Archäologen erklärte er, daß der Respekt vor der Vergangenheit ein ehrenwertes Gefühl sei, daß jedoch die Entwicklung eines Landes gewisse Opfer verlange.

»Wir wollen immer von unserer Vergangenheit leben!« sagte er zu mir. »Warum bauen wir nicht selbst eine auf für die künftigen Generationen? Ob wir dazu fähig sind oder nicht, können wir nur erfahren, indem wir es versuchen.«

Auch im persönlichen Bereich verstand es Benito, schnell und entschlossen zu handeln. Als ich noch in Mailand wohnte und er bereits Regierungschef geworden war, versuchte er mich zu überzeugen, daß ich der Mode entsprechend einen »Bubikopf« tragen sollte, wie die Damen in Rom, das heißt, ganz kurz geschnittene Haare. Ich war von der Idee gar nicht angetan und trug weiterhin meinen Knoten oder Zöpfe. Eines Tages ging ich beim Friseur vorbei, wo mein Mann sich gerade rasieren ließ. Er rief mich herein und bat mich, nahe heranzukommen, weil er mir etwas ins Ohr sagen wolle. Als ich mich arglos über ihn beugte, schnitt er mir blitzschnell einen Zopf. ab. Es blieb mir nichts anderes übrig, als mich auch von dem zweiten zu trennen. Ich war wütend, aber Benito hatte erreicht, was er wollte.

In Rom erhielt er eines Tages einen Bericht, wonach ein genossenschaftlicher Betrieb an Schulen und Krankenhäuser gepanschte Milch lieferte. Benito ordnete sofort eine Untersuchung an, um den Schuldigen zu finden. Als sie sich ergebnislos in die Länge zog, traf er eine Entscheidung, die alle Welt verblüffte, außer mir, weil ich ihn kannte: Da niemand sich schuldig bekennen wollte, entließ er das gesamte Personal, vom Portier bis zum Direktor . . .

Da mein Mann gemerkt hatte, daß seine Gegenwart immer stimulierend wirkte, versuchte er bei größeren Aktionen stets anwesend zu sein. Auf diese Weise gewann er auch die berühmte »Getreideschlacht«. Italien importierte seit langer Zeit zuviel Getreide und wies demgegenüber eine Überproduktion an Reis auf, den die Bewohner bestimmter Gegenden, vor allem in Unteritalien, nicht aßen. Benito beschloß also, die Getreideproduktion zu steigern und für einen stärkeren Reisverbrauch zu sorgen.

Manche Tage arbeitete er vier oder fünf Stunden mit den Bauern zusammen auf den Feldern. Am Abend erhielt er, wie alle anderen Arbeiter, seinen Lohn, ich glaube, drei Lire. Er war wirklich glücklich, wenn er damit nach Hause kam. Er schuf besondere Auszeichnungen und Wettbewerbe, und er tanzte mit den Bäuerinnen, die besonders gut gearbeitet hatten.

Diese Maßnahmen mögen heute lächerlich erscheinen, aber damals waren sie sehr wirksam. Ende 1933, als die Getreideschlacht gewonnen war, führte Italien nur noch 179 805 Zentner Getreide ein, gegenüber 1 091 866 Zentnern im Vorjahr.

Daneben galt es, den Italienern den Reis »schmackhaft« zu machen. Mussolini startete eine Werbekampagne in der Presse und bei der Ärzteschaft, denn er wußte, daß die Meinung eines Mediziners ernst genommen wurde. Auf einem Ärztekongreß erklärte er 1932 in Rom, daß Reis keineswegs ein Nahrungsmittel für arme Leute sei, sondern eine nahrhafte und Energie spendende Speise, die den italienischen Soldaten im Ersten Weltkrieg ermöglicht hatte, durchzuhalten. Er bat die Ärzte, alle Haushalte anzusprechen – und er nutzte die Gelegenheit sogleich, noch für eine andere Idee zu werben: Den Frauen sollte klargemacht werden, daß eine Schwangerschaft sie nicht entstellte, wie einige befürchten mochten, sondern sie im Gegenteil schöner werden ließ.

Gleichzeitig fuhren dreißig mit einer Küche ausgerüstete Wagen durch ganz Italien, um die verschiedenen Zubereitungsarten für Reis vorzuführen. Junge Frauen verteilten überall Kostproben. Nach wenigen Wochen war der Überschuß verbraucht. Noch heute wird in den Gegenden, die ursprünglich die stärkste Abneigung gegen ihn zeigten, am meisten Reis verzehrt.

Einige Male brachten Benitos Anregungen allerdings weniger glückliche Ergebnisse. Er hatte oft von seinem Fenster im Palazzo Venezia aus beobachtet, wie die Fußgänger sich zu den Stoßzeiten auf den Bürgersteigen drängten; er betrachtete das als unnötigen Zeitverlust und beschloß, die Gehwege zu Einbahnwegen zu machen, damit der Fußgängerstrom sich flüssig fortbewegte. Der Versuch scheiterte, und ich zitierte meinem Mann einige aufgeschnappte kritische Anmerkungen zu diesem Experiment:

»Es wird immer besser«, meinten die Leute, »jetzt dürfen wir nur noch im Gänsemarsch die Stadt durchqueren.«

Er hatte keinen glücklicheren Einfall, als er ein für den Geburtenzuwachs günstiges Familienklima schaffen wollte, indem er den Männern, die ihre Frauen schlugen, harte Strafen androhte.

»Dieser Irre will uns noch das letzte nehmen; wenn man nicht einmal mehr seine Frau verprügeln darf, was bleibt uns dann noch?«

Benito lachte laut los, als ich ihm diese Kommentare vortrug.

Dagegen begründete Mussolini praktisch alle Autorennen, die heute in Italien stattfinden. Er zögerte nicht, selbst eine Runde in einem Rennwagen zu fahren. Und er weihte auch ganz persönlich den ersten Schnelltriebwagen zwischen Rom und Riccione ein, um der Eisenbahn einen Impuls zu geben. Das war im Jahr 1930. Den Abend vorher hatte er mir angekündigt:

»Ich habe niemals vergessen, was ich dir vor vielen Jahren versprochen habe: daß wir unsere Hochzeitsreise einmal nachholen würden. Jetzt ist es soweit: Wir fahren morgen los.«

Angesichts meiner erstaunten Miene fügte er hinzu:
»Du begleitest mich im ersten Schnelltriebwagen, wir fahren nach Riccione. Die Reise ist nicht nur umsonst, du hast außerdem einen Fahrer ganz allein für dich: deinen Mann.«

Am nächsten Tag ließ er auf dem römischen Bahnhof alle Leute aus dem Triebwagen aussteigen und bat den Zugführer, sich auf einen anderen Platz zu setzen. Er gab das Steuer erst in Riccione wieder aus der Hand. Ich glaube, nur wenige Staatsmänner können sich rühmen, selbst einen Triebwagen gefahren zu haben; Benito tat es mit sehr positivem Ergebnis.

Daneben sorgte er für die Belebung des Tourismus. Besonders die italienischen Wintersportplätze, die Strände von Ostia und die der adriatischen Küste mit Riccione, sowie die italienischen Kurorte wurden von ihm gefördert.

In Riccione verbrachten wir mit unserer Familie die Sommerferien. Die Kinder und ich wußten immer genau, wo Benito ins Wasser stieg, nach dem Geschrei, das plötzlich zu uns drang. Das wurde so schlimm, daß er sich einen Privatstrand abgrenzen ließ, um etwas mehr Ruhe zu haben. Und wenn er im Wasser war, entfernte er sich so weit wie möglich vom Ufer, damit er wenigstens die Nichtschwimmerinnen aus dem Feld schlug. Das verhinderte jedoch nicht, daß seine Arme und sein Hals mit Lippenstiftspuren bedeckt waren, wenn er zurückkam. Einige Frauen stürzten sich sogar mit den Kleidern ins Meer. Wenn man diesem Begeisterungstaumel einmal beigewohnt hat, kann man begreifen, wie Mussolini allein durch seine Gegenwart einem Unternehmen Auftrieb gab . . .

Hatte er eine Kampagne in Schwung gebracht, so forderte er mich jedesmal auf: »Und jetzt müssen wir etwas anderes finden.«

Ich möchte jetzt noch eine Geschichte erzählen, die auf anschauliche Weise zeigt, wie wenig Benito an Erinnerungen und Geschenken lag und in welcher unkonventionellen Form er den Leuten half.

Im Jahr 1931 besuchten mein Mann und ich die Häuser der Bauern, die auf dem Land arbeiteten, das wir gekauft hatten, nachdem wir nach Rocca delle Caminate gezogen waren.

Benito war entsetzt über die Lebensbedingungen dieser Leute und erklärte mir, daß wir etwas unternehmen müßten, um sie zu verbessern. Er beauftragte Camillo Ridolfi, sich um einen Bankkredit zu bemühen, der ohne Schwierigkeiten gewährt wurde. Dieses Geld sollte den Bauern die Möglichkeit geben, ihre Häuser

zu renovieren und mit einem Mindestmaß an Komfort aus-
zustatten.

Danach dachte Benito überhaupt nicht mehr an die Fälligkeit des
Schecks, und als es soweit war, verfügte er nicht annähernd
über die erforderliche Summe: es handelte sich um einen Kredit
von 300 000 Lire, zu jener Zeit ein beachtlicher Betrag. Natürlich
hätte Mussolini einige Artikel für die ausländische Presse schreiben können, vor allem die amerikanische, die sehr gut bezahlte,
aber er hatte keine Zeit. Er wollte auch seine Position als Regierungschef oder Herausgeber einer bedeutenden Tageszeitung, die
noch sechs oder sieben Wochenzeitungen druckte, nicht ausnutzen.
Er betrachtete dieses Problem als sein ganz privates und wollte es
privat lösen.

Nachdem wir einige Zeit überlegt hatten, beschlossen wir, etliche
von den Geschenken zu verkaufen, die wir im Laufe der Jahre erhalten hatten und die wir in einem riesigen Raum in Rocca delle Caminate stapelten, der von Benito das »Greuelmuseum« getauft worden
war.

Dort fand man alles: Vasen, Teppiche, Tabletts, Bilder, Geschirr,
Nippes usw. Wir waren überzeugt, daß wir dort den Gegenwert von
300 000 Lire finden würden.

Am gleichen Abend kam ein Juwelier aus Forlì, und wir schlossen uns
mit ihm im »Greuelmuseum« ein. Die Szene war sicher recht pittoresk:
Der Duce, seine Frau und ein Juwelier feilschten um den kleinsten
Kaffeelöffel, die kleinste sächsische Porzellanfigur. Aber es half alles
nichts: Wir erreichten nicht die erforderliche Summe. Selbst ein
schönes Tablett, ein Geschenk der Stadt Genua, das aus Gold sein
sollte, erwies sich als unecht.

»Lauter Talmi!« lachte Benito. »Stell dir vor, Rachele, das alles zusammen ist keine 300 000 Lire wert! Wenn ich an die Zeit denke, die
bei der Überreichung dieser Geschenke vertan wurde. Und was entdeckt man? Nichts als Blech!«

Er amüsierte sich über jede Imitation, die er fand, während ich die
Sache weniger heiter aufnahm. Schließlich mußten wir eine Lösung
finden!

»Sag, Benito, wenn du nun deine Orden verkaufen würdest?«
»Das meinst du doch nicht im Ernst! Niemals! Stell dir mal das Ge-
sicht des Schahs von Persien vor, wenn er eines Tages erfährt, daß
Mussolini seinen Orden verkauft hat!«

»Ah, mir fällt etwas anderes ein. Wir haben noch das Armband, das du mir geschenkt hast!«

Benito sah mich mit einem unglücklichen Ausdruck an:

»Das ist das einzige Geschenk, daß ich dir gemacht habe.«

»Dann schenkst du mir eben später ein neues. Auf jeden Fall mag ich dieses Armband nicht besonders, und Augusta hat das gleiche.«

Auf diese Weise gelang es uns, die mit den Wunderwerken aus dem »Greuelmuseum« erreichte Summe zu ergänzen und den Kredit zurückzuzahlen.

Die Hintergründe der Lateranverträge

Benito Mussolini hatte einmal über das italienische Regime gesagt:
»Das ist ein Ehebett mit zwei Plätzen.«
Er hätte lieber sagen sollen: mit dreien, denn seit dem 11. Februar
1929 gehörte auch der Vatikan dazu; an diesem Tag wurden die
Lateranverträge zwischem dem Heiligen Stuhl und dem italienischen
Staat unterzeichnet.
Für mich persönlich begann dieser bedeutende Abschnitt in der Geschichte meines Landes am 29. Dezember 1925, als Benito und ich
kirchlich getraut wurden. Ein Jahr vorher hatten unsere drei Kinder
Edda, Vittorio und Bruno bereits von Kardinal Vannutelli die Kom-
munion empfangen.
An jenem Dezembertag stand ich in Mailand in unserer Küche und
bereitete *tagliatelle* vor, als Cina, unser Zimmermädchen, zu mir
sagte:
»Der Herr Präsident ist eben gekommen, mit Herrn Direktor – Arnaldo –, einem Priester und dem Marquis Paolucci. Der Herr Präsident wünscht, daß Sie sofort in den Salon kommen.«
Ich erwiderte, daß ich käme, sowie ich fertig wäre. Nach einigen
Minuten tauchte Benito auf.
»Komm jetzt, Rachele, laß dich nicht zu sehr bitten.«
Und da ich tat, als hörte ich ihn nicht, band er mir die Schürze ab
und schob mich zum Ausguß, damit ich mir die Hände waschen
konnte. Dann zog er mich zum Salon. Und dort, in dem zur Kapelle
umgewandelten Raum, wurde von Monsignore Magnaghi die reli-
giöse Trauung vollzogen. Unsere Zeugen waren mein Schwager Ar-
naldo und der Marquis Paolucci di Calboli.
Nachdem die Feier beendet war, küßte Benito mir die Hand, und ich
bemerkte ironisch:
»Das war nun hoffentlich unsere letzte Trauung . . .«
Wir befanden uns nun in der dritten Phase unserer Verbindung.

Mich hatte der Gedanke an eine kirchliche Heirat nicht sonderlich begeistert, aber für Benito war dies im Rahmen seiner Verständigung mit dem Vatikan von großer Bedeutung. Arnaldo hatte uns beide schon lange dazu gedrängt.

Bereits seit 1921 hatte Mussolini seine Bereitschaft zu einer Einigung mit dem Heiligen Stuhl durchblicken lassen; damals war er nur Abgeordneter gewesen.

Er erklärte mir einmal:»Es ist unwahrscheinlich, wie wenig die liberalen Regierungen begriffen haben, daß die Universalität des Papstes ein Erbe der Universalität des Römischen Reiches ist und die ruhmreichste Tradition der italienischen Geschichte darstellt.«

Gleich, nachdem er an die Macht gekommen war, nahm Mussolini daher das gewaltige Projekt der Versöhnung zwischen Kirche und Staat in Angriff.

Ich glaube nicht, daß er aus frommer Gesinnung gehandelt hat. Bis in die letzten Jahre seines Lebens hat mein Mann sich immer seine areligiöse Grundhaltung bewahrt. Aber als Regierungschef war es seine Aufgabe, Italien wieder hochzubringen. Die sozialen Reformen waren eingeleitet, die Macht gefestigt, er hatte selbst sein Familienleben stabilisiert. Es blieb ihm, das Verhältnis zur Kirche zu regeln. Dazu mußte der Graben überbrückt werden, der sie seit 1870 vom Staat trennte. Daran knüpfte Benito ganz praktische Erwägungen: Der Vatikan bildete den Anziehungspunkt für die Katholiken aus aller Welt. Warum sollte man dieses Interesse nicht nutzen und Rom diese Universalität zugute kommen lassen? Um so mehr, als es sich im Grunde um eine Rückkehr zum antiken Rom handelte, von dem der Duce sich beim Aufbau des Faschismus inspirieren ließ.

Das waren seine Überlegungen; sie wurden ergänzt durch menschliche Faktoren, die von entscheidender Bedeutung waren.

Papst Pius XI. und Mussolini waren beide von bescheidener bäuerlicher Herkunft. Sie konnten sich besser als andere verstehen. Ich erinnere mich, daß Benito einmal äußerte:»Daß wir beide eine Bauernmentalität haben, vereinfacht die Dinge beträchtlich.«

Daneben spielten die Vermittler eine wichtige Rolle: Arnaldo, der Advokat Francesco Pacelli, der Bruder des späteren Pius XII., der 1939 Papst wurde, und der Kardinal Pietro Gasparri, der Staatssekretär von Pius XI., der mit meinem Mann die Lateranverträge unterzeichnete.

Die Verhandlungen waren nicht einfach, denn auf beiden Seiten gab es Gegner dieses Projekts. Mein Mann mußte mit der alten republikanischen Tradition rechnen, die er selbst symbolisiert hatte. Außer dem König waren einige Faschisten und natürlich die Freimaurer nicht sehr davon begeistert, auch die Volkspartei jener Zeit, die jetzige *Democrazia Cristiana*, verhielt sich ablehnend. Im Ausland hätten es bestimmte Regierungen gleichfalls vorgezogen, daß die Verträge nicht zustande gekommen wären.

Seit 1922 begann die Normalisierung der Beziehungen zwischen Kirche und Staat. Mein Mann machte die ersten Schritte, indem er die Kruzifixe wieder in die Schulen und Gerichtssäle hängen ließ und die gesetzliche Strafe gegen Gotteslästerung verschärfte. In den Grundschulen wurde der Religionsunterricht wieder eingeführt und den konfessionellen Schulen die gleiche Behandlung wie den staatlichen zugesichert. In den Jahren 1924 und 1925 wurden die katholischen Gemeinden in den neuen italienischen Provinzen, wie im Trentino und in Afrika, mit einer Summe von 6 500 000 Lire unterstützt. Die katholische Universität von Mailand wurde offiziell anerkannt. Es wurden sogar Militärgeistliche ernannt, und der Klerus fand sich vom Militärdienst befreit. Ein Gesetz sicherte den Priestern eine staatliche Bezahlung zu.

Gleichzeitig wurden die Freimaurer-Logen verboten. Mussolini sollte später die Folgen dieser Maßnahme spüren, denn er machte sich so die Mitglieder dieser geheimen Gesellschaft zu Gegnern, darunter den König persönlich und den Marschall Badoglio.

Der größte Teil der Verhandlungen mit dem Vatikan fand übrigens nicht in feierlichen Prunksälen statt, sondern in der Wohnung meines Mannes, Via Rasella in Rom. Um so diskret wie möglich zu bleiben, kam der Advokat Pacelli erst gegen 21 Uhr und ging gegen ein Uhr morgens wieder fort. Das dauerte mehrere Monate lang. Den Kardinal Gasparri traf Benito in einem Kloster in der Nähe von Rom. Der *Popolo d'Italia* und *L'Osservatore Romano* sorgten dafür, daß in der Öffentlichkeit ein günstiges Klima für die Annäherung zwischen Kirche und Staat entwickelt wurde.

Am 11. Februar 1929 unterzeichneten schließlich Kardinal Gasparri und Mussolini die beiden Verträge im Lateranpalast. Der Duce hielt eine Rede von fünfundvierzig Minuten, bei der Kardinal Gasparri mehrmals zustimmend mit dem Kopf nickte.

An jenem Abend war ich zu Hause mit den Kindern beschäftigt, als Pater Facchinetti freudestrahlend zu uns kam. Er gehörte dem Franziskanerorden an und war ein langjähriger Freund der Familie. Mein Mann hatte ihm bereits einmal eine große Freude gemacht, als er 1925 Franz von Assisi zum Schutzheiligen Italiens erhob.

Jetzt holte er unter seiner Soutane zwei Champagnerflaschen hervor und stellte sie mit feierlicher Geste auf den Tisch. Dann umarmte er einen nach dem anderen, die Kinder und die beiden Hausmädchen Cina und Pia.

»Was ist denn mit Ihnen los, Pater?« fragte ich.

»Es ist so weit,« jubilierte er, »die Verträge zwischen der Regierung und dem Vatikan sind unterzeichnet. Der Duce hat erreicht, was Männern wie Cavour oder Giovanni Bosco nicht gelungen ist. Er kann stolz sein, Donna Rachele!«

In diesem Augenblick läutete das Telephon. Benito verkündete mir die Neuigkeit:

»Rachele, das goldene Zeitalter des Faschismus hat heute begonnen!«

Er erzählte mir, wie alles abgelaufen war, und sparte nicht mit Lobreden über Pius XI., »so sympathisch, so einfach und herzlich in seiner Art, und so intelligent!«

Wenn ich an diese und ähnliche Szenen denke, dann muß ich sagen, daß jene Leute, die die gemeine Geschichte von der Ermordung des Papstes durch Mussolini erfanden, meinen Mann überhaupt nicht kannten. Sie hätten sich lieber etwas anderes ausdenken sollen, denn Benito hätte niemals nach dem Leben eines Menschen getrachtet, der ihm eine so große Freude bereitet hatte.

Man hat viel über die Lateranverträge geredet und behauptet, daß Mussolini allein Nutzen daraus gezogen habe. Das ist falsch. Es gab mehrere Begünstigte: zweifellos meinen Mann, obwohl er dadurch einige Schwierigkeiten mit seinen eigenen Freunden bekam; den König, dessen Souveränität vom Papst anerkannt wurde; und schließlich den Vatikan.

Der Papst hätte wohl kaum ein Abkommen unterzeichnet, das ihm keinerlei Vorteile brachte. Gewiß, er verzichtete offiziell auf Rom, das auch in den Augen der Kirche zur Hauptstadt des italienischen Staates wurde, was der Vatikan bis dahin stets abgelehnt hatte. Doch er gewann in anderer Hinsicht.

Überall, wo die italienischen Soldaten auftauchten, folgten die Priester nach, in Afrika, im Dodekanes und bis nach Rußland, wo unsere Truppen in der Ukraine zusammen mit den Deutschen kämpften, die allerdings die Pfarrer weniger schätzten.

Dazu kam die finanzielle Unterstützung, die der Vatikan erhielt, der ab 1929 immer stärker an der Herrschaft in Italien beteiligt wurde. Deshalb meine ich, daß seit dieser Zeit die Macht nicht mehr allein in den Händen des Königs und Mussolinis lag, sondern als dritter Faktor der Heilige Stuhl hinzukam.

Ich möchte nur noch ein deutliches Beispiel für die Einflußmöglichkeiten des Vatikan geben. Von 1937/1938 an, als Mussolini sich Hitler näherte, distanzierte sich der Papst vom Faschismus und zögerte nicht, ihn mit dem Nationalsozialismus zusammen zu verurteilen. Meinetwegen! Schließlich hatte die Kirche eine Rolle als Verteidigerin der christlichen Ideale, der internationalen Moral und der Freiheit der Völker zu spielen. Aber wie konnte der Vatikan zulassen, daß die Amerikaner, mit denen Italien offiziell im Krieg stand, Informationen über uns, ihre Feinde, erhielten? Daß der Heilige Stuhl humanitäre Aufgaben erfüllte, gestehe ich gern zu. Doch daß er zugunsten eines Landes intervenierte – mochte es auch in seinen Augen auf der guten Seite stehen – und damit gegen den Mann, der die Fahne des Heiligen Stuhls so hoch gehalten hatte, das ging zu weit.

Ich frage mich, was der Sonderbeauftragte des Präsidenten Roosevelt, Myron Taylor, im Vatikan tat? Er traf am 20. September 1942 in Rom ein, wenn ich mich nicht irre, und fuhr am 28. September wieder ab, nachdem er eine Woche im Vatikan verbracht hatte.

Dabei spielt ein Umstand eine Rolle, der nur wenig bekannt ist: Während Italien gegen bestimmte Länder Krieg führte, waren deren Botschafter weiterhin beim Vatikan akkreditiert. Da aber der Kirchenstaat keinen eigenen Flugplatz besaß, mußten sie in Rom landen. Und sie konnten unbehelligt die Hauptstadt eines Landes durchqueren, das sich mit dem ihren im Krieg befand.

Der Vatikan liegt mitten in der Stadt Rom, auf einer Fläche von 480 000 Quadratmetern. Wer war die bestinformierte Persönlichkeit Italiens? Der Papst, mit seinen etwa dreißigtausend Priestern, die über das ganze italienische Land verteilt waren.

Ich behaupte nicht, daß diese Priester vom Feind bezahlte Spione gewesen seien, ganz gewiß nicht! Aber aus dem Umkreis des Vatikan drangen doch hin und wieder Informationen, die vielleicht harmlos schienen, aber von entsprechend ausgebildeten Leuten ausgewertet werden konnten und so zu schlüssigen Ergebnissen führten.

Das war auch Myron Taylors Aufgabe. Wieder in die Vereinigten Staaten zurückgekehrt, ließ er Roosevelt wissen, daß die Italiener anfingen, kriegsmüde zu werden, und daß man sie mit entsprechendem Druck in die Knie zwingen könne. Das geschah dann auch: Seit September 1942 wurden die alliierten Bombenangriffe auf Italien merklich verstärkt.

Da auch wir unseren Nachrichtendienst hatten, wurde mein Mann sehr bald über die Rolle informiert, die Taylor in Italien gespielt hatte. Er reagierte sehr heftig und gab Galeazzo Ciano, der zu dieser Zeit noch Außenminister war, strikte Anweisungen:

»Dieser Spaßvogel Taylor hat in Amerika erzählt, daß die Italiener genug vom Krieg haben und die Dosis nur etwas verstärkt zu werden braucht, um ihren Widerstand zu brechen. Also geben Sie dem Vatikan deutlich zu verstehen, Konkordat hin, Konkordat her, daß ich Myron Taylor auf der Stelle einsperren lasse, wenn er seinen Fuß noch einmal auf italienischen Boden setzt.«

Ich brauche nicht zu betonen, daß der Amerikaner nie mehr nach Italien zurückgekehrt ist, jedenfalls nicht zu Lebzeiten Mussolinis.

Die Lateranverträge garantierten dem Vatikan die staatliche Unabhängigkeit gegenüber dem Land Italien, auch wenn er geographisch auf römischem Boden lag. Die italienische Regierung war ebenfalls diplomatisch beim Heiligen Stuhl vertreten. Der erste Botschafter hieß übrigens Cesare De Vecchi; damit wollte Mussolini zeigen, welche Bedeutung er den Beziehungen zwischen den beiden Staaten beimaß.

Oft hat man sich gefragt, warum mein Mann den beim Vatikan akkreditierten Botschaftern der Länder, mit denen er Krieg führte, erlaubte, sich frei in der Stadt zu bewegen. Mein Mann wußte, daß sie zu seinen Gegnern Kontakte unterhielten, aber er wollte und konnte nichts dagegen unternehmen, weil er eine Krise mit dem Heiligen Stuhl zu vermeiden wünschte.

Mein Mann wußte sehr wohl, daß viele Leute, vor allem Juden, die den Deutschen entkommen wollten, im Vatikan Zuflucht fanden. Doch er sah sie lieber dort als auf italienischem Staatsgebiet, da seine Beziehungen zu Deutschland bereits wegen der mangelnden Neigung meines Mannes zu Rassenverfolgungen reichlich gespannt waren.

Der Duce konnte sich auch nicht gegen die geistliche Rolle der Kirche wenden, die sie überall im Lande wahrnahm, denn er selbst hatte den Katholizismus zur italienischen Staatsreligion gemacht.

Ich möchte jedoch anmerken, daß Mussolini nie versucht hat, über die beim Heiligen Stuhl akkreditierten Botschafter mit den kriegführenden Staaten in Kontakt zu treten, weil er den Kirchenstaat auf seine humanitäre Rolle beschränken wollte.

Nur in diesem Sinne hatte er zugestimmt, im April 1945 durch Vermittlung des Erzbischofs von Mailand, Kardinal Schuster, mit dem Nationalen Befreiungskomitee in Verbindung zu treten, um der Sozialistischen Partei die von der Italienischen Sozialrepublik innegehabte Macht zu übertragen.

Ein erster Vorschlag war von Sandro Pertini, einem Mitglied des Befreiungskomitees, gegenwärtig Präsident der Abgeordnetenkammer, abgelehnt worden.

Meinem Mann ging es darum, Menschenleben zu retten, da nun ohnehin alles zu Ende war, und einen legalen Ausweg zu finden. Er tat das nicht, um sein eigenes Leben zu retten, denn er hätte es nie ertragen, lebend in die Hände der Alliierten zu fallen.

»Ich werde niemals in den Londoner Tower gehen, oder zum Madison Square Garden, wo die Engländer und Amerikaner mich als Ungeheuer zur Schau stellen würden,« erklärte er mir, »niemals!«

Doch kehren wir zu der Begegnung mit Kardinal Schuster zurück.

Ihr Ablauf ist bekannt: In einem Salon des erzbischöflichen Palastes in Mailand saßen Kardinal Schuster und mein Mann auf einem Sofa; ihnen gegenüber auf der einen Seite die Vertreter des Nationalen Befreiungskomitees, darunter Cadorna, Sohn des Generalissimus des Ersten Weltkriegs, der meinen Mann bei seiner ersten Regierungsbildung vorbehaltlos unterstützt hatte, und Marazza; auf der anderen Seite befanden sich die faschistischen Delegierten, die den Duce begleiteten, unter ihnen der Verteidigungsminister der Italienischen Sozialrepublik, General Graziani. Der General setzte gerade auseinander, daß es unmöglich sei, die militärische Übergabe zu unterzeichnen, wie das Befreiungskomitee es verlangte, als der Präfekt von Mailand hereinkam und ihm zuflüsterte, er hätte soeben vom Sekretär des Kardinals, Pater Bicchierai, erfahren, daß die Deutschen seit zwei Monaten über ihre Kapitulation verhandelten und daß General Wolff in einem anderen Raum erwartet würde, um sie zu unterzeichnen.

Mein Mann hob sofort die Sitzung auf und erklärte, er sei von den Deutschen wie von Kardinal Schuster verraten worden.

»Das ist ein zweiter 25. Juli, nur noch viel schlimmer,« schrie er. »Die Deutschen haben uns den 8. September 1943 heimgezahlt.«

Er übernahm ganz selbstverständlich die Verantwortung für die Unterzeichnung des Waffenstillstands mit den Alliierten durch Badoglio.

Obwohl Badoglio ihn hatte verhaften lassen, war er für Mussolini damals der legale Regierungschef Italiens.

Etwa zwanzig Tage vorher hatte der gleiche Kardinal Schuster zu meinem Sohn Vittorio gesagt:

»Ihr Vater war fast immer schlecht beraten, aber sein Name bleibt unvergeßlich in der Geschichte Italiens. Mit der Versöhnung hat er den Abgrund zwischen dem Papsttum und Italien überbrückt und das Problem der weltlichen Souveränität der Kirche von Rom gelöst, das seit 754 auf eine Klärung wartete. Dieses Verdienst kann Mussolini niemand rauben.«

Warum hat er meinen Mann in diesem Augenblick, da doch alles zu Ende war, nicht über die Kapitulation der Deutschen informiert? Der Kardinal hatte sich für eine Seite entschieden: die der Alliierten. Die Partisanen waren die Sieger, man mußte zu ihnen halten und ihnen Mussolini ausliefern. Das konnte der Duce nicht akzeptieren, der um so betroffener war, weil Kardinal Schuster mit keinem Wort reagiert hatte, als General Graziani über die Unmöglichkeit sprach, einer militärischen Übergabe zuzustimmen, ohne die Deutschen zu konsultieren.

Ich empfinde noch immer eine gewisse Bitterkeit, wenn ich daran denke, daß mein Mann, der so viel für die Kirche getan hat, zwölf Jahre in einer Kiste – ich wiederhole: einer Kiste – geblieben ist, ohne christliches Begräbnis, ehe er bei den Seinen auf dem Friedhof von San Cassiano in Predappio die letzte Ruhe gefunden hat.

Zwei andere Erlebnisse im Zusammenhang mit der Kirche erfüllen mich ebenso mit tiefer Traurigkeit.

Das erste spielte sich im Kloster von Predappio ab, in der Zeit, als der Duce auf dem Gipfel seines Ruhmes stand. Ich hatte mich von einem Mann meines Sicherheitsdienstes mit dem Motorrad zu diesem Kloster fahren lassen, um den Prior zu bitten, die Bauern aus dem Rabbi-Tal aufzunehmen, da ihre Häuser vom Hochwasser verwüstet worden waren. Ich hatte das Kloster selber renovieren und erweitern lassen, aber der Prior kannte mich nicht.

Er pflanzte sich vor dem Motorrad auf und schrie:

»Hinaus! Fahren Sie sofort hinaus! Hier haben Frauen keinen Zutritt.«

Wir versuchten ihm zu erklären, wer ich war und warum ich kam, vergebens, er wollte nichts hören.

Schließlich meinte er, um mich loszuwerden:

»Schreiben Sie doch dem Papst, er wird Ihnen seine Zustimmung geben ...«

»Eine gute Idee!« erwiderte ich. »Das werde ich tun.«

Wir rasten mit dem Motorrad zur Hauptpost von Forli; von dort aus rief ich den Duce in Rom an.

Zwei Stunden später stellte der verblüffte Prior das Kloster den geschädigten Bauern zur Verfügung.

Die zweite Episode erlebte ich etwa dreißig Jahre später, 1959 oder 1960. Ich wollte Papst Johannes XXIII. um eine Audienz bitten. Seine Brüder kannte ich sehr gut, und sie hatten mir wiederholt versichert, wie gütig er sei. Ich beabsichtigte nicht, als Mussolinis Witwe den Papst zu besuchen, sondern als eine Frau, die wichtige Geheimnisse zu enthüllen hatte, deren Empfänger nur der Papst als Chef einer Kirche und eines Staates sein konnte.

Ich zweifelte um so weniger daran, empfangen zu werden, als ich seit dem Tode meines Mannes regelmäßig zum Tage der Unterzeichnung der Lateranverträge mit dem Vatikan Telegramme austauschte.

Doch eines Tages erhielt ich den Besuch eines Bischofs, der mir sehr verlegen erklärte, daß der Heilige Vater mich nicht empfangen könne, weil das »politisch« nicht möglich sei.

Ich war tief betroffen. Ich hatte nie den Namen meines Mannes oder seine Macht für meine persönlichen Interessen oder die anderer benutzt, es sei denn, um aus der Not zu helfen. Man hatte mir immer wiederholt, daß der Vatikan keine Politik treiben würde; jetzt war ich vom Gegenteil überzeugt. Früher öffneten sich die Türen auf einen kurzen Telephonanruf hin; doch nun blieben sie hermetisch verschlossen ...

Mussolini und der König von Italien

Viktor Emanuel III. und Benito Mussolini hatten sich vor der historischen Begegnung im Palazzo del Quirinale, am 30. Oktober 1922, bereits zweimal gesehen.

Beim erstenmal lag mein Mann während des Ersten Weltkrieges mit Paratyphus im Lazarett von Cividale, als der König dort einen Besuch abstattete. Allerdings redeten sie damals nicht miteinander, aber als sie sich sechs Monate später wiedersahen, ebenfalls in einem Lazarett, tauschten sie ein paar Worte aus.

Mein Mann schwebte zwischen Leben und Tod, nachdem man ihm dreiundvierzig Granatsplitter entfernt hatte.

Viktor Emanuel III. verlangte, den Sergeanten Mussolini zu sehen. Warum? Mussolini war zwar der Direktor einer Zeitung, die ständig an Bedeutung gewann, aber er vertrat einen ausgesprochen antiroyalistischen Standpunkt. Außerdem stand Mussolini allein, er gehörte keiner Partei mehr an. Welchen Weg würde er nun einschlagen? Vielleicht fragte sich das der König, als er sich an Benito wandte: »Sie müssen sehr leiden, Mussolini.«

»Die Schmerzen sind qualvoll, Majestät, aber man muß durchhalten.«

»Erinnern Sie sich? Ich habe Sie schon einmal vor sechs Monaten im Lazarett gesehen. Der General hat mir viel Gutes über Sie erzählt.«

»Vielen Dank, Majestät. Ich habe immer nur meine Pflicht getan, wie alle anderen Soldaten.«

»Ich weiß, ich weiß, Mussolini. Das ist sehr gut so . . .«

Und damit war diese erste Unterhaltung beendet.

Fünf Jahre später, am 30. Oktober 1922, trafen sich der König und mein Mann im Palazzo del Quirinale wieder. Der eine kam als Sieger, der andere hatte gerade eine halbe Niederlage überwunden. Er hatte Mussolini nur unter dem Druck der Ereignisse gerufen und bangte um seinen Thron. Mussolini wollte aus Italien eine Großmacht machen, mit oder ohne König, das war ihm gleich. Doch da Viktor Emanuel III. loyal mit ihm zusammenarbeiten wollte, warum nicht? Für den König bildete Mussolini immerhin eine wirksame Schranke gegen den Bolschewismus – den Kommunismus jener Zeit –, der dem Haus Savoyen sicher ein ähnliches Schicksal bereitet hätte wie der Familie des Zaren Nikolaus II. Gleichzeitig wurde der König von der Kamarilla der Politiker befreit, mit der er als konstitutioneller Monarch stets rechnen mußte.

Auch für Mussolini brachte diese Lösung Vorteile; es war gelungen, eine blutige Revolution zu vermeiden und die Macht in Übereinstimmung mit den demokratischen Regeln zu übernehmen. Einige Zeit später meinte er zu diesem historischen Moment:
»Das Haus Savoyen ist zum zweitenmal im Schlepptau in Rom eingezogen. Das erste Mal wurde es von Garibaldi gezogen, das zweite Mal vom Faschismus.«

Am 30. Oktober 1922 erschien der König in Uniform, er gedachte also Oberbefehlshaber der Armee zu bleiben. Mein Mann hatte sich vom schwarzen Hemd der Faschisten getrennt und ein weißes mit steifem Kragen angezogen, darüber einen entliehenen Gehrock, entsprechend der Etikette. Damit anerkannte er die Autorität des Königs und stellte sich nicht als Parteichef, sondern als Regierungschef vor.

So wurde die Macht zwischen dem Königshaus und Mussolini geteilt: Der Monarch herrschte, und ihm unterstand die Armee; der Duce regierte.

Sitz der Regierung war zunächst der Palazzo Chigi, dann, ab 1929, der Palazzo Venezia. Jeden Donnerstag und Montag begab sich mein Mann zum Quirinal, um den König bei allen Dekreten, Ernennungen und ähnlichen wichtigen Entscheidungen gegenzeichnen zu lassen. Dieser studierte die Dokumente stets sehr sorgfältig, aber er unterschrieb immer.

Während mein Mann dem Souverän gegenüber nie einen Hintergedanken hegte, bewahrte dieser ein gewisses Mißtrauen.

Benito bedauerte nur, daß der König nicht von großer, gut gebauter Statur war, wie die Monarchen der skandinavischen Länder. Wenn er schlecht auf Viktor Emanuel zu sprechen war, ließ er sich manchmal zu üblen Nachreden hinreißen:
»Er ist ein zu kleiner Wicht für ein Italien auf dem Wege zur nationalen Größe.«

Zunächst waren die Einwände des Königs nur ein Zeichen seiner

Sorge um Mussolini, so etwa, wenn er ihm vorwarf, zu häufig das Flugzeug zu benutzen.

Während der Affäre Matteotti ließ Viktor Emanuel III. Mussolini nicht fallen, entgegen dem Rat gewisser Politiker, die ihm nahelegten, sich vom Duce zu trennen. Einige Zeit später, am 11. Februar 1929, erreichte dafür Mussolini die Versöhnung des Hauses Savoyen mit dem Heiligen Stuhl. Mein Mann war übrigens ausdrücklich davon befreit worden, den Ring des Papstes zu küssen, als er von Pius XI. empfangen wurde.

Doch als der Duce auf einen der entscheidenden Machtfaktoren Italiens Einfluß nehmen wollte, kam es zu ernsthaften Auseinandersetzungen mit dem König: Mussolini hielt es für unbedingt notwendig, in der Armee verschiedene Verbesserungen vorzunehmen. Doch Viktor Emanuel widersetzte sich dem, der militärische Bereich war der Krone vorbehalten.

Benito wünschte zum Beispiel, daß der sehr eng geknöpfte Kragen der italienischen Uniform durch einen anderen ersetzt würde, damit die Soldaten ihn nicht bei jeden Gelegenheiten öffneten und so oft nachlässig wirkten.

Es dauerte Monate, bis der König die entsprechende Verordnung schließlich unterschrieb.

Aus ähnlich praktischen Gründen wollte mein Mann auch die Wickelgamaschen des Ersten Weltkriegs abschaffen. Einmal bedeutete das Wickeln einen Zeitverlust; außerdem hemmten sie den Kreislauf und begünstigten Infektionen. Wieder begann eine Periode der Spannung und langer Auseinandersetzungen, doch schließlich gab der König doch nach, und die italienische Armee wurde mit Stiefeln ausgestattet.

Die erste tiefgehende Krise zwischen Viktor Emanuel III. und Mussolini brach 1928 aus, nachdem der Große Faschistische Rat, dem mein Mann vorstand, Verfassungsorgan geworden war. Für alle Verfassungsfragen war nunmehr der Große Rat zuständig, also auch für die Thronfolge, die Vorrechte der Krone usw. Der König konnte nicht mehr den Regierungschef entlassen, ohne zuvor das Einverständnis des Großen Rats eingeholt zu haben. Fünfzehn Jahre später sollte Viktor Emanuel dieses Gesetz benutzen, um meinen Mann auszuschalten, doch zu Anfang war er wenig davon angetan.

Er gab Benito wütend zu verstehen, daß die Faschisten sich nicht in die Angelegenheiten der Krone einzumischen hätten; wenn eine Partei die Nachfolgefragen einer Monarchie mitbestimmen wolle, sei es mit der Monarchie vorbei usw.

Der König fürchtete, daß die Faschisten den Thron nach seinem Tod seinem Neffen, dem Herzog von Aosta, überließen, dessen Sympathie für den Faschismus bekannt war. Er hatte sogar am Vorbeimarsch der Schwarzhemden vor dem Quirinal teilgenommen. Da er sich anschließend auf dem Balkon hinter seinem Onkel zeigen mußte, hielt er die ganze Zeit den Kragen seiner Jacke mit der Hand verdeckt, damit der König nicht das schwarze Hemd sehen konnte.

Von 1928 bis 1938 verbesserten sich die Beziehungen sichtlich und wurden fast freundschaftlich. Als Mussolini Viktor Emanuel einmal am Krankenbett besuchte, fragte dieser ihn:

»Sagen Sie mir, mein lieber Mussolini, wie machen Sie es, daß Sie immer so prächtige Äpfel bei Tisch haben. Mir serviert man immer nur unglaublich kleine Früchte, ich weiß nicht, warum.«

Der Duce ließ vorsichtig nachforschen und entdeckte, daß der König aus Gründen der Sparsamkeit eine Summe für alle Einkäufe des Palastes festgelegt hatte, die in keiner Weise den Preissteigerungen Rechnung trug. Daher war das Personal gezwungen, oft die billigste Ware zu kaufen.

Ich empfand wenig Sympathie für den Monarchen, schätzte hingegen die Königin sehr, ebenso die Königinmutter Margherita von Savoyen. Ich hatte sie 1926 in Mailand bei einer Darstellung der *Passion Christi* im Sportpalast kennengelernt, der sie ebenfalls beiwohnte. Ich erinnere mich, daß ich meinen Kindern Edda, Vittorio und Bruno leise erklärte, wo die Königinmutter saß, als ein Adjutant zu uns trat:

»Ihre Majestät die Königinmutter bittet Sie zu sich in ihre Loge. Sie möchte Sie und Ihre Kinder kennenlernen.«

Ich lehnte zunächst ab:

»Ich bin es nicht gewohnt, mit Königinnen zu verkehren. Ich bitte Ihre Majestät vielmals um Entschuldigung, aber ich kann und will sie nicht stören.«

Doch der Adjutant beharrte auf seiner Einladung, so daß ich schließlich nachgab. Die Königinmutter Margherita war sehr liebenswürdig, und ich habe bis heute nicht die Worte vergessen, mit denen sie mich empfing:

»Es lag mir viel daran, die Gattin des Duce kennenzulernen, um ihr zu sagen, daß das Haus Savoyen ihrem Mann ewigen Dank schuldet

für alles, was er für unser Land getan hat und noch weiterhin tut . . .«
Als sie wenige Monate später starb, erfuhr ich, daß sie meinen Mann
zu ihrem Testamentsvollstrecker ernannt hatte. Sie hinterließ ihm
auch eine kleine Medaille des Heiligen Antonius, die Benito seitdem
ständig bei sich trug, bis zu seinem Tod. Sie ist mit allem anderen,
was er bei sich hatte, gestohlen worden.
König Viktor Emanuel III. und Königin Helene lernte ich im Frühjahr
1930 kennen. Bei einem Empfang im Palazzo del Quirinale langweilte
ich mich entsetzlich zwischen den gezierten Damen des Hofs, als der
König auf mich zukam. Er wies auf eine Gruppe älterer Frauen, die
eifrig schwatzten, und meinte spöttisch:
»Man meint, man sei auf einem Hühnerhof.«
Das waren die einzigen Worte, die ich von ihm vernahm, und ich fand
sie von einem sympathischen Realismus.
Einige Wochen später lud mich die Königin Helene ein, einer Vor-
führung zu Ehren ihrer Tochter, der Prinzessin Maria von Savoyen,
beizuwohnen. Ich war etwas unruhig, da ich meine jüngste Tochter,
Anna Maria, stillen mußte, und ich fürchtete, den Zeitpunkt zu verpassen.
Doch die Königin selbst beruhigte mich. Sie blickte hin und wieder
auf ihre Uhr, und als der Moment gekommen war, ließ sie mich
gehen, nachdem sie mir eine herrliche Rose überreicht hatte. Ich war
angenehm berührt von ihrer liebenswürdigen und zugleich einfachen
Art.
Die Königin stellte dem Duce später ein Appartement in der Jagd-
residenz Castelporziano in der Umgebung von Rom zur Verfügung,
damit er sich dort erholen konnte, wann immer er es wünschte.
Zwischen 1937 und 1938 kam es wieder zu Unstimmigkeiten. Die
erste betraf eine weitere Reform im Stil der Wadenwickel: Mussolini
hatte sich schon immer an der Art gestoßen, wie die italienischen
Soldaten marschierten. Nachdem er 1937 Deutschland besucht hatte,
kehrte er tief beeindruckt von der Haltung und dem Schritt der deutschen Soldaten zurück. Er beschloß, einen Paradeschritt einzuführen,
den »römischen Schritt«. Damit hoffte er, der italienischen Armee ein
kriegerischeres Aussehen zu verleihen. Doch der König sah nur, daß
wieder eine Prägorative der Krone angegriffen wurde. Für ihn und
seinen Generalstab blieb der Paradeschritt außerdem »der Schritt der
Deutschen«.
In dieser Situation kam es zu einem der seltenen Ausbrüche Benitos

gegen den König: »Es ist doch nicht meine Schuld, wenn der König nur eine halbe Portion ist. Er könnte natürlich keinen Paradeschritt machen, ohne lächerlich zu wirken . . . Aber das ist kein Grund, die Armee einer großen Nation wie einen Greis zu behandeln.« Am Ende unterschrieb Viktor Emanuel doch. Aber welche Schwierigkeiten machte er wegen so zweitrangiger Fragen!

Natürlich wurde die Situation noch wesentlich problematischer, als Mussolini die italienische Armee von Grund auf reformieren und sowohl deren Bewaffnung als auch die allgemeine Einstellung zu ihr ändern wollte . . .

Im März 1938 kam es daher zwischen meinem Mann und dem König zu einer echten, nie ganz überwundenen Krise, die ihren eigentlichen Epilog erst im Juli 1943 fand.

Benito hatte in der Abgeordnetenkammer eine Lobrede auf die Armee gehalten. Im Anschluß daran schlug der Präsident der Kammer vor, den Titel des »Reichsmarschalls« zu schaffen und gleichzeitig dem König und dem Duce zu verleihen. Das Gesetz wurde durch Akklamation angenommen und am selben Tag vom Senat bestätigt.

Als mein Mann Viktor Emanuel III. diesen Beschluß zur Unterschrift vorlegte, war der König sichtlich erregt:

»Dieses Gesetz bedeutet einen weiteren tödlichen Schlag gegen meine königlichen Vorrechte. Ich hätte Ihnen gern jeden beliebigen Grad als Zeichen meiner Bewunderung verliehen. Aber mich auf die gleiche Ebene wie Sie zu stellen, bringt mich in eine unmögliche Lage. Wenn nicht eine internationale Krise unmittelbar bevorstände, würde ich lieber abdanken, als einen derartigen Affront hinzunehmen.«

Der Souverän fürchtete vor allem, daß Benito eine faschistische Kontrolle über die Armee einführen könnte, was die Veteranen des Faschismus seit langem wünschten. Um den empfindlichen König nicht unnötig zu verletzen, vermied es der Duce soweit wie möglich, die Uniform des Reichsmarschalls vor ihm zu tragen.

Nur Ciano gegenüber bemerkte er in dieser Zeit:

»Mir reicht es allmählich. Ich mache die Arbeit, und er unterzeichnet.«

Einige Zeit später, nach Hitlers Besuch in Italien im Mai 1938, gab Viktor Emanuel meinem Mann zu verstehen, daß er uns sehr gerne in Rocca delle Caminate besuchen würde, wo sich bereits 1936 der Kronprinz Umberto bei uns aufgehalten hatte.

Benito fühlte sich trotz seiner revolutionären Ideen von ehedem sehr geschmeichelt, vor allem, weil der König in unser Haus und unsere Provinz kam, als privater Gast und nicht als ein offizieller Besucher.

Einige Tage vor dem angekündigten Besuch des Königs ermahnte er mich:

»Es müssen besonders gute Sachen vorbereitet werden. Vergiß nicht, daß wir den König in unserem Haus erwarten.« Am 8. Juni fragte er mich:

»Ist auch alles fertig, Rachele? Ist alles gut hergerichtet? Hast du auch an die Getränke gedacht?«

Und da mich seine ständige Fragerei zu reizen begann, erwiderte ich:

»Aber sicher habe ich daran gedacht! Ich habe an alles gedacht! Ich habe beim Bahnhofsbuffet in Forlì Orangensaft und belegte Brote bestellt. Bist du nun zufrieden?«

Der Ärmste war entsetzt.

»Ist das alles? Gibt es weiter nichts? Rachele, es handelt sich immerhin um den König!«

»Ob der König kommt oder Minghini (ein Bauer aus der Nachbarschaft), für mich bedeutet das dasselbe.«

Während diese Unterhaltung geführt wurde, fuhr Viktor Emanuel III. bereits durch die mit Fahnen geschmückten Straßen von Predappio, die Sonne schien, und die Frauen trugen ihre Sonntagstrachten.

Endlich setzte der König den Ängsten meines Mannes ein Ende, er durchschritt mit seinem ganzen Gefolge das Haupttor von Rocca delle Caminate. Er hielt einen großen Rosenstrauß in der Hand, den er mir mit den folgenden Worten überreichte:

»Ich übergebe sie Ihnen im Namen der Königin, doch es tut mir leid, daß sie unter der Sonne der Romagna ein wenig welk geworden sind.«

Der König besichtigte das Haus, machte mir über die Einrichtung von Rocca delle Caminate Komplimente, über den Saal des Großen Rats und vor allem über ein Gemälde von mir, das mich im Alter von dreißig Jahren zeigte. Sehr galant bemerkte Viktor Emanuel, daß ich mich gar nicht verändert hätte. Natürlich fühlte ich mich sehr geschmeichelt, denn inzwischen war ich achtundvierzig Jahre alt.

Der König verabschiedete sich, nachdem er sich ausgeruht und etwas getrunken hatte und seine Zufriedenheit darüber ausgedrückt hatte, daß die Bevölkerung der Romagna ihn so herzlich empfangen hatte. Er erzählte uns, wie er einmal mit Pfeifkonzerten begrüßt worden war, als er durch unsere Gegend fuhr. Seitdem hatte er immer versucht, diesen Teil des Landes zu meiden.

Nachdem der König uns verlassen hatte, meinte Benito:
»Jetzt werden wir an der Front unseres Hauses ein Schild mit dem Datum und der genauen Stunde des königlichen Besuchs anbringen.«
»Verlaß dich drauf,« antwortete ich ihm, aber es geschah nichts dergleichen ...

Für meinen Mann war der Besuch Viktor Emanuels eine Art Test. Der Monarch hatte selbst vorgeschlagen, nach Rocca delle Caminate zu kommen, ohne daß Benito ihn eingeladen hätte. Und er hatte ihn in seinem Privathaus besucht. Für Mussolini bedeutete das, daß die personlichen Beziehungen zwischen ihm und dem König wieder ungetrübt waren und Viktor Emanuel die beiden entscheidenden Auseinandersetzungen vergessen hatte, die durch die Übertragung der konstitutionellen Gewalt auf den Großen Faschistischen Rat und die Schaffung des Titels eines Reichsmarschalls provoziert worden waren.

In Wirklichkeit traf das nicht zu. Aber wir entdeckten erst fünf Jahre später, daß der König von Italien sehr nachtragend war. Selbst als Benito alle Beweise in den Händen hielt, wagte er nicht zu glauben, daß Viktor Emanuel III. dazu fähig wäre, der Vorbereitung einer Verschwörung gegen seinen Regierungchef zuzustimmen und sogar an ihrer Durchführung teilzunehmen. Erst als er gegen alle Gesetze der Gastfreundschaft verhaftet und von den Männern des Königs entführt worden war, mußte er sich eingestehen, daß nicht alle Warnungen auf einer zügellosen Phantasie beruhten.

Mussolini und Hitler

Im Ausland wie in Italien hat man Mussolini sein Bündnis mit Hitler vorgeworfen. Trotzdem frage ich: warum hat man Mussolini nicht öffentlich verurteilt, wie man es mit Hitler beabsichtigte? Die Alliierten hatten den Duce in ihrer Gewalt, da die italienischen Partisanen ihn verhaftet hatten. Über den Kriegsausgang bestand kein Zweifel mehr. Man hätte dem Faschismus ein spektakuläres Ende bereiten können, vorausgesetzt, daß mein Mann den Siegern gestattet hätte, ihn zu richten.

Aber man hat es vorgezogen, Mussolini heimlich zu liquidieren. Warum dieser versteckte, mysteriöse Mord? Weil ihm um keinen Preis die Gelegenheit gelassen werden sollte, eine Erklärung abzugeben und die Dokumente aufzuzeigen, die er bei sich trug und die eine Anzahl seiner ausländischen Feinde schwer belastet hätten.

Churchill wäre es, wie vielen anderen in England, Frankreich oder Amerika, recht peinlich gewesen, wenn der Führer des Faschismus die Briefe gezeigt hätte, die er mit ihm noch nach Kriegsbeginn ausgetauscht hat.

So war es viel einfacher, Mussolini am Sprechen zu hindern und ihm sein Bündnis mit Hitler vorzuwerfen, ohne ihm die Möglichkeit zu geben, die Gründe dafür darzulegen. Das hätte die Idylle zwischen Roosevelt, Churchill und Stalin gestört, die sich in Jalta die Welt teilten.

Mussolini hat sich in keiner Weise Hitler an den Hals geworfen, wie es die alliierte Propaganda glauben machen wollte. Mein Mann empfand eine tiefe Bewunderung für Deutschland. Vielleicht weniger für das Dritte Reich, aber für das Land, aus dem Beethoven und Wagner, Kant und Nietzsche, Friedrich II. und Bismarck, Goethe und Schiller, Luther und Marx stammten. Diese Männer haben Mussolini geistig geprägt.

Nach seiner Ansicht konnte eine Verbindung mit dieser Nation nur nützlich für Europa sein, vor allem als geistige Barriere gegen den Bolschewismus.

Doch Deutschland war auch das Land, gegen das er Italien im Ersten Weltkrieg zum Kampf aufgefordert und gegen das er selbst gekämpft hatte. Das erste Mal traf Mussolini Adolf Hitler am 14. Juni 1934 in Venedig. Die Situation der beiden Staatsmänner war sehr unterschiedlich: Hitler machte seine ersten Schritte in der internationalen Politik, der Duce war seit zwölf Jahren an der Macht.

Der erste Eindruck, den mein Mann von Hitler gewann, war keineswegs überwältigend:

»Er hat ein gewalttätiges Wesen und ist unfähig, sich zu beherrschen. Er ist eher starrköpfig als intelligent, und unsere Unterredung hat zu keinem positiven Ergebnis geführt.«

Fünfzehn Tage später warf Benito ein Bündel Zeitungen auf den Tisch und unterstrich mit einem roten Stift die Überschriften:

»Sieh nur,« empörte er sich, »dieser Kerl erinnert mich an Attila! Die Männer, die er umgebracht hat, waren seine engsten Mitarbeiter! Sie haben ihn an die Macht gebracht.«

Ich las, daß Röhm und zahlreiche Politiker von Hitler hingerichtet worden waren. Hier zeigte sich, was Mussolini von einem echten Diktator unterschied; er hatte kein Blut an seinen Händen.

Wenn die Engländer und Franzosen in den folgenden Monaten etwas weitsichtiger gewesen wären, hätte es vielleicht keinen Zweiten Weltkrieg gegeben. Denn bei entsprechender Rückendeckung hätte er die Gelegenheit genutzt, gegen Hitler einen Krieg zu führen, vor allem nach der Ermordung des österreichischen Kanzlers Dollfuß. Der Duce betrachtete dieses Verbrechen als einen persönlichen Affront, denn in Venedig hatte er von Hitler die Zusicherung erhalten, daß er auf den Anschluß verzichtete. Außerdem war Dollfuß ein wirklicher Freund meines Mannes.

Wir erfuhren am 26. Juli 1934 vom gewaltsamen Tod des Kanzlers. Frau Dollfuß war einige Tage zuvor mit ihren beiden jüngeren Kindern nach Riccione gekommen. Wir hatten ihr eine Villa gemietet, ihr Mann sollte am 25. Juli nachfolgen, am Tag, als er ermordet wurde.

Mussolini war bleich und sehr erregt, als er mir zurief: »Sie haben Dollfuß ermordet. Komm, wir müssen seiner Frau zu helfen versuchen.«

Die Kinder spielten gerade am Strand. Benito sagte Frau Dollfuß nicht sofort, daß ihr Mann tot sei. Mit leiser Stimme redete er in deutscher Sprache auf sie ein, um die unglückliche Frau zu beruhigen. Am gleichen Abend stellte er ihr ein Flugzeug zur Verfügung, das sie nach Wien brachte. Noch im Flugzeug erfuhr sie die Wahrheit über ihren Mann; ihre Kinder hatten sie ganz schonungslos von ihrer Gouvernante zu hören bekommen, die sich als eine Spionin der Nazis entpuppte.

Mussolini gab Anweisungen, daß eine heftige Pressekampagne gegen die Nazis entfacht würde und daß die Truppen und die Luftwaffe an der österreichischen Grenze konzentriert werden sollten. Diese Maßnahme genügte, um Hitler aufzuhalten. Aber mein Mann entdeckte auch, daß er nicht auf die Großmächte wie England und Frankreich bauen konnte. Er wiederholte mir oft: »Ich bin über die Westmächte enttäuscht. Wir hätten so vieles vermeiden können, wenn sie sich nicht so apathisch verhalten würden. Es genügte, daß ich die Zähne zeigte, um Hitler so weit zu bringen, daß er Dollfuß' Mörder verurteilte. Aber ich täusche mich nicht. Hitler will Österreich haben und er wird es bekommen, vor allem dann, wenn immer ich der einzige bin, der zum Brenner marschiert. Auch die anderen sollten ein wenig mehr Interesse für Österreich und das Donaubecken zeigen ...«

Frau Dollfuß kam kurze Zeit später wieder nach Rom zurück; sie brachte einen Brief ihres Mannes mit, in dem er den Duce bat, sich um seine Familie zu kümmern, falls ihm etwas zustoßen sollte. Benito blieb dieser Freundschaft treu und ließ Frau Dollfuß mit ihren Kindern sofort in die Vereinigten Staaten reisen, als die deutschen Truppen Österreich besetzten.

Die Alliierten ließen die Gelegenheit, den Nationalsozialismus in seinen Anfängen zu zerstören, ungenutzt vorübergehen. Vielleicht glaubten sie, daß Mussolini sich allein in einen Krieg gegen Deutschland stürzen würde. Dann hätten sich die beiden Länder gegenseitig geschwächt ...

Nach diesen Ereignissen haben Hitler und Mussolini sich drei Jahre lang nicht gesehen. Das nächste Treffen fand in Deutschland statt. Hitler war inzwischen die Bedeutung Mussolinis und des Faschismus klar geworden. Als der Völkerbund nach dem Abessinischen Feldzug gegen Italien Sanktionen verhängte, war Hitler der einzige, der unser Land wirtschaftlich und politisch unterstützte. Diese Haltung war bestimmend für die italienische Entscheidung, mit Deutschland eine Allianz einzugehen. Daneben spielte auch die gleiche Einstellung beider Staaten gegenüber dem Kommunismus eine Rolle, die in ihrer Intervention im Spanischen Bürgerkrieg auf seiten Francos zum Ausdruck kam.

Das politische Klima war also gut, als Mussolini am 23. September 1937 nach Deutschland fuhr. Dort wurde dem Duce ein unvergleichlicher Empfang bereitet. Fünf Tage lang wich der Führer praktisch nicht von seiner Seite, kümmerte sich persönlich um alle Kleinigkeiten: die Blumen in seinem Zimmer, die richtige Temperatur, ausreichende Ruhepausen usw.

Schon am ersten Abend, als mich Benito wie üblich anrief, zeigte er sich überrascht von dem Jubel, der ihn empfing.

Der Höhepunkt seines Besuchs war Berlin, wo eine beeindruckende Kundgebung die andere ablöste. Der Duce hielt eine Rede auf deutsch. Anschließend rief er mich an, um mich zu fragen, ob ich sie gehört hätte und was ich davon hielte. Dann fuhr er fort:

»Es ist unvorstellbar, was ich hier gesehen habe. Die Organisation ist phantastisch, und das deutsche Volk ist von ungewöhnlichem Schlag. Mit diesen Trümpfen kann Hitler alles wagen.«

Dem deutschen Reichskanzler blieb es nicht verborgen, daß seine Macht- und Massendemonstrationen den Duce beeindruckt hatten, und er schlug Mussolini ein Abkommen vor, aus dem später der »Stahlpakt« wurde.

Nach seiner Rückkehr stand Benito noch immer im Bann der deutschen Kriegsmaschinerie:

»Das ist unglaublich, Rachele. Ich habe noch nie einen so perfekt funktionierenden Apparat gesehen.«

Der Mann, der den Duce 1937 empfing, glich kaum noch dem linkischen kurzhalsigen Besucher, der in einem viel zu großen Regenmantel hing und nicht wußte, was er mit seinem Hut anfangen sollte, als Mussolini ihn in Venedig begrüßte. Ein französischer Journalist beschrieb ihn damals als »einen kleinen Klempner, der ein Nachtgeschirr vor sich herzutragen schien – seinen Hut«. Mein Mann hatte darüber sehr gelacht, doch jetzt war er einem anderen Hitler begegnet, einem Führer, der sein Volk hinter sich hatte und über eine beängstigende Kriegsmaschinerie verfügte.

Mussolini war nunmehr überzeugt, daß Italien nie allein gegen Deutschland auftreten könne. Er hat zwar nie an eine Liebesehe gedacht, aber er begann eine Vernunftehe ins Auge zu fassen. Besonders im Rahmen eines Anti-Komintern-Paktes.

»Wir versuchen, eine antibolschewistische Front aufzubauen,« erklärte mir Benito,»die in Europa von der Nordsee bis zum Mittelmeer reichen soll. Der Führer und ich sind über das Verteidigungssystem gegen den Kommunismus einer Meinung. Wir werden sie erweitern und verstärken.«

Er fügte noch hinzu, wie er sich dieses System vorstellte, und bis 1940, das heißt bis zum Kriegseintritt Italiens, sollte dies seine Meinung bleiben:

»Ich sehe dieses System von einem rein defensiven Standpunkt aus, ohne direktes militärisches Ziel, ohne jede aggressive Absicht. Es gilt nur, Moskau davon zu überzeugen, sein Aktionsfeld auf sein eigenes Land zu beschränken. Italien und Deutschland vertreten die lateinische und die germanische Welt. Ihre Mission ist es, die europäische und christliche Zivilisation gegen jeden kommunistischen und atheistischen Einfluß zu verteidigen.«

Das waren vielleicht nur schöne Worte, aber es ist sicher, daß Mussolini Deutschland seit 1937 als eine Macht betrachtete, die man besser zum Freund als zum Feind hatte. Von da an ging es ihm nur noch darum, das Schlimmste, das heißt den Krieg, zu verhindern.

Erstaunt war mein Mann über Hitlers Art von Humor.

Während des Vorbeimarschs der Truppen in Berlin passierte es, daß durch die Unaufmerksamkeit eines Soldaten ein Pferd direkt vor der Tribüne scheute. Hitler war von dem Vorgang peinlich berührt, bis er sah, daß mein Mann sich darüber amüsierte. Da neigte er sich zu ihm und flüsterte ihm ins Ohr:»Jetzt wird sich die perfekte deutsche Organisation in Bewegung setzen: der General wird den Oberst ins Gebet nehmen, jener den Major, dieser den Hauptmann. Der wieder wird den Leutnant bestrafen, und jener seinen Adjutanten. Der Adjutant wird sich am Feldwebel schadlos halten und der wieder am Gefreiten, welcher seinerseits . . . armer Soldat!«

Viele Jahre später, im Juli 1944, gab er eine andere Probe dieses Humors, als er meinem Mann und Vittorio den Ort zeigte, wo die Bombe explodiert war, deren Opfer er beinahe geworden wäre.

»Stellen Sie sich vor, meine Hose war völlig zerrissen. Glücklicherweise waren keine Frauen anwesend. Sie hätten sonst ein recht seltenes Schauspiel zu sehen bekommen . . .«

1930: In der
Villa Torlonia.
Rachele Mussolini
hält auf ihren
Knien Romano,
dahinter stehen
Vittorio und Bruno.

1932: Rachele und
Benito Mussolini
in Terminillo
beim Skilaufen.

1934: Erste Begegnung von Hitler und Mussolini in Venedig.

1942: In der Villa Torlonia.
Rachele mit Anna Maria, Romano und
Fabricio, dem Sohn ihrer Tochter Edda.

1942: Mussolini mit seinen Enkeln
Raymonda (Tochter Eddas), Marzio und
Marina (Kinder Brunos) und Guido
(Sohn Vittorios).

1942: Rachele im Park der Villa
Torlonia mit ihren Enkeln Marzio,
Guido und Marina.

1943: Mussolini an seinem
Schreibtisch in Gargnano.

1973: Donna Rachele am
Schreibtisch.

Ich habe Hitler zum erstenmal im Mai 1938 gesehen. Und zwar aus einiger Entfernung, nämlich vom ersten Stock des Palazzo Venezia aus, doch das genügte mir. Einmal stellte ich mich nicht gern öffentlich zur Schau, zum anderen habe ich nie besondere Sympathien für den »Führer« empfunden, obwohl er mir gegenüber stets sehr aufmerksam war. Er schickte mir, zum Beispiel, einen so gewaltigen Blumenkorb, daß er nicht durch das Tor der Villa Torlonia paßte.

Als ich meinem Mann 1943 nach Deutschland folgte, verging kein Tag, an dem Hitler mir nicht Blumen oder Geschenke übersenden ließ. Er stellte mir sogar seinen persönlichen Wagen zur Verfügung, um nach Italien zurückzukehren, wo Mussolini die Sozialrepublik von Salo gründete.

Während des sechstägigen Besuchs Adolf Hitlers in Rom wurden die Geduld und die Diplomatie meines Mannes auf eine harte Probe gestellt. Der offizielle Gastgeber des Führers war der König von Italien. Doch die beiden Staatsoberhäupter schätzten sich sehr wenig, und sie sparten dem Duce gegenüber nicht mit entsprechenden Bemerkungen.

Hitler wurde am 3. Mai 1938 von Viktor Emanuel III. in großer Galauniform auf dem Bahnhof in Rom empfangen. Mein Mann hielt sich protokollgemäß etwas abseits, was Hitler überhaupt nicht schätzte und ihn bereits in schlechte Laune versetzte. Alles, was mit dem Königshaus zusammenhing, wurde von ihm mit abfälligen Bemerkungen bedacht. Da er in einer Karosse abgeholt wurde, fragte er, ob das Haus Savoyen schon einmal von der Existenz des Automobils gehört habe; den Quirinal-Palast bezeichnete er als Antiquitäten-Museum, den königlichen Hof als reaktionär und antifaschistisch. Er gab sogar ein hartes Urteil über die Tafel des Königs ab, er fand, daß die Bedienung zu wünschen übrig ließe und die Gerichte eher armselig seien. Ich muß zugeben, daß ich seine Meinung weitgehend teilte.

Doch Viktor Emanuel sparte seinerseits nicht mit bitterer Kritik an seinem berühmten Besucher. Er wiederholte überall, Hitler sei ein »psycho-physiologisch degenerierter Mann«, und er erzählte, daß Hitler abends nach einem Zimmermädchen verlangt habe, die unter seinen Augen das Bett noch einmal habe machen müssen. Mein Mann hatte ständig darüber zu wachen, daß diese Gereiztheiten sich nicht zu diplomatischen Unfällen entwickelten.

Erst am 9. Mai fand Hitler sein Lächeln wieder: Er verließ Rom und war nun allein mit dem Duce. Von Florenz mit seinem Kunstreichtum war der Führer so begeistert, daß er erklärte, wenn er sich eines Tages erholen wolle, würde er nach Florenz kommen. Eine ähnliche Bewunderung hatte Hitler vor dem angestrahlten Kolosseum gezeigt, der Anblick fesselte ihn sogar so sehr, daß er sich weit aus dem Wagenfenster beugte und dabei fast das Gleichgewicht verlor: Hätte mein Mann ihn nicht an der Hose zurückgehalten, wäre der Führer hinausgefallen.

Nach dieser Reise war Hitler mehr als je entschlossen, den Duce und Italien in sein Lager hinüberzuziehen. Nachdem er in Neapel die italienische Marine bewundert hatte, meinte Hitler zu Mussolini, daß Italien auf dem Meer und ganz besonders im Mittelmeer eine Vorrangstellung einnehmen könnte.

Die Beziehungen zwischen Hitler und Mussolini waren auf beiden Seiten von sehr verschiedenen Gefühlen begleitet.

Für Hitler war der Duce ein Vorbild. In seinem Büro im Braunen Haus in München befand sich neben einem Porträt Friedrichs II. nur eine Büste Mussolinis. Mein Mann bemerkte, daß Hitler den Tränen nahe war, als er Italien nach seinem Besuch im Mai 1938 wieder verließ.

Als Edda nach der Verhaftung ihres Vaters 1943 nach Deutschland kam, empfing sie der Führer tiefbewegt:

»Warum hat er mir nicht Bescheid gegeben? Wie konnte er sich nur in die Höhle des Löwen wagen? Ich habe ihn immer vor diesem Heuchler gewarnt.«

Einige Wochen später verkündete Hitler meinem Sohn Vittorio mit Freudentränen in den Augen, daß der Duce von Skorzeny befreit worden sei und in München erwartet werde.

Wenn ich Mussolini nach dem Grund für Hitlers Anhänglichkeit fragte, so erwiderte er, daß Hitler in Italien das Regime vorgefunden habe, das er nach seiner Machtergreifung in Deutschland zu verwirklichen suchte. Und er ahmte viele Details nach. Die Theorie des Lebensraums übernahm er von Mussolini, der für die Italiener neue Territorien suchte, auf denen sie leben und arbeiten konnten. Mussolini vergaß nie, daß in seiner Jugendzeit Millionen von Italienern auswandern mußten, um zu überleben. Hitler benutzte diese Idee zu einer hemmungslosen Expansionspolitik, die die Persönlichkeit der besetzten Nationen zerstörte, während sich die Italiener ihnen anpaßten.

Aus den faschistischen *Balilla* wurde die Hitlerjugend; der faschistische Gruß, den mein Mann aus hygienischen Gründen eingeführt hatte, um nicht dauernd Hunderte von Händen schütteln zu müssen, war das Vorbild für den Hitlergruß; die »Braunhemden« waren die deutsche Version der faschistischen »Schwarzhemden«. Es gibt noch zahllose andere Beispiele.

Mussolini blieb von Hitlers Aufmerksamkeiten natürlich nicht unberührt; er bewunderte die deutsche Militärmacht und die Disziplin des Volkes, aber er empfand auch eine gewisse Furcht vor den gewaltigen Veränderungen in Deutschland. Wenn er sich mit Hitler verband, so war das in Mussolinis Vorstellung eine reine Vernunftehe.

Das Drama entstand aus der Entwicklung dieser Verbindung, über die der Duce ab 1940 die Kontrolle zu verlieren begann; bald verteilte nicht mehr er die Karten, sondern Hitler.

Warum diese Veränderung? Weil der eine der beiden Männer ein Diktator war, und der andere nicht. Weil der eine ein kriegerisches Volk hinter sich hatte, während der andere zu vergessen schien, daß er im September 1938, nachdem er von der Münchener Konferenz zurückkehrte, wie ein Held gefeiert wurde, weil er den Frieden gerettet hatte. Weil die deutschen Generale nur Hitler als oberstem Befehlshaber verpflichtet waren, während die italienischen noch den König über dem Duce anerkennen mußten, womit sie ihre mangelnde Entschlußkraft entschuldigen konnten.

Wenn es nach dem deutschen Generalstab gegangen wäre, so berichtete mir Mussolini, hätte man den König in die Wüste geschickt und Italien einem »Gauleiter« unterstellt, wie Polen und die Tschechoslowakei und viele andere Länder.

Nur die Freundschaft und Achtung Hitlers für den Duce hatte meinem Land dieses Schicksal erspart.

Ich bekam selbst die Geisteshaltung der Deutschen zu spüren, als ich am 3. November 1943 von Deutschland nach Rocca delle Caminate zurückkehrte.

Benito war bereits vor mir angekommen, er hatte sich in ein Schlafzimmer zurückgezogen, während die deutschen Offiziere, die ihm zur Verfügung stehen sollten, das ganze Haus besetzt hielten. Ihre Stiefel standen vor den Türen im Flur aufgereiht, unseren Lebensmittelvorrat hatten sie restlos verbraucht.

Ich war außer mir; ich erklärte den Offizieren, daß mein Haus kein Hotel und noch weniger eine Kaserne sei. Sie sollten sich also woanders eine Unterkunft suchen. Sie verließen auf der Stelle Rocca delle Caminate. Ich schloß aus dieser Begebenheit, daß die Deutschen, ein ungemein diszipliniertes Volk, jene respektierten, die ihnen standhielten; die anderen zermalmten sie ...

Ich glaube, daß Hitler sich Mussolini gegenüber entsprechend verhalten hätte, wenn der Duce der alleinige Herr von Italien gewesen wäre, an dessen Loyalität Hitler nicht im mindesten hätte zu zweifeln brauchen. Mein Mann warf dem Führer oft vor, daß er ihn über bestimmte militärische oder politische Entscheidungen nicht rechtzeitig unterrichtet habe. Hitler erklärte jedesmal, daß er Mussolini informiert hätte, wenn er allein in Italien herrschen würde. Aber der »Führer« hatte weder zum König, noch zum italienischen Generalstab Vertrauen. Deshalb zog er es vor, seine Pläne nicht zu enthüllen.

Ich muß zugeben, daß die späteren Ereignisse leider Hitler recht gaben, besonders, was die Loyalität des Königs gegenüber Mussolini betrifft.

Der Zweite Weltkrieg hätte verhindert werden können

Man hat mich oft gefragt:»Warum wollte Mussolini 1940 den Krieg?« Ich habe immer entgegnet und wiederhole das noch heute: Er hat ihn nicht gewollt. Im Gegenteil, er hat alles versucht, um ihn zu verhindern.

Ich habe beobachtet, wie sehr ihn der Gedanke verzweifeln ließ, daß die europäischen Länder gegeneinander Krieg führen wollten und daß das deutsch-italienische Bündnis, das er nur im Hinblick auf eine antibolschewistische Union abgeschlossen hatte, Italien zum Feind seiner ehemaligen Verbündeten machte.

Die Ermordung von Dollfuß und der Anschluß Österreichs hatten Mussolini davon überzeugt, daß die Verantwortlichen des Dritten Reiches vor nichts zurückschreckten, um ihre Ziele zu erreichen. Die Schwäche oder die Ahnungslosigkeit der Westmächte verstärkten seine Furcht, Italien erobert und zerstört zu sehen, wenn er sich auf ihre Seite stellte.

Im Oktober 1937 schlug der amerikanische Präsident Roosevelt dem Duce ein Treffen vor, aber die Einladung kam einen Monat zu spät; denn Benito war Ende September von einer triumphalen Reise durch Deutschland zurückgekehrt, die fünf Tage gedauert hatte, und die Beziehungen zu Hitler waren bereits zu eng, um noch eine Kehrtwendung zu machen.

Die Initiative Roosevelts ging auf einen Besuch unseres Sohnes Vittorio in den Vereinigten Staaten zurück. Vittorio war zu jener Zeit Filmproduzent, und er sah in Amerika einen sehr interessanten Absatzmarkt für die italienische Filmindustrie. Er hatte einen Plan entwickelt, um mit dem von den amerikanischen Filmen eingespielten Kapital, das in Italien blockiert war, Filme zu drehen, die dann in den Staaten gezeigt werden sollten. Das erlaubte den amerikanischen Filmgesellschaften, wieder an ihr Geld zu kommen, und sicherte eine Reihe von Aufträgen für unsere Filmindustrie.

Vittorio fürchtete zunächst, daß sein Vater sich diesem Plan widersetzen würde, da die Beziehungen zwischen den beiden Staaten nicht ungetrübt waren. Italien unterstützte Franco in seinem Kampf gegen die Kommunisten in Spanien, und die amerikanische Regierung kritisierte Mussolini deswegen schonungslos.

Doch Benito zeigte sich von der Idee seines Sohnes sehr begeistert. Vittorio fuhr also in die Vereinigten Staaten, und kurz vor seiner Rückkehr ließ Präsident Roosevelt ihn wissen, daß er ihn gern im Weißen Haus empfangen würde. Zunächst schien die Einladung nicht allzu überraschend, da mein Mann den Sohn des Präsidenten, John Roosevelt, einige Monate vorher im Palazzo Venezia empfangen hatte. Es konnte sich also um eine reine Höflichkeitsgeste handeln. Der Besuch fand am 13. Oktober 1937 statt. Der italienische Botschafter in Washington, Fulvio Suvich, und sein amerikanischer Kollege in Rom, Philips, waren ebenfalls anwesend. Zunächst bot Frau Eleonor Roosevelt den Gästen Tee an, und die Unterhaltung blieb höflich und belanglos. Dann kam Roosevelt selbst, und nach der sehr herzlichen Begrüßung erklärte er Vittorio:

»Bitte grüßen Sie Italiens Premier von mir und richten Sie ihm aus, daß ich ihn sehr gern treffen möchte. Ich wünsche eine persönliche Unterredung mit ihm, damit wir die Probleme unserer beiden Länder besser kennenlernen. Italien ist das einzige nicht demokratische Land, mit dem die Vereinigten Staaten die besten Beziehungen unterhalten können, ohne ihre demokratische Tradition zu verleugnen; und das dank seiner Geschichte, seiner geographischen Lage und der Tatsache, daß der Sitz der Katholischen Kirche sich auf seinem Boden befindet. Mister Mussolini,« fuhr Roosevelt fort, »ist der einzige, der das europäische Gleichgewicht aufrechterhalten kann. Deutschland und Rußland stehen im absoluten Gegensatz zu Amerika, mit diesen beiden Ländern ist nichts mehr anzufangen.«

Und der amerikanische Präsident schloß:

»Ich weiß, daß Mister Mussolini sein Land nicht lange verlassen kann. Das gleiche gilt für mich. Daher schlage ich vor, daß wir uns auf neutralen Gewässern treffen, etwa auf einem Schiff mitten im Meer. Ich wäre glücklich, wenn diese Begegnung spätestens im kommenden Frühjahr stattfinden würde.«

In Rom berichtete Vittorio sofort von dieser erstaunlichen Unterredung in Washington. Er fügte hinzu, daß Roosevelt es bewußt vorgezogen habe, diesen wenig traditionellen Weg für seinen Vorschlag zu benutzen, aber daß sich anschließend die Diplomaten mit den Einzelheiten befassen sollten.

Mussolini hätte diesen Plan für ein Treffen mit Roosevelt gern weiterentwickelt, wenn er dabei auch einen leichten, sehr »amerikanischen« Hauch von Abenteuer zu verspüren meinte. Allerdings glaubte er nicht ganz an Roosevelts Aufrichtigkeit, und er hätte sich lieber mit einem anderen amerikanischen Präsidenten unterhalten. Nach seiner Ansicht übte Roosevelt unter dem Anschein einer Demokratie eine echte Diktatur aus.

Doch wenn der amerikanische Präsident nicht die drei »Geißeln«, nämlich den Kommunismus, den Nationalsozialismus und den Faschismus, auf eine Ebene gestellt und damit jede Vermittlerrolle Mussolinis unmöglich gemacht hätte, wäre vielleicht eine Verständigung noch möglich gewesen.

So aber wurde Mussolinis Verhalten von dem beherrschenden Eindruck seiner Fahrt durch Deutschland bestimmt.

Hitler hatte ihm selbst die militärische Macht des Deutschen Reiches vorgeführt: Das riesige Unternehmen Krupp produzierte ununterbrochen Kanonen, Panzer und alles vorstellbare Kriegsmaterial.

Angesichts dieser gewaltigen Kriegsmaschinerie setzte der Duce alles daran, um zu verhindern, daß die Sudetenkrise einen Weltkonflikt auslöste, denn er war sicher, daß Hitler vor nichts zurückschrecken würde.

Alles wurde am 28. September 1938 entschieden. An diesem Tag hat mein Mann den Frieden gerettet. Er blieb den ganzen Tag im Palazzo Venezia und kam auch nicht zum Essen nach Hause. Als ich ihn schließlich spät abends sah, war seine Miene finster.

»Es gibt eine Hoffnung,« erklärte er, »aber sie hängt an einem seidenen Faden. Ich habe alles versucht, aber ich weiß nicht, ob wir noch genug Zeit haben, um eine Konferenz zu organisieren. Rachele, die französische und die englische Regierung sind ahnungslos, sie haben noch nicht begriffen, daß Hitler das Sudetenland haben will und bereit ist, deshalb Krieg zu führen. Morgen sollten die Feindseligkeiten beginnen. Ich habe ihn nur mit knapper Not davon überzeugen können, einer Konferenz zuzustimmen. Das ist die letzte Chance.«

Benito schilderte mir seinen Wettlauf mit der Uhr. »Gegen zehn Uhr morgens kam Ciano in mein Büro gestürzt. Er hatte soeben mit dem englischen Botschafter gesprochen, der im Auftrag Chamberlains darum bat, daß ich bei Hitler intervenieren möchte. Um elf Uhr rief ich den italienischen Botschafter in Berlin, Attolico, an und forderte ihn auf, um jeden Preis Hitler mitzuteilen, daß ich ihn ersuchte, die militärischen Aktionen gegen die Tschechoslowakei um vierundzwanzig Stunden zu verschieben. In der Reichskanzlei herrschte größte Betriebsamkeit. Der Führer hatte gerade den französischen Botschafter empfangen. Attolico gebärdete sich wie ein Teufel und brachte schließlich einen Offizier dazu, Hitler mitzuteilen, daß er eine dringende Botschaft von mir an ihn auszurichten hätte. Hitler kam sofort in die Halle, und Attolico informierte ihn über das Vermittlungsersuchen der Engländer. Er zögerte einen Moment, dann erwiderte er:

›Sagen Sie dem Duce, daß ich seinen Vorschlag annehme.‹

Kurz nachdem Attolico mir die Antwort durchtelephoniert hatte, erhielt ich eine Botschaft von Chamberlain, der sich damit einverstanden erklärte, sofort nach Berlin zu reisen, um dort mit uns, den Franzosen, den Deutschen und den Tschechen über das Sudetenproblem zu diskutieren. Ich bat noch einmal Attolico, Hitler aufzusuchen und ihm darzulegen, daß ich Chamberlains Vorschlag unterstütze. Allerdings erwähnte ich nicht die Tschechen, denn das hätte der Führer nicht akzeptiert.«

Während mein Mann sprach, fragte ich mich, wie lange noch in Europa Frieden herrschen würde.

Benito fuhr fort:

»Attolico erreichte die Reichskanzlei gerade, als der englische Botschafter Neville Henderson beim Führer weilte. Wieder kam Hitler in die Halle und gab Attolico seine Zustimmung. Er fügte hinzu, daß er Wert auf meine Teilnahme an der Konferenz lege und daß ich selbst den Ort zwischen Frankfurt und München wählen solle. Ich habe mich für München entschieden. Die offiziellen Einladungen sind heute nachmittag nach London, Paris und Rom abgegangen. Alles hängt jetzt von den nächsten drei Tagen ab. Doch der Frieden kann durch den geringsten Zwischenfall bedroht werden, denn die deutschen Truppen stehen zum Angriff bereit.«

Ich konnte die ganze Nacht kein Auge schließen. Ich befürchtete einen Anruf von Galeazzo Ciano, der zu dieser Zeit Außenminister war, um meinen Mann über die Sinnesänderung Hitlers oder einer der anderen beiden Regierungen zu informieren. Glücklicherweise kam es nicht dazu.

Benito hatte schlafen können. Er war am nächsten Tag ausgeruhter und sah weniger pessimistisch in die Zukunft. Er fuhr sehr früh zum Palazzo Venezia und verzichtete sogar auf seinen Morgenritt. Am späten Vormittag rief er mich an:
»Es ist so weit!« rief er mit bewegter Stimme. »Ich fahre nach München. Bereite meine Sachen vor, ich komme sofort.«
Noch nie hatte ich einen Koffer mit solcher Freude gepackt. Benito strahlte, alle Hausangestellten wollten sich von ihm verabschieden, sie wußten, was in München auf dem Spiel stand. Nur Romano, der am 26. September elf Jahre alt geworden war, warf seinem Vater vor, daß er seinen Geburtstag vergessen habe.
»Wenn alles gut geht,« versprach Benito ihm, »bringe ich dir ein wunderbares Geschenk mit. Den Frieden, der den Kindern erlaubt, glücklich aufzuwachsen!«
»Bah,« meinte Romano enttäuscht, »ich möchte lieber eine elektrische Eisenbahn.«
Er kannte noch nicht den bitteren Geschmack des Krieges.
Aus München rief Benito mich kurz an:
»Die Gefahr ist vorüber. Es gibt keinen Krieg.«
Ich schildere nicht die Begeisterungsszenen, die Mussolini bei seiner Rückkehr erwarteten.
Zu Hause beschrieb Benito mir die Atmosphäre der Konferenz.
»Das Ergebnis hat meine Hoffnungen übertroffen. Dabei war Chamberlain anfangs sehr skeptisch! Er zweifelte an unseren Absichten, und ich mußte lange mit ihm reden, um ihn zu überzeugen. Doch dann änderte sich seine Haltung völlig, und er arbeitete bis zum Schluß mit uns zusammen. Hitler war sichtlich stolz zu sehen, wie England und Frankreich auf seine Entscheidung warteten, aber er zeigte sich trotzdem verständnisvoll. Daladier machte keine Schwierigkeiten; es war eindeutig, daß Frankreich nicht auf einen Krieg vorbereitet ist. Als Daladier sah, daß sich eine friedliche Lösung abzeichnete, war er wie verwandelt. Er konnte seine Erleichterung nicht verbergen. Ich glaube, er war der einzige, der seine Freude so offen zeigte.
Ich spielte den Dolmetscher und versuchte, beim Übersetzen die Spitzen abzurunden. Denn Hitler versteht nur deutsch, Chamberlain englisch und französisch und Daladier französisch und etwas italienisch.«
So wurde 1938 von vier Männern der Frieden gerettet. Mein Mann

hatte ihn seinem Sohn als Geburtstagsgeschenk versprochen, aber er hatte ihm nicht gesagt, wie zerbrechlich dieses Spielzeug ist. Er sollte auch nicht lange dauern, ein kurzes Jahr, in dem wir sehr glückliche Tage erlebten.

Für Benito gab es eine besondere Befriedigung, als im Januar 1939 der britische Premierminister Chamberlain und sein Außenminister Halifax zu einem offiziellen Besuch nach Rom kamen. Ich glaube, das war der Höhepunkt von Mussolinis Karriere auf internationaler Ebene und die letzte große Friedenskundgebung vor dem Zweiten Weltkrieg.

Um dem Duce zu beweisen, daß England die Freundschaft Italiens suchte, hatte Halifax meinem Mann den Text der Rede übermitteln lassen, die er vor dem Parlament über die anglo-italienischen Beziehungen halten wollte.

Diese Geste gehörte ganz und gar nicht zu den diplomatischen Gepflogenheiten und war ein Zeichen besonderen Entgegenkommens. Ich denke, daß davon in den Archiven Spuren zu finden sein müssen.

Mein Mann war über die Ergebnisse dieses Besuches sehr befriedigt, denn er wollte die guten Beziehungen zu England bewahren, auch wenn es einige Interessenkonflikte gab.

»Das einzige, was ich ein wenig bedauere, ist die Zurückhaltung der Römer. Sie haben ein gutes Gedächtnis und die Sanktionen während des Abessinischen Krieges noch nicht vergessen. Chamberlain hat das gemerkt, aber die Atmosphäre wurde dadurch nicht belastet.«

Mussolini empfand immer große Achtung für Chamberlain. Der einzige Staatsmann, den er wenig schätzte, war Roosevelt, den er für einen falschen Idealisten hielt, der ins Feuer blies, um den Krieg zum Ausbruch zu bringen, und andererseits, wie alle Amerikaner, nichts von den Problemen Europas verstand.

»Sie werden sehen,« äußerte er einmal vor einem Journalisten, »wenn die Amerikaner einmal den Fuß auf europäischen Boden gesetzt haben, wird es nicht einfach sein, sie wieder loszuwerden.«

Er achtete Churchill als einen Gegner von großem Gewicht. »Ein echter John Bull, hartnäckig als Freund wie als Feind. Einer der hervorragenden zeitgenössischen Europäer, der die Erfordernisse des Europa von morgen kennt, wenn er auch als Engländer wenig zu ihrer Lösung beitragen kann.«

Ich weiß, daß Mussolini während des Krieges mit Churchill einen geheimen Briefwechsel geführt hat. Und ich erinnere mich, daß er mir 1943 versicherte, er würde die Alliierten, im Fall ihres Sieges, festen Fußes erwarten.

»Ich habe genug Dokumente, um den Herren Stalin und Churchill zu beweisen, daß sie mich zum Krieg getrieben haben und daß ich sogar noch nach Kriegsausbruch versucht habe, den Frieden zu retten. Ich besitze alle Beweise schwarz auf weiß.«

Alle diese Dokumente befanden sich in einer Aktentasche, die er bei sich trug, als er in Dongo verhaftet wurde. Sie sind natürlich verschwunden, als er ermordet wurde. Für diese heimliche Hinrichtung wurden viele Hypothesen genannt. Ich habe mich immer gefragt, ob die Leute, die Mussolini getötet haben, nicht genaue Anweisungen aus Moskau oder London hatten, um zu verhindern, daß er den Amerikanern in die Hände fiel, und auch, um den Feind Nummer eins des Kommunismus zu beseitigen.

Als Vittorio ihm nach München die Frage stellte, warum er keine neue Konferenz vorschlagen würde, nachdem er bereits einmal den Frieden retten konnte, entgegnete er:

»Was würde dabei herauskommen? Hitler hält uns eine Rede von zwei Stunden, mit all den unklaren Ideen aus *Mein Kampf*; Roosevelt spielt sich auf als ein Heiliger, der den Frieden verteidigt, während er im Untergrund den Krieg schürt; Stalin erklärt uns, daß nur der Wille des Volkes siegen wird, als ob sein Volk nicht unter seiner Knute stände; und Churchill hört zu, ohne etwas zu tun, denn er kann nichts tun. Nein, Vittorio! Die Chancen einer solchen Begegnung sind jetzt gleich Null! Amerika versteht nichts von Europa und will auch nichts verstehen. Rußland strebt nur danach, den Kommunismus zu exportieren. Was uns Europäer betrifft, wäre es unsere einzige Chance gewesen, die Vereinigten Staaten von Europa zu gründen. Wir haben es nicht getan, und wir werden diesen Irrtum teuer bezahlen.«

Benito hatte einen Augenblick geschwiegen, dann fügte er mit einem Blinzeln hinzu:

»Wäre das Thema nicht ganz so ernst, so würde ich sagen, daß Stalin, Churchill, Roosevelt, Hitler und Mussolini überhaupt keine Chance haben, sich zu verständigen. Denn Hitler raucht und trinkt nicht; ich auch nicht; Stalin und Churchill rauchen wie Schornsteine und trinken entsprechende Mengen; Roosevelt raucht, aber trinkt nur Tee oder Kaffee . . .«

Und da wir bei Mussolinis Urteil über die Protagonisten des Zweiten Weltkriegs sind, ergänze ich noch, daß er von den militärischen Führern im amerikanischen Lager am meisten Eisenhower schätzte; bei den Engländern Montgomery, bei den Deutschen von Rundstedt und am Ende auch Kesselring, weil er den Alliierten sechshundert Tage widerstehen konnte; schließlich noch Mannerheim, den berühmten finnischen Marschall, wegen seines heldenhaften Kampfes gegen die Russen 1939–1940.

Warum Mussolini sich mit Hitler verbündete

Als Mussolini sich darüber klar wurde, daß er nichts mehr tun konnte, um den Krieg zu verhindern, versuchte er, Italien so lange wie möglich aus dem Kriegsgeschehen herauszuhalten. Andererseits fühlte er sich jedoch durch die mit Deutschland abgeschlossenen Verträge gebunden.

Im Juni 1939 blieb Benito einmal vor einem Bild stehen, daß uns ein ungarischer Maler geschenkt hatte. Er las mehrmals den Satz, der unten auf der Leinwand stand: »Verträge sind nicht für die Ewigkeit.« Dann murmelte er:

»Die Zeit des Hin- und Hertanzens ist zu Ende. Zum erstenmal in seiner Geschichte wird Italien seine Verpflichtungen einhalten.«

Die Nachrichten wurden jetzt immer alarmierender. Ciano und Attolico, unser Botschafter in Berlin, gaben deutlich zu verstehen, daß Hitler den Krieg wünschte. Diesmal diente ihm die Weigerung der Polen, Danzig an Deutschland abzutreten, als Vorwand. Der Duce wußte, daß Polen nur der erste Schritt sein würde.

Er informierte Hitler, daß die militärische Situation und der Mangel an Rohstoffen in unserem Land, das noch von den Kämpfen in Abessinien und Spanien erschöpft war, ihm keine wirkungsvolle Unterstützung der deutschen Truppen erlaubten.

»Ich kann nur hoffen, den Führer durch meine Offenheit zu bremsen,« meinte er.

Nach Mussolinis Auffassung versetzte der deutsch-russische Nichtangriffspakt dem Frieden den Gnadenstoß. Mein Mann war nicht über den Abschluß des Paktes an sich überrascht – er hatte immer für einen Modus vivendi zwischen Westeuropa und der Sowjetunion bei Hitler plädiert –, sondern über den Zeitpunkt; und Hitler hatte ihn unterzeichnet, ohne Italien davon zu unterrichten.

Von diesem Zeitpunkt an entwickelte sich zwischen den großen europäischen Hauptstädten eine emsige diplomatische Tätigkeit. Wieder

141

wandten sich die anderen Mächte an den Duce, damit er ein neues München zustande brächte.

Das Schicksal des Friedens entschied sich zwischen dem 25. und 31. August 1939.

Am 25. August bestand kein Zweifel mehr: Deutschland wollte den Krieg. Ribbentrop hatte es Ciano bei einem Besuch in Salzburg deutlich zu verstehen gegeben. Ciano fragte ihn:

»Was wollen Sie, Ribbentrop? Den Polnischen Korridor?«

»Nein, mehr als das. Wir wollen den Krieg.«

Hitler schickte dem Duce am 25. August über den deutschen Botschafter in Rom, von Mackensen, eine lange Botschaft, in der er die Lage nach Abschluß des Vertrages mit Rußland erklärte. Am Ende appellierte er an Italiens Unterstützung im Sinne des Stahlpaktes, und an Mussolinis Verständnis.

Mussolini antwortete dem Führer sofort über Attolico. Er spielte auf Zeit, indem er darauf hinwies, daß Italien Rohstoffe und Kriegsmaterial brauche, wenn es auf Deutschlands Seite kämpfen sollte.

Hitler wartete nervös und ungeduldig darauf, Italiens Stellungnahme zu erfahren. Als er Mussolinis Text las, traf er sofort eine Entscheidung. Attolico berichtete meinem Mann, daß General Keitel in Hitlers Büro kam, als er es gerade verließ, und nur wenige Sekunden später seinem Adjutanten zurief:

»Der Marschbefehl wird aufgeschoben!«

Noch einmal war die Frist verlängert worden. Aber für wie lange? Hitler hatte Angst, in der letzten Minute Italien zu verlieren.

Am nächsten Morgen schickte er ein neues Telegramm. Er fragte Mussolini, welche Mengen an Waffen und Rohstoffen er benötige, um sich auf den Krieg vorzubereiten.

»Das kann so noch Tage, Wochen oder Monate dauern, wir werden es ja sehen,« meinte er zu mir.

Mussolinis Ziel war es, bis 1942 neutral zu bleiben, dann glaubte er Italien bereit, seinerseits in den Krieg einzutreten.

In seiner Antwort übertrieb er bewußt die erforderlichen Mengen, damit sich Hitler außerstande sah, alles zu liefern. Am 28. August reagierte Hitler in dem vom Duce gewünschten Sinn: Er konnte Italien nicht alles schicken, was Mussolini verlangt hatte; er akzeptierte seine Neutralität unter drei Bedingungen, die geheim bleiben mußten. Diese Geheimhaltung spielte im folgenden eine entscheidende Rolle. Die Bedingungen waren:

Italien durfte seine Neutralität nicht vor Ausbruch der Feindseligkeiten bekanntgeben, damit es an seinen Grenzen die französischen und englischen Streitkräfte blockierte; es sollte aus dem gleichen Grund seine militärischen Vorbereitungen demonstrativ weiterführen; die italienische Regierung verpflichtete sich, Arbeiter nach Deutschland zu schicken, um die Deutschen zu ersetzen, die eingezogen wurden.

Mein Mann teilte Hitler noch am gleichen Tag mit, daß er mit den Bedingungen einverstanden sei. Wie jedesmal, wenn er eine Entscheidung getroffen hatte, war der Duce besonders ruhig, als er in die Villa Torlonia zurückkehrte.

Während er eine Zeitung las, betrachtete ich ihn, und dabei wurde mir klar, daß ich den guten alten Schlägereien von Forli nachtrauerte. Diesmal ging's um den Weltfrieden, und mir schnürte eine unüberwindliche Angst den Hals zu, wenn ich bedachte, daß von ihm allein das Leben von Millionen Italienern abhing.

Am 29. August erfuhr Mussolini von Ciano, daß Hitler Kontakt mit der Regierung in London aufgenommen und ihr vorgeschlagen habe, den Bestand des Britischen Empire zu garantieren, wenn sie dafür Englands Neutralität zusicherte. Der Duce war verärgert, daß er vorher nicht darüber informiert worden war. Aber er wollte keine auch noch so kleine Chance verspielen und verlieh seinem Mißmut keinen Ausdruck. Seiner Meinung nach könnte nur noch ein Block der Mächte Frankreich, England und Italien zusammen den Führer beeindrucken. Aber er war sich auch darüber im klaren, daß er gegenüber England und Frankreich in einem falschen Licht erscheinen mußte, wenn er offiziell die Kriegsvorbereitungen fortsetzte. Diese Befürchtung sollte sich bald bestätigen.

Am 30. August erhielt Berlin eine Antwort der englischen Regierung, die Hitler nicht befriedigte. Warschau ordnete die allgemeine Mobilmachung an.

Am 31. August erklärte Attolico, die Situation sei aussichtslos. Mussolini machte noch einen letzten Versuch: Er schlug Halifax vor, Hitler anzudeuten, daß Polen Danzig an Deutschland abtreten könnte. Doch Halifax erklärte den Vorschlag, Danzig abzugeben, als unannehmbar. Daraufhin gab der Duce noch Paris und London die Anregung, am 5. September eine Konferenz einzuberufen mit dem Ziel, die Versailler Verträge neu zu diskutieren. Wenn die beiden Länder zustimmten, könnte Hitler vielleicht noch einmal gebremst werden.

Doch am Abend, als der Duce noch auf eine Antwort wartete, teilte Ciano ihm mit, daß die telephonische Verbindung zwischen Italien und England abgebrochen worden sei. Hitlers List hinsichtlich Italiens Kriegsbereitschaft hatte sich nur zu gut bewährt: Die Engländer hatten ihr Vertrauen in Mussolini verloren und waren überzeugt, daß er sie täuschte. Um die guten Absichten der Italiener zu beweisen, enthüllte Ciano dem englischen Botschafter in Rom, Percy Loraine, daß Italien in diesem Konflikt neutral bleibe. Und Mussolini ordnete an, alle Lichter Roms zu erleuchten.

Um Frankreich und England zu helfen, hatte der Duce ein geheimes Abkommen mit dem Deutschen Reich verletzt. Hitler gab das einige Monate später sehr deutlich zu verstehen, als er damit drohte, Italien zu besetzen.

Dieses Verhalten Cianos am 31. August 1939, als er die italienische Neutralität bekanntgab, war einer der Gründe für Hitlers Unerbittlichkeit ihm gegenüber. Als mein Schwiegersohn aus einer falschen Überlegung heraus 1943 nach Deutschland flüchtete, erhielt er nur die Erlaubnis, mit einem bestimmten Flugzeug nach Italien zurückzufliegen, wo er sofort verhaftet wurde. Meine Tochter Edda plädierte bei Hitler persönlich für ihren Mann, aber vergebens. Der Duce verzieh, der Führer nicht.

Mussolini hatte noch immer nicht aufgegeben, nach einer Friedenslösung zu suchen. Um jedoch Rückendeckung zu haben, bat er am 1. September Hitler um ein Telegramm, das ihn aus seinen Bündnisverpflichtungen entließ. Die Bestätigung kam sofort, ihr folgte jedoch eine zweite Nachricht Hitlers, in der er mitteilte, daß er zu keinem Vergleich mehr bereit sei.

Trotzdem schlug Benito am 2. September neue Verhandlungen vor. Entgegen allen Erwartungen stimmte Hitler zu. Am Nachmittag telephonierte Ciano mit dem englischen und dem französischen Außenminister, Halifax und Bonnet, und ihren Botschaftern in Rom, Percy Loraine und François-Poncet. Er übermittelte den Vorschlag des Duce.

Um 19 Uhr rief Halifax zurück und erklärte, daß er den Vorschlag nur akzeptieren könne, wenn die deutschen Truppen das polnische Gebiet wieder räumten, das sie am Vorabend besetzt hätten.

Ribbentrop antwortete nicht einmal mehr auf Cianos Telegramm, in dem er die Bedingungen Londons weitergab. In der Nacht vom 2. zum 3. September wandte sich Georges Bonnet noch an den italienischen Botschafter in Paris mit dem Vorschlag, daß die deutschen Truppen nur einen »symbolischen« Rückzug aus Polen vollziehen sollten.

Am Morgen des 3. September 1939 erklärten Frankreich und England Deutschland den Krieg.

Am Abend sagte mir Benito:
»Von nun an ist es unmöglich, sich aus dem Krieg herauszuhalten. Und es ist noch unmöglicher und gefährlicher, nicht auf seiten Deutschlands in den Krieg zu treten.«

Nach der Feindseligkeit bewies Mussolini nun Hitler gegenüber wachsame Vorsicht. Die letzte Stufe der Entwicklung war die Vernunftehe, für gute wie für schlechte Zeiten. Der Duce hatte neun Monate gebraucht, um sich zu entscheiden; doch wenn einmal die Geheimarchive geöffnet werden, wird man sehen, wer damals ins Feuer geblasen hat und wer versucht hat, es zu löschen.

Warum Mussolini Frankreich angriff

Seit 1940 hielt Mussolini den Eintritt Italiens in den Krieg aus mehreren Gründen für notwendig: einmal, um die Verträge mit Deutschland zu respektieren, sodann um seine Politik der Größe fortzuführen und Italien einen Platz an der Sonne zu erobern. Man darf nicht vergessen, daß Deutschland und Italien sich gegenüber den westlichen »plutokratischen« Großmächten als arme Staaten betrachteten. Mein Mann sah den Krieg daher als ein notwendiges Übel an, das ihm ermöglichen sollte, den mit der Eroberung Abessiniens begonnenen Aufbau des italienischen Reiches durch die Gewinnung von Territorien zu ergänzen, die unter französischer Schutzherrschaft standen oder ganz zu Frankreich gehörten.

Bereits 1939 hatte der Duce vor dem Faschistischen Großen Rat die italienischen Forderungen vorgetragen: Alles, was diesseits der Alpen lag, sollte italienisch sein, alles, was jenseits lag, französisch. Die Grenze wäre in diesem Fall ungefähr bei Nizza – Menton verlaufen; Savoyen gehörte nicht zu den von der italienischen Regierung geforderten Gebieten, was Viktor Emanuel III., als Oberhaupt des Hauses Savoyen, nicht sehr befriedigte.

Hingegen forderte Mussolini bei der gleichen Gelegenheit, daß Tunesien italienisches Protektorat werden sollte, ebenso Dschibuti und Korsika. Zwar betrachtete er Korsika seit Napoleon als historisch zu Frankreich gehörig; aber er konnte aus strategischen Gründen nicht zulassen, daß ein französisches Gebiet so nahe der italienischen Küste lag.

Diese Forderungen waren niemals öffentlich geäußert worden, die entsprechenden Erklärungen des Duce blieben geheim. Deshalb schätzte er es überhaupt nicht, als nach einer Rede Cianos vor der Kammer laute Rufe ertönten, die forderten: »Tunis, Korsika, Nizza, Savoyen!«

»Eine wahrhaft wenig intelligente Art, dieses Problem zur Sprache und das Volk in Bewegung zu bringen,« kommentierte Mussolini verärgert, als er die Kammer verließ.

Doch 1940 hielt der Duce den Augenblick für gekommen, von diesen Gebieten Besitz zu ergreifen, um Italien ein ausreichendes Aktionsfeld und Entwicklungsmöglichkeiten zu sichern.

Mussolini brachte den linken politischen Parteien Frankreichs und den Regierungen, die bis zur Kriegserklärung aufeinander folgten, wenig Sympathien entgegen. Nur drei Männer fanden vor seinen Augen Gnade: Marschall Pétain, für den er große Achtung empfand, General Weygand, den er für fähig gehalten hatte, die militärische Situation 1940 noch zu retten, und Pierre Laval, den er sehr schätzte und mit dem er sich mehrmals traf. Ich hatte Laval selbst in der Villa Torlonia empfangen, er war ausgesprochen liebenswürdig und von dem spürbaren Willen durchdrungen, Frankreichs Glück zu machen. Allerdings erinnere ich mich, daß Lavals Angewohnheit, mit der Spitze seines Stocks alle Statuen anzustoßen, meinem Mann etwas auf die Nerven fiel. Aber das blieb natürlich ohne Einfluß auf ihre Beziehungen.

Den vorangegangenen französischen Regierungen warf mein Mann vor allem vor, daß sie links standen und den Nationalsozialismus in seinen Anfängen einfach nicht zur Kenntnis genommen hatten. Mussolini verzieh ihnen nicht, daß sie ihn nach der Ermordung von Dollfuß und nach dem Anschluß Österreichs im Stich gelassen hatten; ebensowenig vergaß er die plötzliche Änderung ihrer Haltung gegenüber Polen kurz vor dem Ausbruch des Zweiten Weltkriegs. Schließlich verbitterte ihn die französische Presse, die keine Grenzen kannte, wenn es galt, das italienische Expeditionskorps in Spanien – selbst zu Unrecht – zu kritisieren.

Mussolini mißbilligte, daß die linken französischen Parteien politische Flüchtlinge aus Italien aufnahmen und ihre antifaschistischen Aktionen unterstützten. Männer wie Pietro Nenni, der mit Benito einst manche Festungshaft geteilt hatte, als beide noch der Sozialistischen Partei angehörten, konnten so nach Frankreich fliehen und von dort aus gegen den Duce tätig werden.

Und noch etwas anderes kränkte meinen Mann: die Verachtung, mit der die Franzosen die Italiener behandelten. Bereits 1923 äußerte er:

»Wir haben keine Freunde in Frankreich. Alle sind gegen uns. In den Augen eines Franzosen sind wir nur ›dreckige Makkaroni‹.«

Ich erinnere mich noch, mit welcher Genugtuung er im Juni 1938 erfuhr, daß die italienische Fußballmannschaft, die in Marseille im Endspiel der Weltmeisterschaft gegen Ungarn spielte, mit dem faschistischen Gruß das Stadion betreten hatte und so einen hübschen Skandal auslöste:

»Wir haben ihnen jetzt wenigstens gezeigt, daß wir keine Angst mehr haben. Die ›Makkaroni‹ werden ihnen schon beweisen, wozu sie fähig sind.«

Trotzdem war Mussolini nicht sehr glücklich bei dem Gedanken, daß er gegen Frankreich kämpfen mußte, denn er empfand immer eine gewisse Zuneigung zu diesem Land.

Anfang 1940 zwangen die Siegesmeldungen, die ihm Hitler regelmäßig übermittelte, Mussolini zu der Erkenntnis, daß er schnell handeln mußte, wenn er sich als Sieger mit an den Verhandlungstisch setzen wollte.

»Wie kann ich einen Teil der eroberten Gebiete beanspruchen, wenn Italien nur zuschaut? Diesen Luxus kann es sich auf Grund seines Prestiges und seiner Stellung in der Welt nicht leisten. Vor allem aber wünsche ich nicht, daß Hitler zum einzigen Verhandlungspartner der Franzosen und Engländer wird, in ihrem eigenen Interesse.«

Daher drängte mein Mann den Generalstab, in den Kampf einzugreifen. Aber wie alle Generalstäbe war der unsere noch nicht bereit. Die Ereignisse mußten den entscheidenden Anstoß geben: Die Deutschen flogen von Sieg zu Sieg; die Alliierten wie die Deutschen intervenierten immer häufiger beim Duce. Die einen baten ihn, sich aus dem Konflikt herauszuhalten, die anderen forderten ihn auf, sich daran zu beteiligen. Hitler, der Mussolini 1939, als sich der Krieg auf Polen beschränkte, von seinen Verpflichtungen entbunden hatte, gab nunmehr deutlich zu verstehen, daß die italienischen Grenzen ihn nicht aufhalten würden, wenn unser Land weiterhin neutral bliebe. Er drohte, Italien einfach zu besetzen. Der Duce hatte das vom ersten Tag an befürchtet.

Roosevelt schickte einen Sonderbeauftragten, Sumner Welles, mit dem Mussolini im Palazzo Venezia eine lange und vor allem »sehr offene« Aussprache hatte.

»Das war ein moderner Colonel House,« erläuterte er mir anschließend, »genau wie bei jenem und aus den gleichen Gründen war diese Mission zum Scheitern verurteilt.«

Die Reaktion auf diesen amerikanischen Besuch ließ nicht auf sich warten. Hitler schickte seinerseits einen gewichtigen Boten: seinen Außenminister von Ribbentrop, dessen direkte Art, die Dinge zu sagen, ohne sich mit Höflichkeitsformeln aufzuhalten, Ciano bereits bewundern konnte. Auch diesmal eröffnete er ohne Umschweife, daß die deutschen Truppen nicht zögern würden, Italien militärisch zu besetzen, falls es nicht die Bestimmungen des Stahlpaktes einhielte. Mussolini war überzeugt, daß er nicht mehr lange in der Position eines »labilen Gleichgewichts am Rande des Vulkans« verharren konnte. Dennoch versuchte er, so lange wie möglich durchzuhalten. In den Monaten März und April verstärkte Hitler seinen psychologischen Druck. Er traf meinen Mann am Brenner, wo er ihm seine Pläne auseinandersetzte. Am 9. April kündete er den Angriff gegen Norwegen und Dänemark an. Zwei Tage später schickte er eine Freundschaftsbotschaft, am 20. April eine weitere, am 28. April und am 4. Mai folgten die Siegesmeldungen.

Am 10. Mai teilte Ciano dem Duce mit, daß der deutsche Botschafter von Mackensen ihm angekündigt habe, daß er ihn eventuell in der Nacht wegen einer dringenden Meldung stören müsse, die er aus Berlin erwarte. Um vier Uhr morgens erschienen beide in der Villa Torlonia. Irma führte sie in den Salon, wo Benito sie kurze Zeit später empfing. Von Mackensen überreichte ihm einen versiegelten Brief des Führers, in dem dieser seinen Entschluß bekanntgab, Holland und Belgien anzugreifen. Er bat den Duce, die Vorkehrungen zu treffen, die er im Interesse von Italiens Zukunft als notwendig erachtete.

»Bist du dir darüber im klaren, Rachele,« meinte er zu mir, »bald stehen sie vor unserer Tür!«

Welchen Sinn hatten jetzt noch die Botschaften, die von Amerika, Frankreich, England ununterbrochen hereinströmten? Am 24. April schrieb Paul Reynaud meinem Mann, daß Frankreich und Italien nicht gegeneinander kämpfen könnten, bevor beide Regierungen miteinander diskutiert hätten.

»Vorher hätte diskutiert werden müssen, nicht jetzt,« war Benitos bitterer Kommentar. »Wir brauchen heute keine guten Worte mehr, sondern gute Kanonen.«

Er teilte Reynaud mit, daß er entschlossen sei, Deutschlands politischer und militärischer Verbündeter zu bleiben. Die Franzosen wußten nun, was sie von Italien zu erwarten hatten.

Churchill schrieb ebenfalls an Mussolini. Ich erinnere mich an einen Satz: »Ich erkläre, daß ich nie ein Gegner der Größe Italiens gewesen bin, noch, im Grunde meines Herzens, ein Feind dessen, der in Italien die Macht ausübt . . .«

»Das ist der rechte Augenblick, um mir so etwas zu schreiben,« sagte Benito. »Wenn die Engländer 1935 im Völkerbund nicht für die Sanktionen gestimmt hätten, hätten wir einen europäischen Block bilden können.«

Churchill warnte den Duce auch vor der amerikanischen Hilfe, die England zuteil würde, sobald Amerika in den Krieg einträte. Doch Mussolini hielt diese Unterstützung für wirkungslos: »England kann der deutschen Kriegsmaschinerie nicht widerstehen. Die Amerikaner sind zu weit entfernt, und selbst wenn sie sich entschließen einzugreifen, so haben die Deutschen bereits gesiegt, noch ehe sie irgend etwas tun können.«

Jeden Tag erhielt Rom neue Informationen über den gewaltigen Vormarsch der Truppen des Dritten Reiches. Nicht nur in der Faschistischen Partei, sondern auch in der Armee und im Volk wurden die Reaktionen immer heftiger. Jeden Morgen erhielten wir Zehntausende von Briefen, alle mit dem gleichen Vorwurf: »Wie üblich, kommt Italien als letzter: Die Deutschen werden alles für sich behalten.«

Benito sagte uns:

»Diesmal wollen sich die Italiener nicht mehr damit begnügen, Koffer zu klauen, wie die neapolitanischen *scugnizzi* (Straßenjungen), sie wollen Kolonien, wie die Engländer . . .«

Am 26. Mai kapitulierte Belgien, die Engländer räumten Dünkirchen. Wieder schickte Hitler meinem Mann die Siegesmeldungen.

Am 30. Mai 1940 erreichte die Spannung ihren Höhepunkt. An diesem Tag ließ Roosevelt dem Duce eine persönliche Botschaft zukommen, in der er ihn mahnte, sich aus dem Konflikt herauszuhalten. Mein Mann war sehr betroffen, und am Abend brachte er ein Paket Photos und Filme mit, die er zum Teil nur durch Vittorios Beziehungen in der Filmwelt erhalten hatte.

Es handelte sich um Dokumentarfilme über die militärischen Operationen in Polen; wir sahen sie uns nach dem Abendessen im großen Salon an, wo wir so viele friedliche Kinostunden verbracht hatten. An diesem Abend erlebten wir die Hölle. Der Anblick dieser Lawine aus Eisen und Feuer, dieser Ungeheuer aus Stahl, die alles auf ihrem Wege zermalmten, und der gellende Sirenenton der »Stukas«, die darüber ihre Kreise zogen, erfüllte uns mit Entsetzen.

Ich muß gestehen, daß ich diesem dantesken Schauspiel nicht bis zum

Schluß beiwohnen konnte; ich empfand tiefe Bewunderung für die Tapferkeit der polnischen Soldaten und tiefste Abscheu angesichts der Ruinen, der Toten und der Tränen – der Spuren, die die Kriegsmaschinerie hinter sich ließ.

Ich zog mich in mein Zimmer zurück und starrte auf den dunklen Park, als erwartete ich jeden Augenblick, daß er in Flammen aufginge.

Als die Tür geöffnet wurde, zuckte ich zusammen. Benito wollte mit mir sprechen. Er war bleich, die Erschütterung veränderte seine Stimme:

»Hast du diese Truppen, dieses Material gesehen? Wenn sie wollen, stehen sie bald an unserer Grenze. Und in wenigen Stunden können sie über Italien hinwegbranden. Ob wir in den Krieg eintreten oder nicht, Rachele, die Deutschen werden ganz Europa besetzen. Wenn wir nicht an ihrer Seite sind, werden sie allein Europa ihre Bedingungen diktieren, und das bedeutet das Ende der lateinischen Zivilisation.«

Er blickte mir ernst in die Augen:

»Rachele, wir haben auch Kinder, und wir werden wie Millionen italienische Eltern um sie bangen. Doch ich kann nicht mehr zurückweichen. Italien soll nicht das gleiche Schicksal wie Polen, Holland oder so viele andere Länder erfahren. Gott ist mein Zeuge, daß ich alles versucht habe, den Frieden zu retten, aber ich kann nicht ewig für die anderen die Kastanien aus dem Feuer holen.«

Ich erwiderte nichts. Als Benito meine Tränen sah, nahm er meine Hand und erklärte mit künstlicher Munterkeit:

»Laß nur, wir versuchen es ebenso schnell zu erledigen wie in Abessinien.«

Am 10. Juni 1940 verkündete Mussolini vom Balkon des Palazzo Venezia aus dem italienischen Volk und der Welt, daß Italien auf seiten Deutschlands in den Krieg eintreten würde. Vier Tage nach Beginn der militärischen Aktionen baten die Franzosen um den Waffenstillstand. Was mein Mann befürchtet hatte, trat ein: Die italienischen Truppen mußten Halt machen.

»Hätten sie nicht ein wenig länger kämpfen können«, schimpfte er über die französischen Soldaten. »Die italienische Armee hatte gar keine Zeit, sich zu bewähren!«

Der Duce war bestürzt, mit welcher Schnelligkeit die französische Front zusammengebrochen war.

»Wie kann eine Armee, die bei Verdun gesiegt hat, so schnell geschlagen werden! Und die berühmte Maginot-Linie! Wozu hat sie gedient?«

Er wünschte zwar als Deutschlands Verbündeter dessen Sieg, aber er hoffte, daß Hitlers Truppen durch die Eroberung Frankreichs erschöpft würden. Doch davon war nichts zu spüren . . .

Mussolini erlebte noch eine weitere Überraschung: Hitler hielt es nicht für notwendig, ganz Frankreich und die französischen Kolonien zu besetzen.

»Den Deutschen genügt es, daß sie in Paris eingezogen sind und den Eiffelturm bewundern können. Nun meinen sie, sie hätten den Krieg schon gewonnen. Die freie Zone wird ihnen noch einige Überraschungen bescheren.«

Benito war gerade von Verhandlungen in München zurückgekehrt. Er erklärte mir in bezug auf die französischen Kolonien:

»Solange der Sieg nicht vollkommen ist, bilden sie eine Gefahr. Hitler hat einen schweren strategischen Fehler begangen, als er darauf verzichtete, sie militärisch zu besetzen. Denn die afrikanischen Kolonien können eine Reserve an Menschen und Material für die Franzosen bilden, die den Kampf weiterführen. Ich hoffe nur, daß meine Befürchtungen sich nicht bewahrheiten.«

Da ich gerade von Irrtümern rede: Mein Mann machte noch einen anderen strategischen Fehler für die Niederlage der Achsenmächte mit verantwortlich: Er betraf den russisch-finnischen Krieg. Ende 1939 hatten die finnischen Truppen in bewundernswerter Form dem Angriff der sowjetischen Armee widerstanden. Die scheinbare Unfähigkeit der sowjetischen Armee, einen modernen Krieg zu führen, bestärkte Hitler in der Überzeugung, daß er Rußland in einer Art Blitzkrieg erobern könnte. Mussolini war darüber völlig anderer Auffassung. Er war überzeugt, daß »die russischen Operationen gegen Finnland nur eine Falle für Dummköpfe« darstellten. »Rußland hätte Finnland in wenigen Tagen vereinnahmen können, wenn Stalin es wirklich gewollt hätte.« Er sandte daher über den italienischen Botschafter in Berlin einen Brief an Hitler, denn er ahnte bereits, daß Hitler angesichts der Schwäche der Roten Armee daran dachte, unter den deutsch-sowjetischen Nichtangriffspakt einen Schlußstrich zu ziehen. Mussolini warnte davor, daß die Russen stärker seien, als sie scheinen mochten. Er war jedoch nicht allzu überrascht, als Hitler ihn am 22. Juni 1941 über den Einmarsch in Rußland informierte.

Ich bin kaum in der Lage und habe auch nicht den Ehrgeiz, über militärische Details zu sprechen. Wie alle Mütter zitterte ich um das Leben meiner drei Kinder, die im Kriegsgebiet eingesetzt wurden: Vittorio und Bruno, Offiziere der Luftwaffe, waren Piloten, und Edda war Krankenschwester beim Roten Kreuz. Ihretwegen stand ich meine ersten großen Ängste aus.

Es war im März 1941, zur Zeit des Griechenlandfeldzugs, den mein Mann im übrigen als gescheitert ansah und der den Marschall Badoglio seinen Posten als Chef des Generalstabs kostete. Ich war an einem Morgen nach einem seltsamen Traum aufgewacht, der mir wie die Ankündigung einer kurz bevorstehenden Katastrophe erschien. Ich war gerade dabei, ihn meinem Zimmermädchen Ernestina zu erzählen, als das Telephon klingelte. Es war mein Mann. Mit dem besonderen Takt, den er stets bei der Übermittlung schlechter Nachrichten bewies, erklärte er:

»Weißt du, Edda ist ins Meer gefallen. Sie trieb fünf Stunden im Wasser, aber sie hat alles überstanden. Ich nehme ein Flugzeug, um sie zu besuchen.«

»Was ist denn passiert?«

»Das erzähle ich dir später.«

Er rief mich wieder an und berichtete, was vorgefallen war. Das Lazarett-Schiff, auf dem Edda sich befand, war unweit der griechischen Küste von sieben englischen Bomben getroffen worden und begann sofort zu sinken. Vor Schrecken gelähmt, rührte Edda sich nicht vom Fleck. Glücklicherweise stieß ein Matrose sie ins Wasser, so daß sie sich noch rechtzeitig aus dem Sog des untergehenden Schiffes entfernen konnte. Nach fünf Stunden wurde sie aus dem Meer gefischt.

Am 7. August 1941 erlebte ich zum erstenmal den Schmerz, den so viele Mütter empfunden haben, als sie vom Tod eines ihrer Kinder erfuhren.

Ich hatte Bruno das letzte Mal am 30. Juli in der Villa Torlonia gesehen. Er hatte sich von mir verabschiedet, bevor er zu seiner Einheit zurückkehrte. Er war diesmal mitteilsamer als gewöhnlich gewesen und hatte mir empfohlen, seine Frau und ihr Töchterchen Marina bei mir zu behalten. Ich sehe ihn noch in der Tür meines Zimmers, groß, stark, mit dem klaren Blick eines Kindes, das zu schnell gewachsen ist.

Ich verlor noch andere Mitglieder meiner Familie, eine Tochter, die ich sehr liebte, doch bei Brunos Tod empfand ich, genau wie mein Mann, die Verzweiflung der Eltern, denen ein Kind entrissen wird und die sich nicht auflehnen dürfen, weil dieses Opfer das Vaterland verlangt.

Außer meinen Kindern zogen viele Minister die graugrüne Uniform an, meistens nur für einige Monate, als kurze Unterbrechung ihrer Karriere. Später wurde das allerdings anders. Seit Beginn der Feldzüge in Nordafrika, in Äthiopien, in Rußland und schließlich der Kämpfe auf italienischem Boden sah das Leben wesentlich härter aus. Wie in allen vom Krieg betroffenen Ländern war der Alltag in Italien nicht einfach. Aber verglichen mit dem, was ich selbst in Deutschland gesehen habe, hatten wir Italiener doch ein leichteres Los. Die Fußballspiele etwa fanden bis zum Kriegsende jeden Sonntag statt; die Kinos waren geöffnet; es wurden Konzerte gegeben, und nirgends fehlte es an Publikum. Natürlich kannten wir auch Beschränkungen, wie Lebensmittelkarten und Benzinrationierung.

Wir, die Familie Mussolini, waren den gleichen Maßnahmen unterworfen, und wir achteten darauf, daß sie nicht übertreten wurden. Ich erinnere mich, daß wir in der Villa Torlonia eines Tages ich weiß nicht wieviele Zentner Kaffee erhielten, ein Geschenk von Italienern, die in Brasilien lebten. Der Duce entschied, daß er an die Krankenhäuser verteilt werden sollte, und jedes Mal, wenn wir an dem Zimmer vorbeigingen, in dem der Kaffee eingeschlossen war, machte uns der Duft ganz schwach.

Seit dem ersten Kriegstag mußten wir auf alle Spazierfahrten im Auto verzichten. Benito selber benutzte seinen Wagen nur für die Strecke zwischen der Villa Torlonia und dem Palazzo Venezia oder für offizielle Fahrten. Ich hatte ganz auf mein Auto verzichtet, und die Kinder fuhren im Bus zur Schule. Sogar Anna Maria, die an den Folgen einer schweren Kinderlähmung litt und ein Stützkorsett tragen mußte, machte keine Ausnahme.

Am 11. März 1942 wurde in Rom eine Gedenkmesse zu Ehren des Herzogs von Aosta, Vizekönigs von Äthiopien, gelesen, der in einer Klinik von Nairobi, als Gefangener der Engländer, gestorben war. Die italienische Königsfamilie und die höchsten Würdenträger nahmen an dieser Feier teil. Ich kam mit einem normalen Autobus, in Begleitung meiner Schwiegertochter Gina. Nach Beendigung der Messe wohnten alle Besucher vor der Kirche der Abfahrt des königlichen

Paares bei. Ich bemerkte, daß sich danach niemand vom Platz rührte, während ein Diener verzweifelt nach meinem Auto suchte. Denn protokollgemäß war ich die zweite Person, die die Kirche zu verlassen hatte – Mussolini war nicht anwesend. Die Leute warteten also. Daraufhin eilte Galeazzo Ciano herbei und bot mir an, mich nach Hause zu begleiten, er verstand nicht, warum ich nicht im Auto gekommen war. Ich zeigte ihm meinen Busfahrschein und kehrte auf die gleiche Weise wieder nach Hause zurück, wie ich gekommen war.

Ich wäre jedoch nicht ehrlich, wenn ich nicht erwähnen würde, daß ich glücklicherweise meine Hühner, Kaninchen und Spanferkel hatte, die mir ermöglichten, unsere Mahlzeiten zu variieren und die Rationen, die wir auf unsere Lebensmittelkarten erhielten, wirkungsvoll zu ergänzen. Die Karte meines Mannes trug übrigens die Nummer 1.

Um auf die militärische Situation zurückzukommen, so möchte ich nur anmerken, daß es Italiens fataler Fehler war – ich weiß nicht, ob er Mussolini, dem italienischen Generalstab oder beiden zugleich zuzuschreiben ist –, einen Parallelkrieg zu dem der Deutschen zu führen.

In Afrika führte unser Generalstab seine Operationen durch, ohne die Deutschen ins Vertrauen zu ziehen. Daraus ergab sich eine Serie von Empfindeleien zwischen den beiden Armeen. Als Hitler Rommel den Marschall-Titel verlieh, erhielten die italienischen Generäle Cavallero und Bastico denselben Titel, damit sie Rommel gleichgestellt blieben. Allerdings trugen auch die deutschen Generäle nicht zur besseren Verständigung bei, denn sie ließen keine Gelegenheit aus, um den Italienern ihre Überlegenheit zu beweisen. Nachdem die deutsch-italienischen Streitkräfte Tobruk erobert hatten und vor Alexandria standen, verbrachte Mussolini einen Monat an der afrikanischen Front, vom 20. Juni bis zum 21. Juli 1942. Er versuchte, die Spannungen zu bereinigen und durch seine Anwesenheit die Begeisterung neu zu entfachen. Als er wieder nach Rom zurückkam, hatte er entsetzliche Magenschmerzen, eine Folge der Nervenanspannung während der Reise. Dieser Sommer 1942 brachte die Wendung, denn nach den Erfolgen in Afrika begannen nun die Rückzüge. In Rußland übernahm die Rote Armee die Initiative.

Was sich 1942 und 1943 in Rußland abspielte, hatte mein Mann von Anfang an vorausgesehen. Er wurde am 22. Juni 1941 über den deut-

schen Angriff gegen die Sowjetunion informiert. Wir waren in Riccione, als das Telephon gegen drei Uhr morgens läutete. Da der Apparat neben meinem Bett stand, nahm ich den Hörer ab. Ich redete mit dem Militärattaché der Deutschen Botschaft in Rom, der um jeden Preis den Duce sprechen wollte. Ich bat ihn, doch etwas später wieder anzurufen und meinen Mann noch ein wenig schlafen zu lassen. Aber er lehnte ab, und um mich zu überzeugen, erklärte er schließlich:
»Ich muß dem Duce mitteilen, daß Deutschland der Sowjetunion soeben den Krieg erklärt hat.«
Ich rannte in Benitos Zimmer und weckte ihn. Er redete lange mit gereizter Stimme in deutscher Sprache. Als das Gespräch schließlich beendet war, meinte er wütend zu mir:
»Das ist reiner Wahnsinn! Er hätte auf gar keinen Fall Rußland angreifen dürfen. Deutschland kann wohl Krieg führen, aber keine Politik machen.«
Er stellte sofort ein italienisches Expeditionskorps zusammen, das unter dem Kommando des Generals Messe stand. Mussolini gab ihm zu verstehen:
»Wir brauchen einen Blitzsieg. Die Achsenmächte müssen die Russen in wenigen Monaten schlagen.«
Die Faschisten reagierten mit großer Begeisterung. Denn dieser Krieg bedeutete den direkten Kampf gegen den Marxismus. Das ist einer der Gründe, weshalb das CSIR, das heißt, das Italienische Expeditionskorps in Rußland, besser kämpfte als die Truppen an den anderen Fronten.
Im Oktober rief Hitler persönlich den Duce an, um ihn über die Eroberung der Stadt Orel zu unterrichten.
»Das ist ausgezeichnet«, rief Benito, »Orel liegt vor den Toren Moskaus.« Aber er fügte hinzu:
»Sie müssen sich jedoch beeilen, das Netz zusammenzuziehen, denn der Winter läßt nicht mehr lange auf sich warten.«
Und tatsächlich war der Winter in diesem Jahr besonders grausam; man hatte in Rußland seit zwanzig oder dreißig Jahren nicht dergleichen erlebt.
Mussolini konnte sich über die besonderen Schwierigkeiten an der russischen Front informieren, als er das italienische Expeditionskorps in der Ukraine besuchte. Vittorio begleitete ihn, und sie flogen zusammen mit Hitler in derselben Maschine. Benito erzählte mir, daß Hitler

große Angst gehabt habe, als mein Mann den Steuerknüppel übernahm, aber er wagte nicht, etwas zu sagen.

»Stell dir vor, was für einen Treffer die Russen erzielt hätten, wenn
sie unser Flugzeug abgeschossen hätten. Mit einem Schlag wären
Hitler und Mussolini beseitigt gewesen!«

Sie überflogen die riesigen Getreidefelder, die in den von den Deutschen besetzten Gebieten lagen. Es war Sommer, und der Anblick
begeisterte Mussolini. Aber er war entsetzt über das Vorgehen gewisser Einheiten der Armee des Dritten Reiches.

»Sie treten zu hart gegen die Bevölkerung auf. Ihre Versorgung erfolgt
nur auf dem Wege von Razzien. Das ist ein Unrecht, denn die Sieger
müssen sich gegenüber den Bewohnern eines besiegten Landes men-
schenwürdig verhalten.«

Die wenigen Monate, die der Duce als Frist für die Bezwingung Ruß-
lands angesetzt hatte, vergingen, ohne daß das Ziel erreicht wurde.
Seitdem war er endgültig davon überzeugt, daß die Tragödie der
Achsenmächte durch eine Katastrophe in Rußland heraufbeschworen
werden würde.

Monatelang versuchte mein Mann, Hitler zu Verhandlungen mit den
Russen zu bewegen. Er tat das sowohl schriftlich als mündlich, wenn
sich die Gelegenheit bot. Er nahm sogar durch japanische Vermittlung direkten Kontakt mit den Russen auf, aber das führte zu keinem
konkreten Ergebnis. Hitler wollte nichts von einem Frieden mit der
Sowjetunion wissen . . .

Bevor ich dieses Kapitel abschließe, möchte ich noch etwas betonen:
Mein Mann hat nie an dem Mut der Italiener gezweifelt. Seine Vorwürfe richteten sich nur gegen gewisse Befehlshaber unserer Armee,
die vergessen hatten, daß ein Krieg nicht mit Bequemlichkeit verbunden ist und daß mit einer starren Hierarchie nicht gesiegt werden
kann. Ihm war diese Situation besonders an der afrikanischen Front
aufgefallen. Als Mussolini die russische Front besichtigte, war er von
dem Kontakt zwischen den deutschen Offizieren und ihren Soldaten sehr beeindruckt. Hitler und er selbst hatten zusammen
mit einfachen Soldaten gegessen, und ihnen stand das gleiche
Essen zu . . .

In der ausländischen Presse wurde viel über die italienischen Soldaten
geschrieben, die sich kampflos ergaben oder die Flucht ergriffen. Doch
die Zahl der Deserteure war nie so gering wie im Zweiten Weltkrieg.
Und die Truppen, die ihre Waffen niederlegten, taten das auf Befehl

ihres Kommandanten, wie im Fall von Pantelleria oder Augusta, zwei Flottenstützpunkten erster Ordnung. Hätten sie anders gehandelt, hätte das vermutlich wenig geändert, da die anglo-amerikanischen Streitkräfte weit überlegen waren, aber die italienische Armee hätte den Krieg ehrenvoller beendet. Die Italiener, die seit dem 8. September 1943 in den Reihen der deutschen Armee kämpften, oder jene, die sich auf die Seite der Partisanen stellten, wie bestimmte Einheiten unserer Armee, schlugen sich bewundernswert.

Ich war Mussolinis Geheimagent

»Kannst du mir sagen, wie du es anstellst, um gewisse Dinge mindestens ein paar Wochen vor mir zu erfahren?« Als mein Mann mir diese Frage stellte, erfüllte mich ein gewisser Stolz, denn er erkannte zum erstenmal an, daß die Informationen, die ich ihm lieferte, einen Wert hatten. Ich erhielt sozusagen meinen Adelsbrief als Super-Geheimagent des Duce, eine meiner zahlreichen Tätigkeiten, von der bis heute nur wenige Leute etwas wissen. Ich habe niemals irgendeinen Polizeidienst geleitet. Doch mit meinem weiblichen Instinkt und dem gesunden Menschenverstand einer Bäuerin war mir bei meinem ersten Besuch in Rom 1926 aufgefallen, daß Mussolini von einigen Personen umgeben war, die mir kein Vertrauen einflößten. Von da an beschloß ich, meine Augen offenzuhalten.

Später, das heißt 1929, als die ganze Familie in der Villa Torlonia in Rom wohnte, stieß ich mich an einem protokollarischen Problem: Ich war die Frau des Regierungschefs und konnte daher nicht länger das Leben führen, das ich in Mailand noch beibehalten hatte, auch als mein Mann die Macht übernommen hatte. Ich konnte zum Beispiel nicht mehr die Kinder in die Schule bringen, ihnen im Kaufhaus Schuhe kaufen oder einfach den Haushalt erledigen. Mir gefielen diese Beschränkungen gar nicht, denn ich hatte mich nie ans Nichtstun gewöhnt und ertrug jeden Zwang sehr schlecht.

Doch ich entdeckte bald, daß ich kaum bekannt war: Mein Photo war vielleicht ein- oder zweimal in der Presse erschienen, und es gab nur wenige Menschen, die sagen konnten, wie Rachele Mussolini aussah, denn man hatte mich fast nie auf offiziellen Kundgebungen beobachtet.

Ich erinnere mich, daß die Journalisten bei Eddas Hochzeit überrascht waren, mich so vorzufinden, wie ich damals war. Einige Tage später brachte Benito mir mehrere ausländische Zeitungen mit, vor allem englische und amerikanische:

»Du bist den Reportern sehr aufgefallen, Rachele. Sie fanden dich alle wunderbar. Sie waren um so erstaunter, als sie dich für alt und häßlich hielten.« Im Augenblick fühlte ich mich geschmeichelt, aber ich lebte trotzdem weiterhin in meiner gewohnten Zurückgezogenheit.

In der Villa Torlonia oder bei bestimmten Zeremonien, die ich nicht vermeiden konnte, war ich also Ihre Exzellenz Rachele Mussolini, die Gattin des Regierungschefs; die übrige Zeit nannte ich mich Rachele Guidi, mit meinem Mädchennamen, und bewahrte mir meine Bewegungsfreiheit.

Es blieb allerdings ein kleines Hindernis: Ob Rachele Mussolini oder Guidi, ich war die Frau des Duce, und es galt gewisse Sicherheitsbedingungen einzuhalten. Ich verfügte daher über drei oder vier Polizisten, die mir persönlich als Leibwache zugeordnet wurden. Da ich sie nie loswerden konnte, machte ich aus ihnen meine Agenten. So waren sie beschäftigt und störten mich nicht mehr. Nach und nach schuf ich ein Informationsnetz, das sich über ganz Italien erstreckte, dank kleiner Dienste, die ich vielen Leuten erwiesen hatte. Außerdem erhielt ich jede Woche Tausende von Briefen, so daß ich bald die Person wurde, die vermutlich am besten Bescheid darüber wußte, was sich im Lande abspielte.

Mein Mann begriff, daß er aus dieser Situation Nutzen ziehen konnte, und er schickte mich hin und wieder los, um die »Temperatur der Straße zu messen« oder eine Sondermission zu erfüllen, wie 1931 in Südtirol.

Dort warfen sich der Präfekt und der Sekretär der Faschistischen Partei gegenseitig vor, ihren Funktionen nicht pflichtgemäß nachzukommen. Seit seiner Machtergreifung legte Mussolini großen Wert darauf, die Partei streng vom Staat zu trennen, damit die Faschisten sich nicht mit dem Staat identifizierten und die Institutionen respektierten. Bei Streitfällen gab er in der Regel dem Vertreter der Regierung recht, was in der Partei mitunter böses Blut schuf.

Im Etschland schien das Unrecht jedoch wirklich geteilt zu sein. Als ich zu einer Kur nach Meran fuhr, bat mich Benito, dort oben die Lage zu »erforschen«. Nach einem Monat besaß ich alle erforderlichen Informationen, sie belasteten gleichermaßen den Präfekten und den Parteisekretär. Beide wurden ihres Postens enthoben.

Allerdings waren derartige Missionen im Auftrag des Duce selten, denn entsprechend seiner Auffassung von der Rolle der Frau hatte ich mich im allgemeinen darauf zu beschränken, die Reaktionen der Leute zu beobachten und ihm mitzuteilen. Ich war jedoch gar nicht geneigt, mich damit zu begnügen. Meine Überzeugung, daß man Benito gewisse Dinge verheimlichte, wuchs mit jedem Tag. Solange es keine größeren Probleme gab, war das nicht weiter gefährlich. Aber ich fragte mich, was im Fall einer schweren Krise oder eines Krieges geschehen würde. Denn für die Vertrauten Mussolinis herrschte stets nur eitel Sonnenschein.

Diese Sorge war um so schwerwiegender, als ich ganz genau den Charakter meines Mannes kannte: Ich wußte, daß er beeinflußbar war – das heißt, der letzte, der mit ihm sprach, behielt recht –; daß sein Vertrauen bereits an Naivität grenzte, wenn er annahm, seine engen Mitarbeiter könnten ihn nicht verraten; daß er von Grund auf gütig war und ungern jemandem weh tat. Er fand stets einen Vorwand, um zu verzeihen, seinen Kindern ebenso wie seinen Ministern. In seiner Lebensphilosophie fühlte er sich stärker einem Gandhi oder einem Franz von Assisi – den er zu Italiens Schutzpatron erwählt hatte – verbunden, als einem Stalin oder einem Hitler, den er in mancher Hinsicht bewunderte, aber dessen brutale und blutige Methoden er ablehnte.

Dieser Mussolini ist praktisch unbekannt. Die Welt kennt nur das falsche Bild des Diktators und Tyrannen. Doch ich weise auf zwei historische Fakten hin, die meine Darstellung stützen:

Auf der Liste der Kriegsverbrecher, die die Alliierten nach dem Ende des Zweiten Weltkrieges aufstellten, stand der Name Mussolini nicht. Übrigens auch kein anderer italienischer Name, weder der eines Militärs, noch der eines Politikers. Daß der wichtigste Verbündete Hitlers keines Verbrechens im Sinne der internationalen Moral angeklagt wurde, muß schon etwas bedeuten.

Ein anderes Urteil wurde von Hitler persönlich im September 1943 gefällt. Als Otto Skorzeny meinen Mann aus dem Gran Sasso d'Italia befreit hatte, wohin ihn sein Nachfolger, Marschall Badoglio, verbannen ließ, empfing der Führer Mussolini in seinem Hauptquartier in Rastenburg. Während der Unterredung äußerte er den sehr wahren Satz: »Duce, Sie sind zu gut! Sie können niemals ein Diktator sein.«

Heute sind diese Worte eine Stärkung für mich, doch in jener Zeit erschienen mir diese guten Eigenschaften als die schlimmsten Fehler, die ein Diktator haben konnte, der nun einmal alle Hebel der Macht in seinen Händen hielt.

161

Ich wußte, daß einige der »Getreuen«, die meinen Mann umgaben, diesem Namen wenig Ehre machten. Von Gewinnsucht oder Ehrgeiz gepackt, versuchten sie, meinem Mann die Wirklichkeit so gut wie möglich zu verbergen; ihre eigene, die nicht sehr erfreulich aussah, und die der Außenwelt, die immer beängstigender wurde, und ihre Ruhe zu stören drohte. Von der Unterschlagung einer Nachricht bis zur Treulosigkeit und zum Verrat war der Weg nicht sehr weit.

Ich beobachtete die Tätigkeiten dieser Leute, und was ich entdeckte, war jedesmal schwerwiegender, aber das Ergebnis blieb stets das gleiche: Mein Mann versetzte die betreffende Person an eine andere Stelle, das war alles. Man war weit von den Säuberungsaktionen im Stile Stalins entfernt.

Meine Agententätigkeit erbrachte manchmal auch ganz überraschende Entdeckungen. Auf diese Weise erfuhr ich eines Tages, daß mein Mann jeden Morgen sehr früh zu einem bestimmten Bauernhof am Rande von Rom fuhr. Zunächst war ich sehr skeptisch, aber die genaue Beschreibung des Wagens, des Chauffeurs und des Passagiers überzeugten mich: Es konnte sich nur um den Duce handeln.

Am Nachmittag, als wir im Garten spazierengingen, bat ich meinen Mann um eine Erklärung für diese Besuche. Er blickte mich mit offenem Mund und weit aufgerissenen Augen an, als wäre ich plötzlich verrückt geworden. Ich drang nicht weiter in ihn. Mir war klar, daß ich den Schlüssel des Rätsels woanders suchen mußte.

Ich setzte also meine »Privatpolizei« ein und kam sehr schnell hinter das Geheimnis: Der Wagen war sehr wohl der meines Mannes; der Chauffeur war auch unser Fahrer Ercole, aber der Duce war nicht der Duce. Ercole hatte eine geschickte Methode entwickelt, um ungestört von etwaigen Polizeikontrollen Schwarzhandel zu treiben.

Er hatte einen Komplizen gefunden, der die gleiche Größe hatte wie mein Mann und glatzköpfig war. Er war ein idealer Doppelgänger und war hinten im Wagen nicht vom Duce zu unterscheiden. Ercoles Waren für den Schwarzen Markt befanden sich im Kofferraum.

Als Benito von diesem Betrug erfuhr, schalt er den Chauffeur aus und zog ihm die Ohren lang, doch weiter geschah nichts. Er empfand Ercole gegenüber eine starke Zuneigung, denn er war mit ihm schon in sehr schwierigen Augenblicken zusammen gewesen. Aus diesem Grunde verzieh Mussolini ihm, und als ich einwandte, daß er vielleicht eines Tages zu Schlimmerem fähig sei, lachte Benito laut los. Er hatte unrecht, aber ich erhielt die Bestätigung für mein Mißtrauen erst nach dem Tode meines Mannes.

Ich hatte oft bemerkt, daß Ercole Boratto sich Notizen machte, wenn wir im Auto fuhren. Ich machte Mussolini auf die Gefahr aufmerksam, daß Ercole Einzelheiten aus politischen Gesprächen weitergeben könnte.

»Woran du wieder denkst, du siehst überall Gefahren, Rachele«, war die unbekümmerte Antwort. »Der brave Junge schreibt nur die Kilometer auf, die wir zurückgelegt haben, das ist alles.«

Einige Jahre später, zu Kriegsende, erschien ein Buch. Sein Autor hieß Ercole Boratto. Der »brave« Chauffeur gab in dem Werk Gespräche Mussolinis wieder, die er, wie er betonte, selbst mitangehört hatte. Genau das hatte ich immer befürchtet. Und Boratto hatte zwanzig Jahre lang das Vertrauen meines Mannes besessen.

Doch wenn sich die Treulosigkeit auf die Chauffeure beschränkt hätte, wären meine »Entdeckungen« ohne Interesse geblieben. Leider gab es sehr viel schwerwiegendere Fälle.

Während des Abessinischen Krieges 1935 stand die Villa Torlonia in ständiger telephonischer Verbindung mit dem Generalstab. So konnte mein Mann die Operationen Stunde um Stunde verfolgen, jederzeit Meldungen empfangen und Befehle erteilen.

Eines Abends spürte er bei einem Anruf deutlich, daß eine dritte Person in der Leitung war. Man darf nicht vergessen, daß die Abhörmethoden zu jener Zeit noch nicht so perfekt wie heute waren. Seitdem schaltete sich in jedes Gespräch ein unbekannter Hörer ein, bis der Duce schließlich wutentbrannt die Telephondrähte aus der Wand riß.

»Das ist doch wirklich die Höhe! Ich möchte wissen, wer die Unverschämtheit besitzt, mich abzuhören!«

Er ordnete eine Untersuchung an, aber das Rätsel wurde nicht gelöst. Daraufhin beschloß ich einzuschreiten. Ich bekam sehr schnell über zwei meiner Agenten, die etwas vom Telephon verstanden, heraus, daß unsere Leitung auf Anweisung des Marschalls Badoglio, des Oberbefehlshabers der italienischen Truppen in Abessinien, abgehört wurde. Und dieser Marschall hörte die Telephongespräche des Duce auch dann noch ab, als er nicht mehr Generalstabschef war. Ich mußte fünftausend Lire bezahlen, um diesem Spiel ein Ende zu setzen – in jener Zeit viel Geld; meine Leute bestachen einige von Badoglios Agenten, die schließlich seine Abhörleitung unterbrachen.

Über Badoglio könnte ich stundenlang reden. Er war das Musterbeispiel des Mannes, der vor nichts zurückschreckt, um seine Geltungssucht zu befriedigen. Als mein Mann ihn 1925 zum Chef des Generalstabs ernannte, rieten ihm viele von dieser Wahl ab. Er hatte sich im Ersten Weltkrieg militärisch nicht besonders hervorgetan. Er war Freimaurer und dafür bekannt, sich nur um seine persönlichen Interessen zu kümmern.

Mussolini war jedoch der Ansicht, daß jemand, der seine Ehre verpfändete, indem er die Verantwortung für wichtige Aufgaben übernahm, ihn nicht verraten könne.

So hatte Badoglio Gelegenheit, beachtliche Irrtümer zu begehen, ehe sich der Duce 1940 über seine Schwächen klarwurde. Einer dieser »Irrtümer« bestand darin, mehrmals den Beginn der militärischen Operationen gegen Frankreich hinauszuschieben, unter dem Vorwand, daß die Armee noch nicht bereit wäre.

Aber es gab noch zwei gewichtigere Fälle, die in anderen Ländern den Urheber mit Sicherheit vor das Kriegsgericht gebracht hätten: Badoglio informierte Mussolini vor Italiens Kriegseintritt nie genau über den Stand der Armee. Und er tat es auch nicht während des Frankreich- und des Griechenlandfeldzugs.

Wenn Badoglio davon überzeugt war, daß die italienische Armee nicht hinreichend auf den Krieg vorbereitet war, und der Duce dem nicht Rechnung trug, warum hat er dann als Chef des Generalstabs nicht abgedankt oder die Entscheidung des Königs, des militärischen Oberbefehlshabers, gesucht?

Aber der zweite Fall ist noch besser: Drei Monate vor Italiens Eintritt in den Krieg hatten die Fiat-Werke einen mittleren Panzerwagen von dreißig Tonnen fertiggestellt. Nachdem alle Welt beobachtet hatte, daß die Durchschlagskraft der deutschen Truppen wesentlich auf dem Einsatz dieser Art von Panzern beruhte, gab Badoglio die Anweisung, das Gewicht des Tanks auf siebenundzwanzig Tonnen zu reduzieren. Als die Ingenieure sich beeilten, dieses Modell bereitzustellen, verlangte der Chef des Generalstabs eine neue Änderung: Das Gewicht sollte auf vierundzwanzig Tonnen herabgesetzt werden.

Badoglio wurde deswegen keineswegs zur Rechenschaft gezogen, sondern erhielt weiterhin Ehrentitel und Pfründen. Bis zum Tage, als der Duce ihn schließlich während des Griechenlandfeldzugs seiner Funktionen enthob.

Eines Tages brachte ein Telegraphist meinem Mann heimlich die

Kopie eines Telegramms, das der Oberbefehlshaber in Albanien, General Ubaldo Soddu, geschickt hatte, um den Generalstab über die dortige alarmierende Situation zu informieren. Doch er betonte in seiner Meldung, daß der Duce nicht davon unterrichtet werden sollte. Ubaldo wurde das Kommando ebenfalls entzogen. Von dem Tag an, da Italien in den Krieg eintrat, wurde Mussolini verraten. Warum hat König Viktor Emanuel III. die Kriegserklärung gegen Englang und Frankreich unterzeichnet, wenn er dagegen war? Was riskierte er? Exil, Gefängnis? Gehörte das nicht auch zu seiner Verantwortung? Wenn sie gegen den Faschismus kämpften, warum haben sie Mussolini dann nicht gleich 1940 getötet? Das wäre wesentlich wirkungsvoller, allerdings auch gefährlicher gewesen.

Das einzige Attentat auf Mussolini – falls es wirklich eines sein sollte – wurde 1941 in Albanien versucht. Er wollte einer Offensive unserer Truppen beiwohnen, die nie erfolgte. Als sein Wagen langsam auf den Hügel zufuhr, auf dem sich ein Beobachtungsposten befand, hörte er eine Stimme, die ihm in der Mundart der Romagna zuflüsterte:

»Fahren Sie nicht bis nach oben, Duce! Fahren Sie nicht! Sie wollen Sie ermorden! Ich spreche Dialekt, damit niemand etwas versteht.«

Benito suchte mit dem Blick, woher die Stimme gekommen sein mochte, aber niemand gab ein Zeichen. Er setzte seinen Weg trotz der Warnung fort, denn er konnte die Offensive nicht annullieren. Aber er verließ den Beobachtungsposten einige Minuten früher als vorgesehen. Er hatte sich kaum von dem Posten entfernt, als eine Granate direkt darauf zuflog und genau an der Stelle explodierte, an der er gestanden hatte. Ein Splitter drang sogar in das Fernglas, das er kurz zuvor benutzt hatte.

War das ein Zufall? Oder hatte der Soldat mit seiner Warnung recht gehabt? Wir erfuhren es nie.

Das Schlimmste war, daß Mussolini sich der verräterischen Intrigen von einem bestimmten Zeitpunkt ab durchaus bewußt war. Aber alle Untersuchungen fruchteten nichts. Einige einflußreiche Kommandanten sorgten dafür, daß Benito irgendwie immer außerhalb des Gefechts blieb. Sie handelten aus Opposition gegen das, was sie »Mussolinis Krieg« nannten, oder aus blindem Fanatismus, oder einfach, weil der Duce an einige ihrer hochheiligen Gewohnheiten zu rühren versuchte.

Manchmal sprach er mit leichter Ironie über diese Sabotageakte. So meinte er einmal über den Abessinischen Feldzug: »Wir haben so schnell gesiegt, daß die Verräter nicht einmal die Zeit fanden zu verraten ...«

Doch meistens zeigte Mussolini sich eher schmerzlich betroffen über die Entdeckungen, die er machen mußte.

Im Winter 1942 brachte mir zum Beispiel ein Carabiniere eine Rakete, die in der Waffenfabrik von Terni hergestellt worden war: Sie enthielt kein Pulver, sondern Sägemehl.

Mein Mann ordnete eine Untersuchung an, doch die Akte mit den belastenden Ergebnissen verschwand spurlos.

Genauso wußte niemand zu erklären, warum die italienischen Schiffe, die in Afrika Treibstoff geladen hatten, explodierten, sowie sie den Hafen verließen. Und Rommel beschwerte sich immer wieder, daß das Benzin, das die Truppen schließlich bekamen, Wasser enthielte.

Eines Tages machte der Duce einen überraschenden Besuch bei einem Luftwaffenstützpunkt, wo nach Angaben des Generalstabs einige Geschwader Kampfflugzeuge stehen sollten. Doch er sah keine einzige Maschine.

Man hatte einfach falsche Zahlenangaben gemacht, und damit Mussolini nichts davon bemerkte, ließ man immer, entsprechend seinen Inspektionen, einige Geschwader von einem Stützpunkt zum anderen fliegen. Mein Zorn war so heftig, daß ich mehrere Tage krank wurde.

Ein anderes Mal beauftragte der Duce den Stellvertretenden Staatssekretär der Luftwaffe, die Fabrik Caproni in der Nähe von Predappio zu besichtigen. Dort wurden neue Flugzeuge gebaut. Der Sekretär stellte fest, daß das Werk Material für einige hundert Maschinen benötigte. Einige Zeit später wurde mein Mann informiert, daß mehrere hundert Maschinen des neuen Flugzeugtyps montiert worden seien.

Doch ich entdeckte sehr schnell, daß das gelieferte Material nur für zwei Flugzeuge reichte, und für keins mehr.

Ich habe Benito selten so außer sich gesehen wie nach dieser Entdeckung. Er verlangte strenge Sanktionen, aber man hätte unendlich viele Abteilungen säubern müssen, um die Situation wirklich zu ändern. Mein Mann gestand mir zu, was mich zu einer anderen Zeit besonders gefreut hätte:

»In neunzig Prozent aller Fälle hat die Mamma recht.«

Zu dem bewußten Verrat der einen kam die Trägheit der anderen, und seit den ersten Niederlagen die verhängnisvolle Gewohnheit, aus Mangel an Mut dem Duce die Wahrheit zu verbergen. Unser Sohn Vittorio, Offizier der Luftwaffe, teilte meinem Mann mit, daß die Funkgeräte an Bod der Flugzeuge meistens nicht funktionierten, was die Piloten dazu zwang, sich beim Kampf mit den Händen zu verständigen.

Benito lud einen Vertreter des Luftfahrtministeriums und eine Reihe von Generälen vor und verlangte Erklärungen. Er erhielt sie: die Funkgeräte seien in perfektem Zustand . . .

Ich habe mir sogar nach dem Tode meines Sohnes Bruno gewisse Fragen gestellt. Sein Flugzeug, eine viermotorige Maschine, war am 7. August 1941 am Rande des Flughafens von Pisa aus nie geklärten Gründen abgestürzt. Bruno war ein erfahrener Pilot, der es noch im letzten Augenblick schaffte, seine beschädigte Maschine aus dem Bereich der Wohnviertel herauszubringen.

Man wird mich nicht von dem Gedanken abbringen können, daß Bruno die Möglichkeit hatte, so manche Dinge zu entdecken und seinem Vater darüber zu berichten; und daß er seine Erkenntnisse mit dem Leben bezahlen mußte. Ich habe zu viele Schandtaten erlebt, um an einen einfachen Unfall zu glauben.

Sicher war es auch kein Zufall, daß drei der schönsten Panzerkreuzer der italienischen Marine, die *Duilio*, die *Cavour* und die *Littorio*, im November 1940 von englischen Bomben getroffen, mitten im Hafen von Tarent gesunken sind.

Und was soll man von den Unterseebooten halten, die untergingen, sowie sie ihren Stützpunkt verließen?

»Ohne Verrat sind solche Ergebnisse unmöglich«, mußte mein Mann zugeben. Die Verschwörung hatte bereits im Jahr 1940 ihr Werk begonnen.

Daher war ich im Mai 1943 sehr viel skeptischer als der Duce über die Möglichkeiten, eine Landung der Engländer und Amerikaner in in Sizilien zu verhindern. Aber selbst ich hätte nicht gedacht, daß der italienische Widerstand so schwach sein würde.

Als der Kommandant der Festung von Pantelleria, Admiral Pavesi, Mussolini anflehte, ihm die Erlaubnis zu erteilen, sich zu ergeben, da die Lage aussichtslos sei und es auf der ganzen Insel keinen Tropfen Wasser mehr gebe, war mein Mann nicht völlig überzeugt. Aber er erfüllte Pavesis Bitte, um nicht unnötig Menschenleben zu opfern.

Ein paar Tage später sah ich ihn wutentbrannt nach Hause kommen. Er warf ein Bündel Papiere auf den Schreibtisch:

»Lies das, Rachele! Das sind englische Radiomeldungen, die unsere Abhördienste aufgefangen haben. Er hat sich prächtig geschlagen, der Admiral Pavesi! Er hat keinen einzigen Mann verloren. Er hat einfach die Hosen heruntergelassen! Das sagen die Engländer.«

Was sollte ich daher im April 1945, als alles zu Ende und ich in einem Konzentrationslager war, jenem amerikanischen Offizier antworten, der mich fragte:

»Wie erklären Sie es sich, Exzellenz, daß Millionen Italiener, die zwanzig Jahre lang Mussolini verehrt haben, plötzlich eine derartige Kehrtwendung machten?«

Konnte ich antworten, daß das italienische Volk seine Gesinnung nicht gewechselt und nicht verraten hatte? Die Soldaten hatten mit Begeisterung gekämpft. Als die Zeit der Opfer kam, bewies die Zivilbevölkerung Mut und Selbstverleugnung. Ihre Haltung war tadellos, auch wenn sie 1943 den Frieden wünschte.

Das italienische Volk war nicht an Mussolinis Sturz beteiligt. Genauso wenig wie die Antifaschisten, die sich dessen später rühmten.

Ich konnte dem amerikanischen Offizier, der unser Feind gewesen war, jedoch nicht gestehen, daß sich das faschistische System selbst zerstört hatte; daß einige seiner Führer aus Angst vor der Zukunft oder aus persönlichem Ehrgeiz versagt hatten. Das wollte ich damals noch nicht sagen. So zuckte ich nur mit den Schultern . . .

Mussolini und die Juden

Während des Zweiten Weltkriegs verursachte ich einmal in Rocca delle Caminate einen hübschen kleinen Skandal. Ich hatte mich hinter einigen faschistischen Würdenträgern ins Büro geschlichen, wo mein Mann sie empfangen wollte. Als der Duce eintrat, grüßten sie wie üblich mit ausgestrecktem Arm und riefen:

»Zu Befehl, Duce!«

Daraufhin ertönte es sofort aus meiner Ecke:

»Ja, um Sie zu verraten!«

Ich mußte anschließend einiges über mich ergehen lassen! Aber trotzdem bat Benito mich, dabeizubleiben, wenn er sich mit einer dieser brillanten Persönlichkeiten unterhielt.

Ich setzte mich dann auf eine der mit Kissen bedeckten Bänke, die im Salon unter jedem Fenster standen, und hörte schweigend den Gesprächen zu.

So war ich auch anwesend, als der Landwirtschaftsminister meinem Mann auseinandersetzte, daß die Getreiderationen der Bauern auf hundert Kilo für die Erwachsenen und fünfzig Kilogramm für die Kinder begrenzt werden müßten. Um diese Rationierung zu rechtfertigen, hatte er mit Zahlen bedeckte Schriftstücke mitgebracht.

»Du kennst doch das Problem«, wandte sich Benito an mich, »was hältst du davon?«

Wenige Minuten vorher hatte ich von einem Agenten erfahren, daß der Minister mit einem Sonderwagen, einem eigenen Koch und einem privaten Keksvorrat nach Forlì gekommen war, ungeachtet der notwendigen kriegsbedingten Einschränkungen.

Daher erwiderte ich:

»Für Sie sind selbst hundert Kilo Weizen zu viel, denn Sie haben Ihre Kekse, Sie brauchen kein Brot! Aber die Bauern haben nichts anderes. Und auf dem Lande essen die Kinder doppelt so viel wie die großen Leute, denn sie haben immer Hunger.«

Und ich forderte hundertfünfzig Kilo Weizen für die Erwachsenen und zweihundert für die Kinder. Mein Mann nickte zustimmend mit dem Kopf, während der Minister wie auf glühenden Kohlen saß. Ich konnte auf diese Weise den italienischen Bauern während des Krieges zu einer etwas höheren Getreideration verhelfen.

Da diese Vorfälle bekannt wurden, kamen immer mehr Leute zu mir, die glaubten, daß ihnen ein Recht verweigert werde. Ich mußte alle Anklagen sehr genau überprüfen, denn von zehn Hinweisen erwiesen sich nur einer oder zwei als wirklich begründet.

Ich erfuhr eines Tages, daß einer von Mussolinis Sekretären sich in Rocca di Papa, am Rande Roms, eine phantastische Villa bauen ließ. Man erzählte später, daß der Duce sie Clara Petacci geschenkt habe, aber glücklicherweise kamen mir diese – im übrigen falschen – Gerüchte nicht zu Ohren. Ich mußte jedoch beweisen, daß diese Luxusresidenz dem Sekretär gehörte, denn er hatte meinem Mann hoch und heilig geschworen, er habe nichts damit zu tun. Zum Beweis zeigte er ihm ein Foto seines bescheidenen Landhauses.

So zog ich als Bäuerin verkleidet zu dem riesigen Rohbau hinaus und redete mit dem Bauführer, als würde ich Arbeit suchen. Ich erkundigte mich dabei auch nach dem Bauherrn, und Romano, der mich begleitete, filmte die ganze Szene.

Eine Woche später führten wir meinem erstaunten Mann den Film vor. Ich weiß nicht, was ihn mehr überraschte, die Lügen seines Sekretärs oder meine Art, diese Untersuchung durchzuführen. Jedenfalls trennte er sich von dem Sekretär.

Nach einer solchen »Untersuchung« erklärte mir der Polizeipräsident Bocchini einmal:

»Wenn Sie nicht die Gemahlin des Duce wären, Exzellenz, würde ich Sie in meine Dienste nehmen, denn so raffinierte Spitzel wie Sie findet man nicht oft.«

Romano, der auch beobachtet hatte, daß sein Vater sehr viel häufiger verzieh als bestrafte, meinte mit kindlicher Unbekümmertheit:

»Wir machen einen Staatsstreich, Mamma, und setzen dich als Diktator ein!«

Ich muß hier nochmals betonen, daß es mir nicht darum geht, Mussolini als einen braven Mann hinzustellen, der von aller Welt getäuscht wurde. Ich möchte nur zeigen, daß er von dem Tag, an dem ich ihn kennenlernte, bis zu dem Tag, als er mir Lebewohl sagte, immer menschlich geblieben ist, im eigentlichen Sinne des Wortes: ein Mann mit seinen Fehlern und seinen Vorzügen.

Mussolini soll nicht größer aus diesem Buch hervorgehen; ich wünsche nur, daß er seine richtige Dimension, sein echtes Gesicht wiederfindet.

Daß Benito seinen »Getreuen« immer wieder verzieh, habe ich ihm sehr übelgenommen.

Aber es ist kaum bekannt, daß der Mann, der Mussolini am 28. April 1945 ermordete, ihm seine Freiheit verdankte.

Oberst Valerio, der in Wirklichkeit Walter Audisio hieß, war 1934 als Kommunist interniert worden. Er hatte einen Brief an den Duce geschrieben, in dem er bat, freigelassen zu werden, da seine Familie sich nicht allein ernähren könne.

Mussolini erfüllte Walter Audisio seinen Wunsch und erteilte ihm sogar die Erlaubnis, in einer faschistischen Landwirtschaftsgenossenschaft zu arbeiten.

Es heißt oft, daß auch in Italien den Rassenverfolgungen Juden zum Opfer gefallen seien.

Ich sage nicht, daß es keine Gesetze gegen die Juden gegeben hat. Aber zwischen dem, was behauptet wird, und dem, was wirklich geschehen ist, besteht doch ein beachtlicher Unterschied.

Mussolini war den Juden gegenüber nie feindlich eingestellt. Er lehnte den italienischen und internationalen Zionismus ab, weil er an der Loyalität der Zionisten zweifeln mußte. Sie konnten sich jederzeit für den Zionismus und gegen Italien entscheiden. Doch auch gegen die Zionisten verhielt der Duce sich eher defensiv als aggressiv.

Im Jahr 1940 bildeten die Juden in Italien kein Problem, es gab kaum mehr als etwa fünfzigtausend.

Ich erinnere mich, daß mein Mann einen jüdischen Zahnarzt hatte, Piperno, den er auch nie wechselte. Und die Kinder hatten mehrere Freunde israelitischen Glaubens. Unsere Tür stand ihnen immer offen, und sie wurden nie anders behandelt, weil sie Juden waren.

Ein anderes, sehr persönliches Beispiel für die Einstellung meines Mannes: zwei seiner weiblichen Eroberungen waren Jüdinnen: Angelica Balabanoff, von der einige behaupteten, sie sei die eigentliche Mutter meiner Tochter Edda, was uns immer amüsierte, denn ich weiß besser als irgendwer sonst, ob sie meine Tochter ist oder nicht ... Auch Margherita Sarfatti war Jüdin.

Unter den Gründern der Faschistischen Partei gab es Juden, ebenso im Parlament. Aldo Finzi, ein Mitglied der ersten Regierung Mussolinis, war Jude, genau wie Guido Jung, der langjährige Finanzminister meines Mannes.

Mussolini war einer der ersten, der Hitler im März 1933, als er gerade an die Macht gekommen war, Vorhaltungen wegen seiner Rassenpolitik machte. Er beauftragte den italienischen Botschafter in Berlin, bei dem neuen Reichskanzler wegen seiner Haltung gegenüber den deutschen Juden vorstellig zu werden.

Im Juni 1934 legte der Duce bei dem Treffen in Venedig Hitler deutlich dar, daß er jede Form von Rassenverfolgung ablehnte. Und wenn der Führer auch keine Rücksicht darauf nahm, so bemühte sich Mussolini doch, die Lage der deutschen Juden zu verbessern, indem er ihnen ermöglichte, Deutschland über Italien zu verlassen.

Ich gebe zu: 1938 beschloß die faschistische Regierung in Rom bestimmte Maßnahmen gegen die Juden. So wurde ausländischen Juden der Zugang zu italienischen Schulen untersagt, aber nur ausländischen, nicht italienischen!

Ein anderer Erlaß verbot ausländischen Juden, in Italien, Libyen und im Dodekanes ihren Wohnsitz zu haben.

Mit diesen Maßnahmen wollte Hitler sich an den Juden rächen, die aus Deutschland geflohen waren. Doch hat Italien diese Juden nach Deutschland zurückgeschickt, das heißt, in den sicheren Tod? Niemals.

In jener Zeit verließen viele Juden Italien. Ich weiß, daß eine solche Umsiedlung sehr schmerzlich war. Aber war das nicht immer noch besser als die Konzentrationslager und der Tod? Als das Schicksal, das die Juden in Deutschland, Polen, Holland, Frankreich erwartete?

Mussolini hatte der italienischen Besatzungsbehörde in Frankreich schriftlich Anweisung gegeben, daß sie den Deutschen keinerlei Angaben über die Juden in ihrer Besatzungszone liefern sollte. Außerdem forderte er sie auf, alle Juden, auch die ausländischen, die aus Frankreich fliehen wollten, in ihre Zone hereinzulassen und sie dort nicht zu behelligen.

Dieses Verhalten entsprach in keiner Weise den Vorstellungen der Vichy-Regierung, und Laval protestierte dagegen, daß die Italiener sich auch der nicht-italienischen Juden annahmen.

Über dieses Thema muß es eine Reihe von Dokumenten in den Archiven geben. Warum veröffentlicht man sie nicht?

Nach dem Abschluß des Stahlpaktes erließ Mussolini auch gegen die italienischen Juden verschiedene Bestimmungen, aber sie erreichten nie die Bedeutung und das Ausmaß der entsprechenden Aktionen in den Nachbarländern. Das heißt, es gab wohl Gesetze und Zeitungen, wie den *Tevere* und die *Difesa della Razza*, deren Artikel maßlos und aggressiv waren, aber die konkreten Ausschreitungen blieben selten. Offiziell wurde es den italienischen Juden verboten, Angehörige eines anderen Glaubens zu heiraten, Unternehmen zu besitzen oder zu leiten, die mehr als hundert Personen beschäftigten, Eigentümer von mehr als fünfzig Hektar Land zu sein und in der Armee zu dienen. Das war alles.

Um die Haltung zu erläutern, die wir selbst den Juden gegenüber einnahmen, möchte ich ein Beispiel aus unserer Familie nennen: Im April 1938 nahm Vittorio an einem Autorennen teil; sein Beifahrer war ein Jude, der diese Tatsache in keiner Weise zu verbergen suchte.

Als der *Popolo d'Italia* im Juli 1942, während der Duce sich in Afrika befand, ausführlich die sehr ausfallende Rede eines der früheren Sekretäre der Faschistischen Partei, Farinacci, abdruckte, der jedoch keinen offiziellen Posten mehr innehatte, rief ich voller Empörung den Chefredakteur an. Denn jeder wußte, daß diese Zeitung meinem Mann gehörte, und wenn man Farinaccis Erklärungen so viel Raum zugestand, so bedeutete das, daß Mussolini sie billigte. Und das war nicht der Fall.

Die Zeitung des Duce sollte weder Aufrufe zur Gewalttätigkeit unterstützen, noch einen wie auch immer gearteten Extremismus zum Ausdruck bringen.

Denkt man an die Rassenverfolgungen der Nationalsozialisten gegen die Juden in Deutschland und in den besetzten Ländern, so muß man anerkennen, daß es für Mussolini keine Kleinigkeit war, sich in dieser Hinsicht von seinem mächtigen Verbündeten zu distanzieren.

Solange der Duce noch an der Macht war, konnte er den Juden einen gewissen Schutz garantieren. Seit 1943, nachdem er vom König und der Clique Badoglio abgesetzt worden war, wandten die Deutschen ihre Gesetze gegen die Juden auch in Italien an. Selbst in dieser Zeit, obwohl er nicht mehr mächtig genug war, um sich allen Maßnahmen zu widersetzen, gelang es Mussolini noch, Juden zu retten.

Mussolini hätte sogar fast den Staat Israel gegründet, und zwar im Anschluß an die Eroberung Abessiniens. Er traf mehrmals heimlich mit Chaim Weizmann zusammen, der später der erste Präsident des jüdischen Staates werden sollte. Weizmann und mein Mann waren zu einer Einigung gekommen, doch dann scheiterte ihr gemeinsamer Plan an einer finanziellen Frage: Die amerikanischen Juden weigerten sich, ein derartiges Unternehmen zu bezahlen!

Es ist nie bekannt geworden, daß mein Mann in der Nähe von Rom ein Ausbildungslager für Juden einrichten ließ. Dort wurden einige der Führer der jüdischen Terroristenorganisationen in Palästina geschult, die sich später gegen die englische Besetzung auflehnten. Die Chefs des »Irgun« wurden von Mussolinis Leuten trainiert!

Gibt es nicht außerdem in Israel einen Admiral, der unter dem Duce ein hoher Offizier der italienischen Marine gewesen war? Wurde er etwa beseitigt, weil er Jude war?

Gewiß wird man entgegnen, daß Mussolini das alles nur gegen die Engländer tat. Das stimmt, aber er hätte sich ebensogut völlig auf die Seite der Araber stellen können.

Ich glaube, daß er nicht nur aus taktischen Erwägungen so handelte, sondern aus Achtung vor jedem Volk.

Was die Konzentrationslager angeht, so kann ich reinen Gewissens sagen, daß mein Mann nichts von ihrer Existenz wußte. Ihm war bekannt, daß es in Deutschland Internierungslager gab, in die im übrigen ab September 1943, das heißt, nachdem die Regierung Badoglio den Waffenstillstand unterzeichnet hatte, auch die Italiener geschickt wurden, die in Deutschland gearbeitet hatten. Da ihre Regierung ein Feind des Reiches geworden war, machte man sie zu Gefangenen. Badoglio überließ so etwa sechshunderttausend Italiener ihrem Geschick. Während der Italienischen Sozialrepublik galten Mussolinis besondere Bemühungen der Rückführung dieser Menschen.

Erst nach der Rückkehr einiger italienischer Gefangener, 1944, hörte der Duce von Gerüchten über sehr spezielle Lager in Deutschland. Aber er erhielt nie genauere Angaben oder den geringsten Beweis.

Mein Mann achtete jedes Volk, wie ich oben sagte, aber auch jeden Menschen. Selbst seine Feinde oder politischen Gegner, wie Nitti, Pietro Nenni, Bruno Buozzi (Chef der italienischen kommunistischen Gewerkschaften), die Familie Matteotti u. a. Sie konnten ins Ausland fliehen oder in Italien durchhalten, wie die Kinder Matteotti, dank der diskreten Hilfe des Duce.

Es wäre ein leichtes für Mussolini gewesen, seine Gegner, auch die, die sich in Frankreich aufhielten, verhaften zu lassen. Als die Deut-

schen Pietro Nenni gefangennahmen und den Italienern auslieferten, wurde er zwar in seiner Residenz in Ponza überwacht, aber weiter geschah ihm nichts. Er lebte nicht in Freiheit, aber war doch weit vom Konzentrationslager oder dem schrecklichen Tod meines Mannes entfernt.

Wenn ich mir vorstelle, wie Mussolini ermordet wurde, dann sage ich mir, daß seine besseren menschlichen Eigenschaften sich tatsächlich für ihn als Fehler erwiesen: Ein echter Diktator, wie Stalin, tötet seine Feinde.

Die Leute, die Mussolini im April 1945 umgebracht haben, wußten sehr genau, was sie taten!

Die Ära der Verschwörungen

Bevor ich die Einzelheiten schildere, scheint es mir sinnvoll, das Klima wiederzugeben, in dem das Komplott gegen Mussolini vorbereitet wurde.

Zunächst der Duce selbst: in welchem physischen und psychischen Zustand befand er sich 1943? In psychologischer Hinsicht war er absolut Herr seiner Sinne, hellsichtig, realistisch und sich seiner Verantwortung bewußt.

Doch gesundheitlich ging es ihm gar nicht gut. Das Magengeschwür, unter dem er bereits 1925 gelitten hatte, als ich noch in Mailand und er bereits in Rom wohnte, verursachte ihm wieder heftige Schmerzen. Manchmal wurden sie so unerträglich, daß er sich zu Hause auf dem Boden hin- und herwälzte.

Die meiste Zeit saß er mit angezogenen Knien auf dem Rand seines Sessels, die Arme um die Beine geschlungen. Diese seltsame Haltung minderte seine Schmerzen, wie er mir versicherte.

Seit seiner Rückkehr von der afrikanischen Front, am 22. Juli 1942, wurde dieses Leiden immer stärker. Für Benito, der sonst höchstens einmal unter einer Erkältung litt, war das eine besonders harte Belastung.

Zunächst versuchte ich ihn zu behandeln, indem ich alles Fett von seinem Speiseplan verbannte, entsprechend den Anweisungen des Professors Bastianelli. Aber bald sah ich mich gezwungen, weitere Ärzte zu Rate zu ziehen. Man stellte alle möglichen Diagnosen: Ulzera, Krebs, Amöben, eine Entzündung nervösen Ursprungs, und was weiß ich noch!

Jedenfalls war Mussolini physisch in sehr schlechter Form, als er 1943 von allen Fronten mit schlechten Nachrichten überhäuft wurde.

Der militärische Zusammenbruch zeichnete sich bereits am Horizont ab. Nordafrika fiel im Mai 1943, und die Front der Achsenmächte wich ständig weiter zurück. Bereits im April hatten die italienischen

Geheimdienste die unmittelbar bevorstehende Landung der Alliierten in Sizilien angekündigt. Mein Mann konnte nur mit deutscher Unterstützung versuchen, den Anglo-Amerikanern entgegenzutreten.

Aber Hitler stand selbst in Rußland sehr schweren Problemen gegenüber, und vor allem mißtraute der deutsche Generalstab dem italienischen Oberkommando und der italienischen Verwaltung; er lehnte es ab, deutsche Streitkräfte in Italien zu binden, ohne das Land völlig unter seiner Kontrolle zu haben. Das konnte Hitler jedoch nicht zulassen, da er Mussolini vertraute und ihn achtete. Mein Mann hätte eine derartige Situation nie akzeptiert.

So herrschte ein *Status quo*, der nur den Amerikanern und den Verrätern nützte. Viele Faschisten wollten kämpfen oder den Krieg beenden, nur nicht noch länger diesen Zustand aufrechterhalten.

Mussolini dachte oft an die Möglichkeit, den Krieg einzustellen, aber der Gedanke, daß Italien dann von Marschall Kesselrings Truppen besetzt würde, hielt ihn zurück. Diese Hemmung, die italienische Bevölkerung noch stärkerem Druck auszusetzen, verlieh Mussolini in den Augen einiger Leute den Anschein der Schwäche und Unentschlossenheit.

Am 25. Februar 1943 kehrten wir nach Rom zurück. In Anbetracht der alarmierenden Nachrichten wollte Benito trotz seines Gesundheitszustands nicht länger in der Romagna bleiben.

Ich sah ihn von diesem Tag an stundenlang am Telephon hängen, um die Rettungsaktionen für die Zivilopfer der Luftangriffe auf Mailand, Turin oder Neapel zu leiten. Er meinte zu mir:
»Ich muß mich genau informieren lassen, welche Städte am besten durchgehalten haben, und die Verantwortlichen belohnen. Es wirkt ermutigend, wenn man sieht, wie die Bevölkerung von Neapel ausharrt und die Ruhe bewahrt. In diesen Augenblicken spüre ich, daß ich nicht allein bin . . .«
Aber ich erinnere mich auch an Benitos Zorn und seine Bitterkeit, als er eines Nachts nach der Explosion eines mit Munition beladenen Schiffes in einem Hafen ganz allein die Rettungsmaßnahmen einleiten mußte, weil der Präfekt unauffindbar war. Ein anderes Mal versuchte er den ganzen Abend lang vergeblich, zwei Minister wegen einer sehr dringenden Angelegenheit zu sprechen.
Mussolini hätte sich stärker auf die Verfolgung seiner Feinde konzentrieren müssen und die Informationen beachten sollen, die ich ihm

lieferte und aus denen hervorging, daß in Rom eine Verschwörung vorbereitet wurde.

Aber er erwiderte mir nur:

»Mich beunruhigen nicht die Intrigen, sondern die amerikanischen Panzer.«

Doch die Intrigen nahmen ihren Lauf. Seit Januar 1943, das heißt seit den ersten bedeutenden Niederlagen, hatten sich mehrere Verschwörernester gebildet. Die drei wichtigsten waren: das des Generalstabs mit Cavallero, Ambrosio, Roatta, Vercellino; ein anderes mit Badoglio, Acquarone und der Unterstützung des Königshauses; und schließlich das einiger faschistischer Funktionäre. Dieser letzten Gruppe gelang es schließlich, Mussolini abzusetzen, nicht zuletzt, weil sie auf Grund der Rolle des Faschistischen Großen Rates am ehesten konstitutionell abgesichert war.

Ich erinnere an die Differenzen zwischen dem Duce und König Viktor Emanuel III., die sich nach der Übertragung konstitutioneller Vorrechte auf den Großen Rat ergeben hatten. Der König besann sich nun im rechten Augenblick auf diese Prärogativen und ergriff die Gelegenheit beim Schopf, als der Duce am 24. Juli 1943 nicht mehr die Mehrheit der Stimmen erhielt.

Der Anlaß war gefunden, um der Verschwörung grünes Licht zu geben und Mussolini zu verhaften.

Wie Mussolini die Macht auf legale Weise übernahm, so verlor er sie auch wieder auf fast legalem Weg.

Doch wir sind noch nicht so weit. Ich wurde von einer Dame des königlichen Hofes über Acquarones Komplott informiert.

Der dynamischste der faschistischen Verschwörergruppe war Dino Grandi, Präsident der Abgeordnetenkammer und ehemaliger Justizminister, nachdem er Botschafter in London und Außenminister gewesen war.

Außerdem waren daran beteiligt: der Erziehungsminister Giuseppe Bottai, ein Faschist der ersten Stunde, Luigi Federzoni, der Präsident der italienischen Akademie, und Bastianini, Unterstaatssekretär im Außenministerium.

Ich wußte, daß diese wenig brillanten Personen nicht allein handelten; doch hätte ich nie erwartet, daß mein Schwiegersohn Galeazzo Ciano zu ihnen gehörte.

Bestürzt über die alarmierenden Nachrichten, die ich erhielt, und über die Polizei, die sich nicht vom Fleck rührte, bat ich den Polizeichef

Carmine Senise, zu einer Unterredung in die Villa Torlonia zu kommen. Ich zeigte ihm mein umfangreiches Dokumenten- und Photomaterial und fragte ihn, wie das alles der Polizei verborgen bleiben konnte.

»Sind Sie ein Freund oder ein Feind?« drang ich in ihn.

Natürlich schwor er, daß er dem Duce ergeben sei, jedoch nichts von den Dingen wisse, die ich ihm enthüllt hatte.

»Ich wende mich als eine Mutter, als eine Italienerin an Sie, die einen Sohn dem Vaterland geopfert hat, und nicht als Faschistin oder die Frau des Duce. Bedenken Sie, daß Mussolinis Sturz in der gegenwärtigen Situation nur zum völligen Zusammenbruch Italiens führen kann . . .«

Senise vermied es die ganze Zeit, mich anzusehen.

Natürlich wußte er genau über alles Bescheid und gehörte sogar selbst zu den Verschwörern.

In der Bevölkerung kam es vor dem 25. Juli 1943 nie zu Massenkundgebungen gegen das Regime. Und auch später handelte es sich eher um gelenkte lokale Demonstrationen. Der einfache Italiener hätte zwar zu dieser Zeit den Frieden vorgezogen, aber wenn der Krieg weitergehen mußte, wollte er, daß sich alle daran beteiligten.

Der Duce war über die Situation genau informiert. Am 5. Februar 1943 beschloß er endlich, zuzuschlagen. Er bildete seine Regierung von Grund auf um und übernahm selbst einige Schlüsselministerien, wie er es bereits früher in schwierigen Situationen getan hatte. Er richtete ein neues Kriegsministerium ein, das er mit jungen, dynamischen Leuten besetzte, um der öffentlichen Meinung zu beweisen, daß er nicht bereit war, aufzugeben.

Er deckte ganz nebenbei ein Mini-Komplott des Marschalls Cavallero auf, verschaffte aber gleichzeitig anderen Männern, wie dem neuen Generalstabschef Ambrosio und Castellano, noch bessere Möglichkeiten, eine Verschwörung gegen ihn durchzuführen.

Zunächst allerdings herrschte Panikstimmung; und ich wurde mit Telephonanrufen von Mussolinis Mitarbeitern bombardiert, die mir ihre Ergebenheit bestätigen wollten.

Man muß die Stadt Rom im Jahr 1943 gekannt haben, um zu verstehen, was dort alles möglich war. Jeder intrigierte gegen jeden. Es war schwierig, klarzusehen, und selbst die besten Spitzel der Gestapo fanden sich nicht mehr zurecht. Den Deutschen, die ständig auf das kleinste Anzeichen einer Schwächung des italienischen Regimes lauerten, wurde nie bewußt, daß der Faschismus kurz vor seinem Ende stand.

Ich hatte am 16. Juli sogar eine Unterredung mit dem Oberst der Waffen-SS Dolmann, Himmlers Vertrauensperson in Italien. Ich sprach offen über die Lage, doch ich hatte den Eindruck, daß er nicht so loyal war, wie er sich gab, und daß ihn das Schicksal des Duce wie das des Führers sehr wenig kümmerte.

Mussolinis Regierungsumbildung änderte nichts an der Entwicklung der Ereignisse, denn im Frühjahr 1943, das heißt vor allem seit dem Verlust Tunesiens, nahmen die Intrigen ständig zu.

Jeder hielt seine eigene Lösung bereit. Nur in einem Punkt waren sich alle einig: Mussolini mußte abgelöst werden.

Und immer mehr gutgläubige Faschisten legten dem Duce nahe, die Macht dem König zu übergeben, damit er Italien aus der Sackgasse herausführe. Sie waren die Opfer der Propaganda von »Radio London« und der »Stimme Amerikas«, in deren Sendungen ständig wiederholt wurde, daß die Alliierten nicht gegen Italien Krieg führten, sondern gegen Mussolini und den Faschismus.

Mein Mann war sich darüber klar, daß alles von seiner Person abhing. Wenn er sicher gewesen wäre, daß seine Demission Italien das Chaos ersparen könnte, hätte er auf die Macht verzichtet. Aber er wußte, daß niemand als der Duce in der Lage war, mit den Alliierten zu verhandeln.

»Diese Herren reden alle von Frieden«, erklärte er, »aber sie wissen nicht, daß die Anglo-Amerikaner die bedingungslose Übergabe fordern. Italien muß jetzt versuchen, die ersten alliierten Truppen aufzuhalten und einen Sieg davonzutragen. Und dann gibt es einen einzigen Mann, der mit ihnen und mit den Deutschen verhandeln kann. Wenn wir den Krieg beenden, werden die Deutschen sofort Italien besetzen. Fast alle meine Bemühungen waren bisher darauf ausgerichtet, diese Situation zu vermeiden.«

Mussolinis Absicht war es also, die Alliierten so weit wie möglich zurückzudrängen, wozu er eine möglichst starke Unterstützung der deutschen Streitkräfte brauchte. Währenddessen warteten die Verschwörer Badoglio-Acquarone-Grandi auf die günstige Stunde; zu ihnen gehörten inzwischen auch Bottai, Federzoni, Ciano, De Bono, Ambrosio.

Auch der König lauerte in seinem Palast auf die richtige Gelegenheit.

Er zögerte bis zum 16. Juli, dann gab er den Verschwörern freie Hand, nachdem er sicher war, daß der Große Rat zusammentrat.

Ich wurde regelmäßig über die Zusammenkünfte informiert, die meistens innerhalb des königlichen Besitzes in Castelporziano stattfanden. Meine Befürchtungen verstärkten sich von Mal zu Mal.

Der Herzog Pietro D'Acquarone war bei diesem traurigen Unternehmen der Mann des Königs; er träumte davon, den Gipfel des Ruhmes zu erklimmen, aber das sollten nur Illusionen bleiben.

Badoglio, der Sammler von Standbildern, besonders seiner eigenen, hatte es immer verstanden, sein Schäfchen ins Trockene zu bringen; so auch 1935, als er Marschall Graziani das Verdienst für den Sieg in Abessinien entriß und – wie einige behaupteten – dem Kaiser Haile Selassie sein Silber raubte.

Grandi, der Rechtsanwalt, den mein Mann aus dem Schatten hervorgeholt und zum Botschafter gemacht hatte, der ewige Jäger nach Titeln und Ehrungen, hoffte, der Nachfolger Mussolinis zu werden.

Im Juli 1943 stand der Duce ziemlich isoliert da. Er wußte, daß man sich gegen ihn verschwor, aber er vertraute fest auf einen Mann, den König. Wenn er gewußt hätte, daß er auf Viktor Emanuel III. nicht bauen konnte, hätte es vermutlich keinen 25. Juli gegeben.

Als Mussolini darum gebeten wurde, den Großen Rat einzuberufen, stimmte er sofort zu und legte gleich das Datum fest: den 24. Juli.

Am 18. Juli hatten die Verschwörer noch einige Stunden der Angst durchzustehen: Hitler wünschte eine Unterredung mit dem Duce. Es wurde sofort ein Treffpunkt vereinbart, Feltre in der Nähe von Venedig.

Diese Begegnung barg eine Gefahr, denn wenn Mussolini Hitler seine Zweifel über die Treue einiger Leute aus seiner Umgebung mitteilte, könnte dieser Maßnahmen zum Schutz seines Freundes ergreifen. Andererseits, wenn es dem Duce gelang, Hitler von der Notwendigkeit einer zusätzlichen militärischen Hilfe zu überzeugen, würde seine Stellung im Großen Rat wieder gestärkt werden.

Die Verschwörer hatten deshalb während Hitlers Besuch nur ein Ziel: Der »Führer« und Mussolini durften so wenig wie möglich zusammen sein.

Dafür gab es einen Vorwand: Die Sicherheit der beiden Persönlichkeiten verlangte besondere Vorkehrungen. Niemand fand etwas dabei, daß Mussolini und Hitler umständlich und zeitraubend, mit Flugzeug, Zug und Auto anreisten, anstatt sich einfach am Flughafen von Treviso zu treffen. So gingen kostbare Stunden mit Verspätungen verloren.

Diese Komplikationen waren bewußt von den Verschwörern provoziert worden. Vielleicht wurde auch der Luftangriff auf Rom, genau eine Stunde nach Beginn der Besprechungen, von den Alliierten veranstaltet, um das Treffen zu stören.

Jedenfalls standen den beiden Regierungschefs schließlich nur knapp vier Stunden für ihre Gespräche zur Verfügung.

Von nun an, seit dem 20. Juli 1943, war der Weg für die Beseitigung Mussolinis frei.

An diesem Abend kam es zwischen dem Duce und mir zu einer Auseinandersetzung in der Villa Torlonia. Er war gerade beim Umziehen, als ich ihm meine neuesten Informationen über die Pläne von Badoglio, Grandi und Gesellen enthüllen wollte.

Die Sache war eindeutig: ich sollte vor meinem Mann ausgeschaltet werden, weil ich hinderlich wirkte; er selbst sollte an die Alliierten ausgeliefert oder getötet werden, wenn er versuchte zu fliehen oder sich aufzulehnen. Die Versammlung des Großen Rates war der verfassungsmäßige Vorwand, auf den der König gewartet hatte.

Ich hatte außerdem erfahren, daß unsere Telephonleitung ständig vom Generalstab abgehört wurde, dessen Chef Ambrosio am Komplott beteiligt war. Schließlich hielt ich klare Beweise in der Hand, daß der Unterstaatssekretär im Außenministerium, Giuseppe Bastianini, elf Pässe auf Mitglieder der Verschwörergruppe Cavallero ausgestellt hatte.

Als ich meinen Mann darauf hinwies, erwiderte er:

»Rachele, muß ich es dir noch einmal wiederholen: was mir Sorgen macht, sind die amerikanischen Panzer, und nicht Badoglios Kontrollen oder die Intrigen der anderen.«

Und zur Affäre Bastianini meinte er nur kurz angebunden, daß eher ich es sei, die hier intrigieren würde.

Da ergriff ich wütend das Telefon und rief Bastianini selber an. Ich warf ihm alles an den Kopf, was ich über ihn wußte, nannte ihm die Namen der Leute, denen er Pässe ausgestellt hatte, und fügte hinzu, daß ich Mussolini darüber informiert hätte.

Mein Mann war außer sich über diese Szene. Er unterbrach die Verbindung, weil er meine Enthüllungen nicht mehr anhören konnte.

Mir blieben nur noch vier Tage bis zur Sitzung des Großen Rates. Als der Duce den 24. Juli als Termin festgesetzt hatte, brachte er die

Verschwörer in Zeitdruck, denn sie hatten mit dem 7. August als Datum gerechnet. Doch er nutzte diesen Vorteil nicht aus. Seiner Meinung nach würde die Versammlung des Großen Rates die Situation klären und jeden von seiner Verantwortung überzeugen. Im übrigen war er überzeugt, daß eine Intervention des Königs, falls es dazu käme, nur zu seinen Gunsten ausfallen könnte.

Weder unsere Tochter Edda, die vergebens versuchte, ihren Vater vor Grandi zu warnen, noch der neue Sekretär der Faschistischen Partei, Carlo Scorza, der in Andeutungen von »möglichen Überraschungen« gesprochen hatte, noch ich selbst konnten seine Meinung ändern.

Ich zählte nicht mehr die Tage, sondern die Stunden. Am 24. Juli stand ich noch früher als gewöhnlich auf; ich hatte die ganze Nacht kein Auge geschlossen. Ich konnte nicht einmal mit einem meiner Kinder über meine Angst reden, denn Vittorio mußte einen Auftrag ausführen, und Romano und Anna Maria hielten sich mit meinen Enkeln in Riccione auf.

Die Sonne schien bereits, ihre Strahlen würden in wenigen Stunden unerträglich heiß werden.

Benito war auch schon aufgestanden.

»Ist die Sitzung heute abend wirklich notwendig?« fragte ich ihn direkt.

Er blickte mich erstaunt an:

»Warum nicht? Es handelt sich doch nur um eine Aussprache zwischen Kameraden, jedenfalls glaube ich das. Ich sehe nicht ein, warum sie nicht stattfinden sollte.«

»Kameraden!« fiel ich ein. »So nennst du diese Gruppe von Verrätern, die dich hintergehen, angefangen bei Grandi! Weißt du, daß Grandi seit einigen Tagen unauffindbar ist?«

Benito zögerte einen Augenblick, als ich den Namen Grandi nannte. Doch dann versuchte er mich wieder zu beruhigen. Wir trennten uns an diesem Morgen, ohne daß einer den anderen überzeugt hätte.

Einige Tage vor dem Treffen von Feltre hatte mein Mann einen Bericht über eine Begegnung zwischen Ciano und anderen Mitgliedern des Großen Rates erhalten.

Ciano hatte die Tatsache zugegeben, meinte jedoch, daß es dabei nur um private Fragen gegangen sei.

Gegen meinen Rat beauftragte Benito Scorza, mit dem Dokument Ciano aufzusuchen und eine Erklärung zu verlangen. Mein Schwiegersohn kam selbst zum Duce und versicherte ihn seiner Treue.

Doch die Verschwörer wußten nun, daß Mussolini Verdacht geschöpft hatte. Sie mußten die Maske fallen lassen.

An diesem Tag überraschte ich mich mehrmals bei dem Gedanken, was mein Mann wohl gerade tun mochte. Ich lebte wie in einem Alptraum, mit der Hoffnung, daß Benito mir am nächsten Morgen sagen würde:»Siehst du! Du hast dich geirrt!«

Doch im Innersten wußte ich, daß das Gegenteil stimmte.

Beim Mittagessen zeigte Mussolini keine besondere Nervosität; aber die Blässe seines Gesichtes und die Art, wie er hin und wieder seine Hand zum Rücken führte, verrieten mir, daß sein Magengeschwür ihm Schmerzen bereitete. Wie konnte das auch anders sein, bei dem Leben, das er seit einem Jahr führte?

Gewöhnlich begannen die Versammlungen des Großen Rates um 22 Uhr, aber die vom 24. Juli war auf 17 Uhr vorverlegt worden, in Voraussicht einer langen Diskussion.

Benito verließ die Villa Torlonia etwa zwanzig Minuten vorher, unter dem Arm trug er seine Aktentasche mit den Dokumenten.

Ich begleitete ihn bis zum Auto, und als er einstieg, konnte ich es nicht unterlassen, ihm zuzurufen:

»Laß sie alle verhaften, Benito! Noch ehe die Sitzung beginnt!«

Er machte ein Zeichen mit der Hand, als wollte er sagen, daß er es tun werde . . . oder daß es zu spät sei.

Der Duce hatte an diesem Tag die Miliz beurlaubt und es abgelehnt, die Wache im Palazzo Venezia zu verstärken.

Wieder einmal war der Mensch stärker als der Diktator: Mussolini wollte niemanden mit Gewalt zwingen.

Wie Mussolini entmachtet wurde

Bei der Sitzung des Großen Rates wurden Mussolinis Person und seine Autorität kein einziges Mal in Frage gestellt. Das politische System, das Bündnis mit Deutschland, die letzten Ereignisse gaben zu Kritik Anlaß, doch nach Auffassung mehrerer der neunzehn Ratsmitglieder (von denen vierzehn übrigens Freimaurer waren), die für den Antrag Grandis stimmten, ging es nur darum, den Duce von einigen Funktionen zu entlasten, damit er sich stärker der allgemeinen Politik widmen könnte.

Mussolinis demokratische Haltung täuschte sogar einen der Anwesenden, Gottardi, der zum erstenmal im Rat vertreten war, und ließ ihn für den Antrag stimmen. Er glaubte, daß Mussolini sich mit Grandi abgesprochen habe, da er die Abstimmung zuließ.

Bereits zwei Stunden vor der Versammlung und während der ganzen Debatte litt Benito wieder unter heftigen Magenschmerzen, wie er mir später gestand.

Wie hätte er gehandelt, wenn er in einem besseren Gesundheitszustand gewesen wäre? Nicht anders. Er wollte eine Entscheidung herbeiführen und war sicher, daß er sich auf den König verlassen konnte. Und selbst wenn er gewußt hätte, daß der König ihn fallenließ, glaube ich nicht, daß er sich dem Wunsch des Großen Rates widersetzt hätte.

Um Mitternacht dauerte die Sitzung noch immer an, um ein Uhr, um zwei Uhr erhielt ich von Benitos Sekretär De Cesare die gleiche Auskunft. Ich war voller Unruhe, die seltsamsten Gedanken bedrängten mich, und ich begann, den schwierigen Anfangsjahren unseres gemeinsamen Lebens nachzutrauern. Waren sie im Grunde nicht die glücklichsten gewesen?

Ich schwor mir in der Stille des Hauses, daß ich Benito, wenn dieser Alptraum vorüber wäre, mit allen Mitteln dazu bringen wollte, die Macht abzugeben.

Gegen vier Uhr morgens hörte ich endlich den Motor von Mussolinis Wagen. Ich stürzte ihm entgegen. Er war in Begleitung von Scorza. Ich las auf seinem Gesicht die Anspannung der letzten Stunden, ich las, wie die Sitzung verlaufen war, noch ehe er den Mund öffnete.
»Du hast sie hoffentlich alle verhaften lassen?« rief ich aus.
Scorza blickte mich überrascht an. Mein Mann erwiderte leise: »Ich habe es noch nicht getan, aber ich werde es morgen früh nachholen.«
»Morgen ist es zu spät«, stöhnte ich verzweifelt, »Grandi ist dann schon über alle Berge!«
Benito und ich gingen in sein Büro hinauf, dort ließ er sich in einen Sessel fallen. Den Kopf in die Hände gestützt, sah er mich lange schweigend an.
Dann reichte er mir das Telephon und bat:
»Bitte, ruf den Generalstab an. Ich möchte wissen, ob es heute Luftangriffe gegeben hat.«
Ich wußte bereits, daß Bologna, Mailand und andere Städte bombardiert worden waren. Trotzdem stellte ich die Verbindung zum Generalstab her. Dort erklärte man dem Duce:
»Alles ist ruhig. Es gibt nichts zu melden.«
Außer mir vor Wut brüllte ich in den Hörer:
»Sie lügen! Fast ganz Italien steht unter Fliegeralarm! Bologna ist bombardiert worden. Warum müssen Sie den Duce noch in diesen Dingen belügen?«
Benito nahm mir den Hörer aus der Hand.
»Beruhige dich, Rachele, das alles ist jetzt sinnlos. Es ist nichts mehr zu machen. Sie wollen um jeden Preis die Katastrophe. Ich fürchte, daß mein eigener Wille nichts mehr auszurichten vermag.«
Dann berichtete er mir über den Verlauf der Diskussionen im Großen Rat. Ich unterbrach ihn nur ein einziges Mal, als er erwähnte, daß Galeazzo Ciano für Grandis Antrag gestimmt hatte.
»Sogar er!« rief ich schmerzlich betroffen.
Mein Mann und ich trennten uns gegen fünf Uhr. Ich ging in mein Zimmer, und es war mir, als sähe ich es zum erstenmal.
»Wieviele Nächte werden wir noch hier verbringen?« fragte ich mich, ehe ich in einen schweren und unruhigen Schlaf fiel.
Am nächsten Morgen war Benito schon fix und fertig angezogen, als ich aufstand. Der Arzt kam, um ihm seine tägliche Spritze zu geben, aber er wies sie zurück:

»Das Blut kocht mir zu sehr in den Adern«, war seine Erklärung.
Um neun Uhr war er bereits im Palazzo Venezia.
Carlo Scorza teilte ihm mit, daß Cianetti, der für Grandi gestimmt hatte, seine Stimme zurückzog. Er hatte sogar einen Brief geschrieben, in dem er den Duce um Entschuldigung bat.
Dann ließ Mussolini nach Grandi suchen, aber der blieb verschwunden. Er gab seinem Sekretär den Auftrag, für ihn eine Audienz beim König zu erbitten. Erstaunlicherweise ließ die Antwort auf sich warten. Ich erfuhr erst später, daß Benitos Ersuchen um eine Audienz die Verschwörer wieder in zeitliche Bedrängnis gebracht hatte, denn normalerweise wurde der Duce montags und donnerstags im Königlichen Palast empfangen. An diesem Tag war Sonntag, und Viktor Emanuel III. befand sich in seiner Privatresidenz, in der Villa Savoia.
Der König mußte zusammen mit Ambrosio und Acquarone alle Dispositionen für Mussolinis Verhaftung und Entführung ändern. Schließlich wurde die Audienz auf siebzehn Uhr festgelegt.
Um elf Uhr trat der Unterstaatssekretär des Innenministeriums, Albini, zum täglichen Bericht in das Büro meines Mannes. Er hatte am Vorabend im Großen Rat gegen den Duce gestimmt. Doch machte er keinerlei Anstalten, um seinen Abschied zu bitten, da er ja mit der Politik des Regierungschefs und Innenministers, dessen Funktionen Mussolini ebenfalls ausübte, nicht mehr einverstanden war. Albini tat, als wäre nichts geschehen.
Benito fragte ihn in ironischem Ton, ob er glaube, seine Stimme bei seiner ersten Abstimmung im Rat gut genutzt zu haben.
Mit schamrotem Gesicht erwiderte Albini, daß er vielleicht einen Irrtum begangen habe, als er für Grandi stimmte, aber niemand könne an seiner Ergebenheit gegenüber dem Duce zweifeln.
»Als er das Büro verließ«, erzählte mir mein Mann, »enthüllte sein Gesicht den Verräter, der sich selbst denunziert.«
Ich wußte, wer Albini war. Ich hatte bereits kurz nach seiner Ernennung zum Unterstaatssekretär Informationen über Unregelmäßigkeiten erhalten, die er als Präfekt von Neapel begangen hatte. Und Albini war sicher, daß ich davon unterrichtet worden war. So bat er mich, ihn zu empfangen, um mir seine Ergebenheitserklärungen anzuhören.
Ich äußerte damals Benito gegenüber Zweifel an der Zuverlässigkeit dieses Mannes. Doch wieder stieß ich mich an seiner Einstellung zur menschlichen Natur:

»Ich weiß, Rachele. Die Menschen sind wie die Äpfel. Zwischen mehreren guten gibt es stets einen oder zwei verfaulte. Wenn das auf diesen Jungen zutrifft, so hoffen wir, daß seine neuen Funktionen aus ihm einen guten Minister machen werden.«

Gegen elf Uhr bat mich Guido Buffarini-Guidi, Albinis Vorgänger im Innenministerium, in geheimnisvollen Wendungen um ein Rendez-vous. Ich erklärte mich bereit, ihn um siebzehn Uhr zu empfangen.

Mittags hatte der Duce eine Unterredung mit dem japanischen Botschafter in Rom, Shinrokuro Idaka, der auch Bastianini beiwohnte, obwohl er im Großen Rat gegen Mussolini gestimmt hatte.

Der japanische Botschafter bat um Erläuterung der militärischen Situation in Europa, und der Duce zeichnete ihm ein klares Bild der Lage. Er empfahl der japanischen Regierung sehr eindringlich, auf Hitler einzuwirken, damit er endlich mit Rußland verhandele.

»Wenn die Waffen nicht mehr ausreichen, um eine Situation zu meistern, muß man nach einer politischen Lösung suchen.«

Dieser Satz ist der letzte, den Mussolini als Regierungschef über den Krieg geäußert hat.

Um vierzehn Uhr wurde mir, wie üblich, mitgeteilt, daß der Duce den Palazzo Venezia verlasse. Er kam jedoch erst eine Stunde später nach Hause, da er zuvor noch die von Bomben getroffenen Viertel Roms zusammen mit General Galbiati besichtigt hatte. Er ließ alles Geld, das Galbiati, er und die Polizisten bei sich hatten, unter die armen Leute verteilen.

Statt sich um seine Sicherheit zu kümmern, sorgte er sich um das Los der Italiener.

Zu diesem Zeitpunkt stellte Badoglio bereits den Champagner kalt, denn als dieser Vormittag zu Ende ging, war er italienischer Regierungschef; und die Menge, die Mussolini in San Lorenzo zugejubelt hatte, ahnte nicht, daß er gar nichts mehr zählte.

Benito selbst ahnte es nicht. So hatte Italien ein paar Stunden lang zwei Regierungschefs.

Ich möchte nur nebenbei erwähnen, daß Viktor Emanuel, als er wenige Tage zuvor die gleichen Viertel von San Lorenzo besuchte, sehr viel weniger freundlich empfangen worden war.

Als wir bei Tisch saßen, bemerkte Benito:

»Ich werde heute nachmittag um fünf Uhr den König treffen.«

Ich sprang auf, als hätte mich eine Wespe gestochen: »Geh nicht dorthin«, beschwor ich ihn, »ich flehe dich an, geh nicht hin!«

Wir hatten uns mechanisch an den Tisch gesetzt, Benito wollte jedoch nichts essen, er trank nur ein paar Schluck Bouillon.

»Ich muß mit dem König sprechen. Denn wir haben einen Vertrag mit Deutschland, und wir müssen ihn einhalten. Der König hat ebenso wie ich unterzeichnet, und wir haben zusammen darüber diskutiert. Wenn es notwendig ist, behalte ich das Kommando, um unsere Verpflichtungen zu erfüllen. Oder ich gebe die Macht ab. Rachele, wir werden eine schwere Zeit durchmachen, wie in Caporetto, aber wir kommen darüber hinweg.«

Kurze Zeit später rief der Hof an, um mitzuteilen, daß der Duce zur Villa Savoia kommen sollte, und zwar in Zivil, nicht in Uniform.

Diese Bemerkung belebte meine Angst von neuem. Ich war sicher, daß Viktor Emanuel damit dem moralischen Problem aus dem Wege gehen wollte, den Oberbefehlshaber der italienischen Streitkräfte zu verhaften, dem er selber seine militärischen Vorrechte für die Dauer des Krieges übertragen hatte.

Benito ging in sein Zimmer, um sich umzukleiden.

»Welchen Anzug soll ich anziehen?« fragte er mich.

Ich antwortete nicht einmal. Mit vor Angst zugeschnürter Kehle versuchte ich noch einmal, ihn von dem Besuch beim König abzuhalten.

Ich erinnerte meinen Mann daran, daß er von einem der königlichen Jagdaufseher in Castelporziano einen Brief erhalten hatte, in dem er vor dem König gewarnt wurde. »Er ist mißtrauisch und unaufrichtig«, schrieb der Mann, »Seine Majestät hat Angst, daß Sie zu mächtig werden, weil das Volk Sie liebt . . .«

Benito hörte mir schweigend zu.

Ich war überzeugt, daß die ganze königliche Familie, außer der Königin, Mussolini feindlich gesinnt war, besonders die Prinzessin Maria-José; und Kronprinz Umberto war sicher nicht deshalb für ihn eingenommen, weil der Duce um 1930 einen privaten Skandal erstickt hatte, dessen Urheber der Prinz gewesen war.

Der König selbst hatte dem Duce nie die Beschränkung seiner Vorrechte verziehen. Aber Benito konnte nicht glauben, daß der König zwanzig Jahre loyaler Zusammenarbeit vergessen würde.

»Es ist ausgeschlossen, daß sich der König gegen mich stellt, Rachele. Wenn er das tut, zerstört er nicht nur sich selbst, sondern die Monarchie und Italien.«

Mussolini nahm die Dokumente von seinem Schreibtisch, darunter den

Verfassungstext, der die Prärogativen des Großen Rates festlegte. Den Brief, den Cianetti ihm geschrieben hatte, vertraute er mir an; auf diese Weise konnte Cianetti beim Prozeß von Verona seinen Kopf retten.

Gegen 16.30 Uhr kam De Cesare. Als Mussolinis Privatsekretär mußte er ihn zur Villa Savoia begleiten.

»Ich fürchte sehr, daß Sie heute abend nicht nach Hause zurückkehren können«, warnte ich ihn.

Aber er fand, wie mein Mann, meine Angst übertrieben. Kurz bevor Benito das Haus verließ, rief Scorza an. Er teilte dem Duce mit, daß Marschall Graziani zu seiner Verfügung stände, falls er seine Dienste brauche. Benito erwiderte, daß er Graziani nach seiner Unterredung mit dem König empfangen würde.

Diese Einzelheit mag beweisen, daß es meinem Mann überhaupt nicht in den Sinn kam, daß er sich in die Höhle des Löwen begebe.

Kurz vor 17 Uhr stieg Mussolini in einem blauen Anzug in seinen Wagen. Ercole Boratto saß am Steuer. Erst als er schon fort war, merkte ich, daß wir uns nicht einmal verabschiedet hatten . . .

Um 17 Uhr kam Buffarini, wie verabredet. Er stand noch ganz unter dem Eindruck der Sitzung des Großen Rates. Er reichte mir einen Bogen Papier, den mein Mann während der Debatte mit kleinen Zeichnungen bedeckt hatte, so, als ob er sich gelangweilt hätte.

Wir sprachen gerade über Scorza, als das Telephon klingelte. Ich sprang mit einem Satz auf. Am anderen Ende der Leitung flüsterte eine erstickte Stimme:

»In diesem Augenblick haben sie den Duce verhaftet . . .«

Ich stand wie versteinert, unfähig, etwas zu sagen.

Die Stimme wiederholte: »*Pronto! Pronto!*« (Hallo! Hallo!) Buffarini nahm mir den Hörer aus der Hand und fragte:

»Wer sind Sie? Sagen Sie mir, wer Sie sind!«

»Ich kann nichts weiter sagen. Das ist alles, was ich weiß. Beeilen Sie sich! Informieren Sie die Kinder in Riccione!«

Dann wurde die Verbindung unterbrochen.

Keine halbe Stunde vorher hatte ich Mussolini angefleht, nicht zum König zu gehen. Leider hatte ich recht mit meinen Befürchtungen: Der Duce war verhaftet worden.

Zehn Minuten löschen eine zwanzigjährige Regierungszeit aus

Wir hatten den 25. Juli 1943. Ich mußte bis zum 13. September warten, um aus dem Munde meines Mannes selbst die näheren Umstände seiner Verhaftung zu erfahren.

Doch an diesem schrecklichen Tag dachte ich, daß ich ihn nie wiedersehen würde.

Nach dem Anruf brauchte ich einige Minuten, ehe ich begriff, was eigentlich geschehen war. Dabei hatte ich Benito so oft vorausgesagt, daß er verhaftet werden würde.

In Forli oder Mailand hatte ich immer gewußt, in welches Gefängnis er kam. Doch jetzt hatte ich keine Ahnung, wohin er entführt worden war. Ich dachte nur: lebt er noch? Und dann ganz dumm: wird er auch seine Medikamente einnehmen? Nachdem die erste Panik überwunden war, begann ich jedoch zu handeln.

Ich rief das Hauptquartier der Miliz an, die deutsche Botschaft, den Palazzo Venezia und General Galbiati, der sich um 15 Uhr von meinem Mann getrennt hatte.

Doch überall erhielt ich die gleiche Antwort: »Man hat Sie angelogen, Donna Rachele, es ist nichts passiert.«

Ich fragte mich bereits, ob es sich nicht vielleicht wirklich um einen schlechten Scherz handelte, als ich den Lärm von Motoren hörte.

Ich blickte aus dem Fenster und sah mehrere Lastwagen vor unserem Gartentor anhalten. Als die Carabinieri ausstiegen, versuchte ich zu telephonieren, aber die Leitung war tot. Selbst der Pförtner antwortete nicht mehr.

Die Carabinieri holten die Agenten ab, die für unsere Sicherheit verantwortlich waren. Einige von ihnen machten Anstalten, zum Haus zu kommen, wohl, um sich zu verabschieden, aber der Offizier schnitt ihnen den Weg ab. Dann zogen sie alle ab und überließen die Villa Torlonia dem Schutz von zwei Polizisten und einem Telephonisten. Ich wäre dem ersten Attentäter ausgeliefert gewesen.

Erschöpft ging ich in den Garten hinaus und ließ mich auf eine Bank sinken. Neben mir trank Buffarini einen Cognac nach dem anderen, um seine Stimmung zu heben; er wich keinen Schritt von meiner Seite, denn ich war sein einziger Rettungsanker.

Ich dachte darüber nach, daß die Geschichte oft seltsame Kapitel enthielt: Kaum eine Stunde nach Mussolinis Verhaftung hatte ich alle Stellen informiert, die Benito befreien konnten, wenn sie sofort handelten, wie etwa die Deutsche Botschaft. Aber allen schien die Nachricht derart absurd, daß niemand sich rührte.

Plötzlich dachte ich an Vittorio. Er war die vergangene Nacht in der Luft gewesen und schlief jetzt friedlich in dem Haus, das er am Ende des Parkes der Villa Torlonia bewohnte. Ich ließ ihn rufen. Er kam, die Augen noch voller Schlaf, und pfiff eine kleine Melodie vor sich hin.

»Was ist los, Mamma? Brennt unser Haus?«

»Sie haben deinen Vater verhaftet. Bringe dich schnell in Sicherheit!«

Vittorio verlor keine Zeit. Er sprang in sein Auto und verließ die Villa Torlonia ohne Schwierigkeit durch einen Seitenausgang, der zur Via Spallanzani führte und den er gewöhnlich benutzte.

Einige Zeit später klingelte das Telephon: Romano rief aus Riccione an. Er wollte mich darum bitten, ins Kino gehen zu dürfen. Meine Schwiegertochter Gina – Brunos Witwe – und Anna Maria hatten es ihm aus Furcht vor einem Bombenangriff verboten.

Ich wußte, daß unser Telephon überwacht wurde, daher konnte ich nichts erklären. Ich wollte die Kinder auch nicht beunruhigen. Aus meinen ausweichenden Antworten schloß Romano, daß ich ihm die Erlaubnis verweigerte, und wie immer in solchen Fällen, verlangte er, seinen Vater zu sprechen, dem er eher ein »Ja« zu entreißen hoffte.

Konnte ich jetzt herausschreien, daß sein Vater verhaftet und entführt worden war? Ich war nicht einmal bei meinem Sohn, um ihn zu trösten. So entschloß ich mich schweren Herzens, nichts weiter zu sagen.

Dann rief Vittorio an, um zu hören, wie es mir ging. Seine Anrufe waren die einzige Verbindung zur Außenwelt, die mir blieb. Vittorio gestand mir später, daß er damals überzeugt war, daß man seinen Vater bereits hingerichtet hatte.

Erst abends gegen 22 Uhr besuchten mich der Quästor Agnesina und der Präfekt Stracca, die bis zu diesem Tag für die Sicherheit des Duce verantwortlich gewesen waren.

Sie konnten mir nicht sehr viel berichten, nur, daß Benitos Wagen im Park der Königlichen Residenz stehe, woraus Agnesina schloß, daß der Duce sich noch immer in der Villa Savoia befinde.

Anschließend hörte ich in den Nachrichten zum erstenmal die Meldung, daß Badoglio an die Stelle Mussolinis getreten sei.

In dieser Nacht hatte ich einen Gast: Buffarini war von der Angst beherrscht, daß er in die Hände eines Fanatikers geraten könnte, daher bat er mich, ob er in meinem Haus übernachten dürfe. Ich hatte zwar keine sehr hohe Meinung von diesem Mann und zeigte ihm das später auch, aber in diesem Augenblick saßen wir alle im gleichen Boot, und ich hätte mich sehr undankbar verhalten, wenn ich ihn jetzt vor die Tür gesetzt hätte, nachdem er gekommen war, um mir etwas Trost zu bringen.

Als wäre eine Prüfung noch nicht genug, erlegte mir das Schicksal an diesem 25. Juli noch eine weitere auf. Irma verlor die Nerven und enthüllte mir die Liaison, die Benito seit mehreren Jahren mit Clara Petacci unterhielt. Die Sonderausgaben der Zeitungen, die über den Rücktritt Mussolinis berichteten, sprachen bereits davon.

Die arme Irma, die mit so viel Hingabe über uns gewacht hatte, erlebte sogleich eine heftige Reaktion auf ihr Geständnis: Ihr Mann gab ihr vor mir eine Ohrfeige.

Auf der Straße sammelten sich vor dem Gartentor Leute an. Sie schrien:»Der Krieg ist zu Ende!«, und skandierten gegen Mussolini gerichtete Slogans.

Ein Antifaschist – wer war an diesem Abend keiner –, dem ein Wächter einmal untersagt hatte, in der Nähe der Villa Torlonia zu hupen, rächte sich auf seine Weise: Er blockierte seine Hupe direkt vor unserem Eingang.

Am Morgen des 27. Juli, nach zwei Tagen, brachte mir die Kammerfrau der Prinzessin Mafalda von Savoyen einen Brief ihrer Herrin, in dem diese mir versicherte, daß der Duce lebte und keine Gefahr für ihn bestände.

»Gott sei gelobt!« murmelte ich nur und schloß die Augen.

Nach Ansicht der Prinzessin Mafalda gab es zwischen Viktor Emanuel und der Königin heftige Spannungen. Die Königin hatte die Verhaftung des Duce unter ihrem Dach nicht gebilligt; sie betrachtete diese Handlung nicht nur als Verrat, sondern auch als eine Verletzung der elementarsten Grundregeln der Gastfreundschaft.

Den ersten Brief meines Mannes brachte mir ein gewisser General

Polito, der von zwei höheren Offizieren der Carabinieri begleitet wurde.

Ich überflog ihn sogleich, versuchte den ganzen Inhalt mit einem Blick zu erfassen.

»Liebe Rachele«, schrieb er, »der Überbringer dieses Briefes wird Dir sagen, was mit mir geschehen ist. Du weißt, was ich essen darf, aber schicke mir nicht zu viele Sachen: nur ein paar Kleidungsstücke, weil ich keine habe, und Bücher. Ich kann Dir nicht sagen, wo ich bin, aber ich kann Dir versichern, daß es mir gut geht. Bleibe ruhig und umarme die Kinder. Benito.«

General Polito gab mir auch einen Brief des Marschalls Badoglio zu lesen, nahm ihn mir dann aber wieder fort. Badoglio forderte mich auf, meinem Mann Kleidung und Geld zu schicken, sonst wäre es nicht möglich, ihm Essen zu verschaffen.

Ich war empört:

»Zwanzig Jahre hat Mussolini auf alle Titel und sogar auf sein Gehalt verzichtet. Und jetzt hat Badoglio, dessen Taschen voller Millionen stecken, die er sich unter der Regierung meines Mannes angeeignet hat, die Dreistigkeit, einem Gefangenen wie Mussolini ein Stückchen Brot zu verweigern. Das ist unerhört!«

Die Wut und der Schmerz ließen mich jede Vorsicht vergessen. Ich dachte schon daran, Polito vor die Tür zu setzen.

Die beiden Offiziere bemerkten, in welchem Zustand ich mich befand, und einer von ihnen zog mich etwas zur Seite:

»Signora, Sie haben völlig recht. Ich kann leider nicht viel für Sie tun, aber sie können auf meine Treue rechnen. Doch bewahren Sie Ihre Kaltblütigkeit, denn diese Leute sind zu allem fähig.«

Ich versuchte also, mich zu beherrschen, und bereitete ein Paket vor, mit einigen Geschenken für Benitos Geburtstag, das heißt, Taschentüchern, einem Paar Socken und einem Schlips.

Ich legte hinzu, was ich auch immer ins Gefängnis von Forli gebracht hatte: ein Huhn, frische Tomaten, Früchte und *tagliatelle*. Ich fügte auch eine Flasche Öl bei (die er nie erhielt), weil die Ärzte Benito alle mit Butter bereiteten Speisen verboten hatten, und ein Buch *Das Leben Jesu* von Ricciotti, das ich auf seinem Nachttisch gefunden hatte.

Als Polito sich verabschiedete, konnte ich es nicht unterlassen, ihn auf seine nagelneuen Generalssterne anzusprechen:

»Ich gratuliere, ich sehe, daß der 25. Juli nicht nur einer Person Ruhm gebracht hat.«

Sein haßerfüllter Blick gab mir zu verstehen, daß ich in ihm keinen Freund gewonnen hatte.

Am 2. August verließ ich für immer die Villa Torlonia. Polito hatte den Auftrag, mich nach Rocca delle Caminate zu begleiten, wo ich meine Kinder vorfinden sollte.

Ich packte meinen Koffer vor seinen Augen, damit er sah, daß ich nichts Wichtiges mitnahm, abgesehen von dem Köfferchen mit Benitos Auszeichnungen. Ich biß die Zähne zusammen, um meine Verzweiflung zu verbergen. Als ich ein letztes Mal durch alle Zimmer ging, hatte ich das Gefühl, daß mir alle Gegenstände zärtlich nachblickten. Ich streichelte hier eine Stuhllehne, dort einen Tisch und wischte ein paar Tränen ab, die niemand sah.

In wenigen Minuten verließ ich so, was ich vierzehn Jahre lang aufgebaut hatte. Die Tiere schienen zu murmeln: »Und wir? Was wird nun aus uns?«

Ich riß mich zusammen. Ich durfte mich nicht gehen lassen, ich war wenigstens noch frei, während Benito in Gefangenschaft saß.

Gegen 23 Uhr stieg ich ins Auto. Ich drückte noch einigen Leuten die Hand, die uns jahrelang gedient hatten. Wir wechselten keine Worte, doch ich fühlte, daß ihr Herz sprach.

Die Fahrt wurde qualvoll, eine entsetzliche physische und seelische Belastung.

Unsere Reise, die wir leicht in sechs oder sieben Stunden hätten hinter uns bringen können, dauerte über zwölf Stunden. Der begleitende Offizier saß neben dem Fahrer, Polito hatte sich neben mich auf den Rücksitz gewälzt.

Er hielt alle Fenster dicht geschlossen. Das machte die Luft im Wagen, die bereits von seinen Zigarren verqualmt war, noch unerträglicher. Selbst wenn wir anhielten, schloß er mich im Auto ein.

Als ich bemerkte, daß die Umwege, die er dem Fahrer vorschrieb, nur den Benzinverbrauch steigerten, brach er in ein lautes und gemeines Lachen aus:

»Machen Sie sich deshalb keine Sorgen. Wir haben genug Benzin. Wir haben immer genug gehabt . . . für uns.«

Zum physischen Widerwillen kam die moralische Erniedrigung noch hinzu.

Vorbei war es mit dem respektvollen »Donna Rachele«. Der widerwärtige Faschingsoffizier duzte mich und gab mir sogar zu verstehen, daß das Schicksal meines Mannes nur von ihm abhinge und daß sein

Verhalten ihm gegenüber wiederum von dem meinigen bestimmt würde. Er legte es darauf an, mich zu demütigen. Schließlich besann er sich und übergab mir seine Visitenkarte, damit ich wüßte, wo er zu erreichen sei. Denn er war überzeugt, daß ich nicht lange zögern würde, mich ihm zu Füßen zu werfen.

Es war elf Uhr morgens, als ich in der Ferne den Umriß des Turmes von Rocca delle Caminate erkannte. Ich stieß einen Seufzer der Erleichterung aus, endlich würde ich von diesem entsetzlichen Wesen befreit werden. Eine Befriedigung hatte mir die Reise allerdings gebracht: In seiner Eitelkeit hatte Polito mir über alle Machenschaften der Polizei berichtet, von denen einige für immer im dunkeln geblieben wären, wenn sie der Wichtigtuer nicht so ausgeplaudert hätte.

Als der Wagen hielt, hörte ich die Stimmen meiner Kinder. Das waren die süßesten Töne, die ich seit neun Tagen vernommen hatte.

Die unglaubliche Befreiung Mussolinis ✎

»Als ich im Park der Villa Savoia ankam, sah ich in der Nähe des Eingangs einen Krankenwagen stehen. Arglos vermutete ich, daß jemand in der königlichen Familie krank geworden sei. ›Hoffentlich ist es nichts Schlimmes‹, dachte ich mir.«

Nur mein Mann konnte einen solchen Gedanken hegen, während der König, der ihn in Uniform vor seiner Villa erwartete, den letzten Akt des Komplotts einleitete.

Wir hatten den 13. September 1943. Gegen 14 Uhr sah ich Benito zum erstenmal seit dem 25. Juli wieder. Er war in München an Bord einer Maschine eingetroffen, die Hitler ihm persönlich zur Verfügung gestellt hatte. Als ich ihn mit blassem und abgezehrtem Gesicht aus dem Flugzeug steigen sah, seinen Hut aus der Romagna auf dem Kopf, die magere Gestalt in einen viel zu weit gewordenen schwarzen Mantel gehüllt, zog sich mir das Herz zusammen.

»Ich glaubte nicht, dich noch einmal wiederzusehen«, sagte er nur, während er mich umarmte, aber die wenigen Augenblicke, die wir uns schweigend ansahen, waren beredter als alle Gefühlsausbrüche.

Eigentlich sollte mein Mann seinen Flug bis Rastenburg fortsetzen, um Hitler zu treffen, aber eine unverhoffte schlechte Wetterlage zwang ihn, die Nacht in München zu verbringen. So begleitete er mich in den Karlspalast, eines der schönsten Hotels von München.

Ich ließ ihm ein Bad einlaufen, das er dringend nötig hatte. Seine Strümpfe waren durchlöchert und klebten ihm an den Füßen, sein Hemd war schmutzig und verknittert, seine Unterhose zu lang und zu weit; sie wurde nur von einem großen schwarzen Knopf zusammengehalten.

»Woher hast du denn die?« fragte ich ihn.

»Von einem Matrosen der *Persefone*, dem Kriegsschiff, mit dem ich von einem Hafen zum anderen gefahren wurde, um den deutschen Nachforschungen auszuweichen. Während wir auf die Insel Ponza

zuschwammen, näherten sich mir mehrere Matrosen und fragten, ob ich etwas brauchte. Einer von ihnen bot mir vierhundert Lire an, ein anderer eine Unterhose. Ich nahm alles an, denn ich hatte nichts.«
Als wir schließlich zu Bett gingen, kam Benito in mein Zimmer. »Ich schlafe bei dir«, erklärte er. »Mein Zimmer ist zu groß, und ich habe genug vom Alleinsein.«
Ich weiß nicht, wer von uns beiden glücklicher war. Mein Mann begann, mir von seiner Gefangenschaft zu erzählen.
»Der König war ganz aufgeregt, als er mich empfing, er sprach in abgerissenen Sätzen. Sobald wir in sein Büro getreten waren, rief er aus: ›Mein lieber Duce, alles bricht zusammen. Italien liegt auf den Knien, die Armee ist geschlagen, und die Soldaten wollen nicht mehr für Sie kämpfen. Die Alpenjäger singen davon sogar in einem Lied.‹ Und der König fing tatsächlich dieses Soldatenlied zu singen an. Dann erinnerte er mich an die Sitzung des Großen Rates, wobei er nervös an seinen Nägeln kaute: ›Sie sind in diesem Augenblick der bestgehaßte Mann Italiens. Sie haben nur noch einen Freund, Duce. Ein einziger Mann ist ihr Freund geblieben: ich. Sie brauchen sich überhaupt nicht um Ihre Sicherheit zu sorgen. Ich habe beschlossen, die Leitung der Regierung dem Marschall Badoglio zu übertragen. Er wird ein Beamten-Kabinett bilden und den Krieg weiterführen.‹«
»Und was hast du erwidert?« unterbrach ich Benito.
»Nicht viel. Ich versuchte vor allem, ruhig und würdig zu bleiben, aber der Schlag traf mich hart. Ich gab zu, daß man nicht zwanzig Jahre regieren und Krieg führen kann, ohne die Folgen zu tragen. Meinem Nachfolger wünschte ich viel Glück, aber ich fügte noch hinzu: ›Majestät, Sie sind dabei, eine sehr ernste und folgenschwere Entscheidung zu treffen. Die Krise, die dadurch ausgelöst wird, kann sogar zu einer Tragödie führen. Denn wenn Sie den Mann absetzen, der den Krieg geführt hat, so bedeutet das in den Augen des Volkes, daß der Frieden in Sicht ist. Sollten Sie das Volk täuschen, wird die Reaktion furchtbar sein. Mag sein, daß die Soldaten nicht mehr für Mussolini kämpfen wollen. Aber sind sie bereit, für Sie in den Kampf zu ziehen? Majestät, die Krise, die Sie heraufbeschwören, wird Churchill und Stalin zum Sieg verhelfen.‹
Das alles dauerte kaum zwanzig Minuten. Wir gingen zur Tür, wo sich der König De Cesare vorstellen ließ – er sah ihn zum ersten- und auch zum letztenmal –; dann drückte Viktor Emanuel III. mir die

Hand und fragte: ›Wohin wollen Sie jetzt gehen, Duce?‹ – ›Ich habe nur ein Haus, Majestät, Rocca delle Caminate, dorthin möchte ich mich zurückziehen.‹«

Dann ging alles sehr schnell. Als mein Mann in seinen Wagen steigen wollte, kam ein Carabiniere, der Hauptmann Vigneri, auf ihn zu: »Seine Majestät hat mich beauftragt, für Ihre Sicherheit zu sorgen, denn wir haben erfahren, daß Sie in Gefahr sind. Ich habe den Befehl erhalten, Sie zu begleiten.«

»Ich brauche keine Eskorte, ich habe meine eigene«, entgegnete Mussolini.

»Nein, ich muß Ihnen selbst das Geleit geben.«

»Dann steigen Sie in mein Auto!«

»Das ist unmöglich. Zu Ihrer Sicherheit haben wir einen Krankenwagen kommen lassen.«

»Das ist doch nicht Ihr Ernst! Übertreiben Sie nicht ein wenig?«

»Ich bedaure, Duce, es handelt sich um einen Befehl des Königs!«

Aus Achtung vor dem König ging er schließlich zum Krankenwagen hinüber.

»Ich war von bewaffneten Männern umgeben«, berichtete Benito, »De Cesare saß vorne neben dem Chauffeur. Ich glaubte immer noch, daß diese Maßnahme wirklich zu meinem Schutz getroffen worden sei, und beunruhigte mich nicht. Auf den Straßen herrschte sonntägliche Stimmung, Kapellen spielten, die Leute gingen spazieren oder standen vor den Kinos. Der Wagen fuhr so schnell und rüttelte uns derart durcheinander, daß ich zum Offizier der Carabinieri meinte: ›Wenn Sie Ihre Kranken oder Verwundeten immer so behandeln, ersparen Sie sicher den Ärzten viel Arbeit.‹ Nach diesen Worten ging die Fahrt etwas langsamer weiter.«

Selbst in der Nacht, die er in einer Schule der Carabinieri verbrachte, gewann Mussolini noch nicht den Eindruck, ein Gefangener zu sein. Erst als er am nächsten Morgen die Wachtposten auf dem Flur entdeckte, begann er das Spiel zu durchschauen.

Mich interessierte jetzt vor allem seine Gesundheit.

»Und dein Magen? Wer hat dich behandelt?«

»Am ersten Abend besuchte mich ein Militärarzt, aber ich wollte mich nicht untersuchen lassen und weigerte mich zu essen.

Gegen ein Uhr morgens kam General Ferone mit einem Brief von Marschall Badoglio. Ich öffnete den grünen Umschlag des Kriegsministeriums, während der General mich mit einem befriedigten

Lächeln betrachtete. Badoglio hatte die Zeilen selbst geschrieben. Zusammengefaßt besagten sie:

›Der Regierungschef legt Wert darauf, Eurer Exzellenz mitzuteilen, daß alle Maßnahmen, die Ihre Person betreffen, allein in Ihrem Interesse angeordnet werden. Wir haben aus verschiedenen Quellen übereinstimmende Informationen erhalten, die auf ein Komplott gegen Sie hinweisen. Ich stehe Ihnen selbstverständlich zur Verfügung, um die erforderlichen Anweisungen zu geben, damit Sie sicher und mit der Ihnen zustehenden Achtung bis zum Wohnort Ihrer Wahl gebracht werden. Gezeichnet: Der Regierungschef, Marschall Badoglio.‹«

»Warum sollte ich ihm nicht glauben? In den Augen der ganzen Welt, das heißt, für die Faschisten wie für unsere Feinde, war Badoglio einer der bekanntesten Faschisten.«

»Aber er gehört auch zu den Freimaurern und ist sogar einer ihrer Würdenträger!«

»Wie du weißt, ist er nicht der einzige. Aber ich konnte mir nicht vorstellen, daß ein Mann, der Ruhm, Reichtum und Titel unter dem Faschismus gewonnen hatte, mich in so gemeiner Weise verraten werde. Ich war überzeugt, daß er die allgemeine Politik Italiens nicht ändern wolle. Sonst hätte ich Badoglio niemals geschrieben, daß ich ihn unterstützen würde und ihm Glück wünschte. Ich war der Auffassung, er wolle unsere Verpflichtungen gegenüber Deutschland einhalten, das heißt, den Krieg fortsetzen.«

Am nächsten Morgen wollte mein Mann trotz der Bitten des Militärarztes nichts essen. Schließlich verzehrte er ein hartes Ei, etwas Brot und eine Frucht.

Am Abend des 27. Juli wurde Mussolini von General Polito – er tauchte wirklich überall auf – abgeholt, der ihn angeblich nach Rocca delle Caminate bringen sollte.

»Als ich die Vorhänge des Wagens zur Seite schob, erkannte ich, daß wir uns nicht in nördlicher Richtung, sondern eher südlich hielten. ›Fahren wir nicht nach Rocca delle Caminate?‹ fragte ich Polito.

›Nein, es hat sich eine Änderung ergeben‹, war die knappe Antwort.«

Erste Reiseetappe: Gaeta.

»Sie tun mir zuviel Ehre an«, bemerkte Mussolini.

»Hierher wurde auch der große Patriot Giuseppe Mazzini verbannt.«

Doch Gaeta war nur eine Zwischenstation.
»Ich wurde auf ein Kriegsschiff, die *Persefone*, gebracht, das mich auf der Insel Ponza absetzte. Dort lebte ich mehr als zehn Tage lang völlig isoliert. Ich nutzte diese Zeit, um die *Barbarischen Oden* von Carducci ins Deutsche zu übersetzen und *Das Leben Jesu*, das du mir geschickt hattest, zu Ende zu lesen.«
Was Benito in dieser Zeit tröstete, waren die Zeichen der Sympathie, die ihm überall entgegengebracht wurden. Auf der *Persefone* fragten ihn die Matrosen nach seinen Wünschen, im Hafen von Ponza war es ähnlich, auch in La Maddalena, wo er sich etwa zwanzig Tage aufhielt.
»Als ich dort ankam, stellten sich mir zwei Carabinieri vor, Avallone und Marini. Sie hatten Tränen in den Augen, und Marini riskierte sogar den faschistischen Gruß. Sie meinten, daß sie mich gern früher getroffen hätten, um mir alles zu berichten, was sie in ihrer Umgebung gehört und gesehen hatten.
Es ist erstaunlich, wie liebenswürdig und hilfsbereit sich das Volk mir gegenüber verhielt, dessen Reaktionen ich laut Badoglio und Polito doch so sehr zu fürchten hatte. In La Maddalena steckte man mich in einen Raum, in dem nur ein wackeliger, schmutziger Tisch, ein Stuhl und ein eisernes Bettgestell ohne Matratze und Decke standen. Ich rollte meine Jacke zusammen, legte sie unter meinen Kopf und schlief ein. Die Bewohner der Insel und die Carabinieri weckten mich wieder auf. Sie brachten mir Fisch und Obst, und die Frauen der Carabinieri hatten Brühe und Eier gekocht. So benahmen sich also die Leute, die sich an mir rächen wollten.
Am 1. August erhielt ich endlich eine Nachricht von euch. Ich bekam die zehntausend Lire, die du mir geschickt hattest, die Kleidungsstücke, Brunos Photo und deinen und Eddas Brief. Ich fühlte mich nun nicht mehr so allein.«
Am 28. August verließ mein Mann La Maddalena an Bord eines Flugbootes, das etwa sechzig Kilometer von Rom entfernt auf dem Bracciano-See landete. Mit einem Krankenwagen wurde Benito in ein kleines Dorf, Assergi bei L'Aquila, gebracht, wo er drei Tage blieb. Mussolinis Wächter hatten immer größere Schwierigkeiten, ihn vor den Deutschen zu verbergen, die seit dem 26. Juli von Hitler den Befehl erhalten hatten, den Duce zu befreien.
Am 31. August erreichte er seine letzte Etappe, den Gran Sasso.
»Stell dir vor«, meinte mein Mann ironisch, »Badoglio fand keinen

anderen Ort, um mich einzusperren, als das höchstgelegene Gefängnis der Welt, in dreitausend Meter Höhe.«

Die Männer, die Mussolini bewachten, hatten – genau wie unsere Posten in Rocca delle Caminate – den Befehl, sofort zu schießen, wenn er sich entfernen sollte.

»Ein einziges Mal ist es mir gelungen«, erzählte Benito, »das Hotel vom Gran Sasso zu verlassen. Ein Wachtposten begleitete mich, aber er hatte Schwierigkeiten, die vier Wolfshunde, die er mit sich führte, im Zaum zu halten. Als er einen Augenblick von den Hunden ein Stück mitgezogen wurde, näherte sich mir ein alter Schäfer, eine stolze Gestalt mit einem langen Bart, er trug eine Pelzjacke und eine Samthose.

›Es stimmt also, daß Sie hier sind, Duce‹, flüsterte er, ›die Deutschen suchen Sie überall, um Sie zu befreien. Ich werde sie benachrichtigen, seien Sie unbesorgt! Wenn ich meiner Frau erzähle, daß ich Sie gesehen habe, wird sie mir nicht glauben wollen . . .‹

Ich kann heute versichern, daß es Mussolini niemals geduldet hätte, von Badoglio an die Alliierten ausgeliefert zu werden.

Als er daher um den 10. September herum im Radio hörte, daß eine der Bestimmungen des von Italien unterzeichneten Waffenstillstands seine Auslieferung an die Alliierten betraf, beschloß er, seinem Leben ein Ende zu setzen.

»Dabei hatte mir der Leutnant Faiola, der Kommandant am Ort, unter Tränen geschworen, daß ich niemals an die Engländer ausgeliefert würde. Wenn Skorzeny nicht am 12. September gekommen wäre, hätte ich mich getötet.«

Als Mussolini vom Fenster seines Zimmers aus seiner eigenen Befreiung zusah, kümmerte er sich vor allem um das Los der italienischen Soldaten. Er wollte verhindern, daß sie den Kugeln von Skorzenys Kommando zum Opfer fielen.

»Schießt nicht!« rief er den Carabinieri zu, als sie das Feuer eröffnen wollten. »Ein italienischer General ist dabei!«

Das war keine List: Die Deutschen hatten General Soleti als Geisel mitgenommen, aber mein Mann glaubte, daß er sie freiwillig begleitete.

»Von allen durchstandenen Abenteuern brachte mir der Start an Bord des ›Fieseler Storch‹ auf dem Gipfel des Gran Sasso die aufregendsten Augenblicke. Stell dir ein überbelastetes Flugzeug vor, das losrollt, hin und her schwankt und holpert, den Rand des Berges erreicht.

Vor uns liegt der Abgrund. Die Maschine scheint von ihm angesaugt zu werden, im Sturzflug geht es abwärts, aber der Pilot – ein As, dieser Gerlach – bekommt das Flugzeug wieder in seine Gewalt und reißt es hoch.

Skorzeny zog es vor, bei mir zu bleiben, auch unter der Gefahr, sich den Hals zu brechen, statt womöglich ohne mich vor dem Führer zu erscheinen.«

»Und was wirst du jetzt tun?« fragte ich, ohne meine Angst zu verbergen, als er mit seinem Bericht zu Ende war.

»Wieder von vorne anfangen«, erwiderte er mit einer leichten Bitterkeit in der Stimme.

»Es ist dir nichts mehr geblieben, Benito! Alles ist verloren. Alles, was du aufgebaut hast, wurde in anderthalb Monaten zerstört.«

Sollte auch ich ihm nun die Wahrheit verbergen? Aber hatte ich das Recht, ihm alles auf einen Schlag zu eröffnen? Diesmal zog ich es vor zu schweigen. Ich erwähnte nur, daß er ein »sehr verändertes« Italien vorfinden werde.

Als hätte er meine Gedanken erraten, erklärte mir Benito:

»Ich weiß, das wird mir vielleicht das Leben kosten, aber ich muß um jeden Preis die Abkommen respektieren, die uns an Deutschland binden. Nur auf diese Weise kann ich es den Italienern ersparen, für den Waffenstillstand vom 8. September zu bezahlen. Wenn ich nicht versuche, den Schlag abzufangen, wird die Rache der Deutschen furchtbar sein. Auf alle Fälle muß ich mit Hitler sprechen.«

Welchen Vorteil konnte Mussolini diese Haltung einbringen? Die Alliierten würden früher oder später die Sieger sein, daran zweifelte niemand mehr.

Der Duce war in Sicherheit und hatte seine Familie um sich. Er hätte in ein neutrales Land gehen können, und die Alliierten hätten eine solche Entscheidung sogar begrüßt.

Aber in Italien und in Deutschland wurden Italiener zwischen den Deutschen und den Alliierten aufgerieben.

Wie 1936 und 1937 wählte er den schwierigsten Weg . . .

Mussolinis geheimer Traum

»Du hast recht, Rachele, es bleibt mir nichts mehr. Es ist, als hätte ein Orkan alles, was sich auf seiner Bahn befand, vernichtet!« Diese Worte waren Benitos erster Kommentar, als ich Ende November wieder nach Italien zurückkam. Er war bereits im September heimgekehrt, sobald er erfahren hatte, daß Badoglio Deutschland den Krieg erklärt hatte.

»Badoglios Entschluß ist absurd, er wird zu einem schweren Zusammenstoß zwischen Italienern und Deutschen führen.« Mussolini hätte sich gern wieder in Rom niedergelassen, aber auf deutscher Seite war man davon wenig angetan, denn Rom war zur offenen Stadt erklärt worden und konnte deshalb schlecht verteidigt werden. Außerdem lag die Hauptstadt jetzt zu weit von dem Teil Italiens entfernt, der unter der Kontrolle der Regierung der Sozialrepublik stand.

Mailand kam auch nicht in Frage; der Bevölkerung sollten keine zusätzlichen Luftangriffe zugemutet werden, die im übrigen nie·so heftig gewesen waren wie im Monat August, als Badoglio an der Macht war.

Schließlich wurde beschlossen, die verschiedenen Ministerien in mehreren kleinen Städten rund um den Gardasee unterzubringen. Deshalb wurde die Italienische Sozialrepublik später bekannter unter dem Namen »Sozialrepublik von Saló«: das Außenministerium befand sich damals in Saló.

Die Bildung der neuen Regierung war nicht einfach, denn Mussolini suchte zugleich neue, vertrauenswürdige – zumindest hofften wir es – und in den Staatsgeschäften versierte Männer. Er war besonders glücklich darüber, Marschall Graziani als Kriegsminister zu gewinnen. Den gleichen Graziani, der ihm am 25. Juli, kurz vor seiner Verhaftung, versichert hatte, er stehe bereit, falls der Duce ihn brauche. Er war auch der eigentliche Sieger des Abessinischen Feldzugs, wie ich bereits erwähnt habe. Seine Mitarbeit in der Regierung der Italienischen Sozialrepublik war außerordentlich wertvoll.

Als Verbindungsleute zu Hitler standen meinem Mann für die politischen Angelegenheiten der deutsche Botschafter Rahn, für Sicherheitsfragen der General Wolff, der die SS in Norditalien befehligte, und für die militärischen Operationen Marschall Kesselring zur Verfügung.

An einem sonnigen Novembernachmittag des Jahres 1943 kam ich nach Gargnano, am Ufer des Gardasees, wo mich mein Mann erwartete. An dieser Stelle wird die malerische Landschaft mit dem in der Sonne glänzenden See majestätisch vom Schneegipfel des Baldo beherrscht.

Wir erhielten als Residenz die Villa Feltrinelli zugewiesen, die der Familie des linken Verlegers Giacomo Feltrinelli gehörte. Die Miete wurde auf achttausend Lire im Monat festgelegt, womit Mussolini zeigte, daß er sich nicht einfach auf erobertem Boden niederließ, ohne das Eigentum der anderen zu achten.

Es handelte sich um eine großartige Villa mit Olivenbäumen im Park und schönen Säulen und Steinplatten aus rosa Marmor im Inneren des Hauses. Trotzdem wirkte sie kalt und traurig, genau wie zu Anfang die Villa Torlonia. Mit Hilfe einiger treuer Freunde aus der Romagna, die mich auch nicht am Eingang zur Hölle verlassen hätten, gelang es mir sehr bald, das Haus wohnlicher und behaglicher zu gestalten, was Benito zu seiner Ausgeglichenheit unbedingt brauchte.

Als sehr viel schwieriger erwies es sich jedoch, die Funktionäre und das Militär dahin zu bringen, unsere Residenz zu verlassen.

Dazu muß ich anmerken, daß die Villa Feltrinelli ursprünglich dem Duce nicht nur als Privatresidenz dienen sollte, sondern auch die Büros des Staats- und Regierungschefs Mussolini dort eingerichtet wurden.

Außerdem hatte Hitler nach der Erfahrung des 25. Juli drakonische Sicherheitsvorschriften verordnet: Auf gar keinen Fall durfte der Duce nochmals Gefahr laufen, entführt zu werden oder einem Attentat zum Opfer fallen.

So glich die Villa eher einer Festung oder einem Ministerium als einem Wohnhaus. Benito schätzte diese extremen Sicherheitsmaßnahmen genauso wenig wie ich.

Daher wurden die Arbeitsräume nach einem knappen Monat in die Villa delle Orsoline verlegt. Bald darauf erhielten auch die SS-Offiziere und ihre Leute die Anweisung, das Feld zu räumen. Es blieben nur noch etwa dreißig Männer als Leibwache des Duce zurück, alles ausgesuchte Leute aus der Romagna.

Allerdings schaffte ich es zunächst nicht, die SS-Offiziere loszuwerden, die mit dem persönlichen Schutz des Duce beauftragt worden waren. Zwar traten sie mir und meiner Familie gegenüber sehr höflich und korrekt auf, doch ihr Mißtrauen kannte keine Grenzen. Mehr als einmal wurde unser Hausmädchen Maria von jäher Furcht gepackt, weil sie jemanden hinter sich spürte: Es war ein SS-Mann, der ihr wie ein Schatten bis in unsere Privaträume folgte. Benito mußte auf meine Bitten hin General Wolff ersuchen, unser Personal, dem er voll vertraute, doch in Ruhe zu lassen, damit die Überwachung eine Ende nahm.

Nach und nach fanden wir in Gargnano unseren gewohnten Tageslauf wieder. Benito folgte dem gleichen präzisen Arbeitsrhythmus wie in Rom, sein Zeitplan war genauso ausgefüllt und geregelt wie früher.

Mussolini lebte zwischen der Villa Feltrinelli, wo wir wohnten – sozusagen die Villa Torlonia in Rom – und der Villa delle Orsoline – der Palazzo Venezia der Hauptstadt –, wo sich der Präsident der Sozialrepublik mit allen Büros endgültig niedergelassen hatte.

Der neue Staat mußte von Grund auf aufgebaut und mit allen Organen und Funktionen versehen werden. Er war zwar von geringerer Ausdehnung als der, den der Duce von Rom aus regiert hatte, aber doch von außerordentlicher Bedeutung, denn auf dem Gebiet der Sozialrepublik lagen die wichtigsten italienischen Industriezentren und der wesentliche Teil seines Wirtschaftspotentials überhaupt.

Doch die Republik besaß keine Fahne, keine Uniform, keine konstitutionelle Basis. Alles mußte neu geschaffen werden.

Mussolini erkannte zwar die Notwendigkeit einer verfassungsgebenden Versammlung, aber angesichts der Kriegssituation vertagte er sie *sine die*.

»Wir brauchen jetzt weniger schöne Worte als Taten«, erklärte er, »und wir müssen kämpfen, statt zu palavern.«

Die Sozialrepublik stellte eine Armee von 500 000 Mann auf, zusammen mit den deutschen Streitkräften standen so in Italien im September 1944 insgesamt 786 000 Männer bereit, einschließlich der paramilitärischen Arbeitergruppen, die der Organisation Todt zur Verfügung gestellt wurden. Dazu kamen mehrere Jagdgeschwader und

Torpedoflugzeuge sowie der U-Boot-Stützpunkt in Bordeaux, den die italienische Kriegsmarine behalten hatte, und Schnellboote, die sich als sehr wirkungsvoll erwiesen.

Jedenfalls war die Sozialrepublik nicht der Marionetten-Staat, wie ihn die feindliche Propaganda gerne darstellte.

Mussolini legte besonderen Wert darauf, eine gute Armee aufzubauen, denn er hatte den verletzenden Satz im Gedächtnis behalten, den Marschall Keitel einmal geäußert hatte:

»Die einzige italienische Armee, die das Reich nicht verraten kann, ist die, die nicht existiert.«

Aber der Duce befand sich in einer paradoxen Situation. Während er bis 1943 gegen den königlichen italienischen Generalstab kämpfen mußte, um seine Ideen über die erforderliche Modernisierung der Armee durchzusetzen, wurde er jetzt ständig vom deutschen Generalstab gebremst, der es nach dem Verrat vom Juli 1943 lieber mit einer weniger selbständigen italienischen Armee zu tun haben wollte . . .

Der deutsche Generalstab verbarg sein Mißtrauen nicht und war willens, allein zu entscheiden, ohne sich um die italienische Souveränität zu bekümmern. Mussolini mußte deswegen mehr als einmal intervenieren und seinen Standpunkt vor den deutschen Diplomaten und Generälen hartnäckig verteidigen, denn nur so konnte er vermeiden, daß es zwischen den Deutschen und den italienischen Streitkräften zum Bruch kam. Dank Hitlers Freundschaft und der persönlichen Achtung, die der Duce bei den deutschen Generälen genoß, konnte er mehrmals das Schlimmste vermeiden.

Mussolini gelang es, die Lira als stabile Währungseinheit beizubehalten, als in den amerikanischen Besatzungszonen bereits die »Am-Lire« verteilt wurden. Noch besser, es bestand gar keine Inflationsgefahr, die Preise lagen im Norden niedriger als in der »befreiten« Zone. Die Regierung der Sozialrepublik zahlte sogar eine bedeutende Anleihe zurück, die die italienische Regierung vor 1943 aufgenommen hatte. Seinen Prinzipien getreu, entledigte sich mein Mann seiner Schulden, selbst wenn er eigentlich nicht mehr dafür hätte aufkommen müssen.

Unser Familienleben war jetzt vielleicht intimer als in Rom geworden, da wir näher zusammengerückt waren. Ich hatte wieder, wie in der Villa Torlonia, meinen Hühnerhof und meinen Kaninchenstall eingerichtet. Ich besaß sogar eine Kuh, so daß ich außer meiner Familie auch alle Leute der Umgebung mit Milch versorgen konnte. Unsere

Kinder und Enkel wohnten bei uns, zu Benitos großer Freude, er brauchte dieses Familienleben mehr denn je. Er hatte sich psychisch sehr verändert und erholte sich nur langsam von dem Schock seiner Verhaftung. Er litt weniger unter der Tatsache, daß er abgesetzt worden war, als unter dem Haß und der Gemeinheit, mit der ihn gewisse Generäle und hohe Funktionäre, die ihre Karriere dabei dem Duce verdankten, behandelt hatten.

Mussolini betrachtete sich als *Mussolini defunto*, als einen »gestorbenen Mann«. Was er als Staatschef der Sozialrepublik tat, hatte nur zum Ziel, die Italiener vor der Rache der Deutschen zu bewahren.

Am 15. November 1943 verkündete er ein Programm von sozialen Maßnahmen in achtzehn Punkten (das Manifest von Verona), an dem er intensiv gearbeitet hatte.

Er träumte davon, wie in den ersten Jahren seiner sozialistischen Überzeugung, einen sozialistischen Volksstaat zu schaffen.

Er verkaufte seine Zeitung, weil er niemals zugelassen hätte, daß die Fahne Mussolinis unter die Kontrolle der Deutschen kam. Benito glaubte sich bereits am Ende seiner langen Reise, so sollte zugleich auch sein Werk, der *Popolo d'Italia*, abgeschlossen werden.

Ich erfuhr von dem Verkauf der Zeitung erst, als er bereits durchgeführt worden war. Benito wußte, daß mich diese Entscheidung genauso schmerzlich treffen würde wie ihn, und wollte nicht vorher mit mir darüber sprechen. Das Geld aus dem Verkauf verteilte er an die Kinder und die Familie, vor allem aber an alle Mitarbeiter des *Popolo d'Italia*.

Mussolini schrieb jedoch weiterhin für andere Zeitungen und verfaßte ein Buch *Storia di un anno* (Geschichte eines Jahres), in dem er die Geschichte vom November 1942 bis zum November 1943 darstellte. Am Ende seines Lebens kehrte er zu seiner ersten Neigung zurück . . .

Zu Hause entspannte er sich; er las, fuhr mit dem Fahrrad spazieren oder spielte mit den Kindern Tennis. Selbst der Krach, den sie machten und der ihn früher so gestört hatte, amüsierte ihn jetzt.

Er war noch menschlicher und umgänglicher geworden, auch noch geneigter zu verzeihen.

Einmal dachte er eine ganze Nacht über das Urteil nach, das er über einen jungen Deserteur fällen sollte. Ich muß gestehen, daß ich ihm nicht zur Milde geraten habe; wir waren im Krieg, und Schwäche durfte nicht toleriert werden.

Doch als ich Benito morgens beim Frühstück sah, begriff ich sofort, daß er den jungen Mann begnadigt hatte: Er war heiter und gelöst.

Aus diesen bewegten Jahren habe ich nur einige einschneidende Ereignisse im Gedächtnis behalten: den Prozeß von Verona, die tragischen Vorfälle von 1944, das letzte öffentliche Auftreten meines Mannes in Mailand und das Ende.

Man darf von mir keine Stellungnahme zum Prozeß von Verona erwarten, in dem die Mitglieder des Großen Rates, die am Abend des 24. Juli gegen den Duce gestimmt hatten, zur Verantwortung gezogen wurden.

In Italien wie in der Welt fand nur einer der verurteilten Faschisten Interesse: Galeazzo Ciano.

Die neunzehn Verschwörer wurden alle zum Tode verurteilt, aber nur fünf von ihnen saßen auf der Anklagebank. Ciano war der einzige Angeklagte, bei dem alle Richter einstimmig das Todesurteil forderten. Für die Faschisten und die Deutschen war es ein Test: Würde Mussolini die Hinrichtung Cianos zulassen? Ich muß hinzufügen, daß man ihm kein Gnadengesuch vorlegte. Das gab später zu zahlreichen Kommentaren Anlaß.

Nach der Hinrichtung der Verurteilten am 4. Januar 1944 vertraute Benito mir an:

»Rachele, seit diesem Morgen beginne ich zu sterben.«

In der Nacht vor der Urteilsvollstreckung konnten weder er noch ich Schlaf finden. Ich wanderte im Haus herum, sah einen Lichtschein unter Benitos Tür und hörte auch ihn im Zimmer auf und ab gehen, aber ich wagte nicht einzutreten.

Gegen neun Uhr morgens brachten ein italienischer und ein deutscher Offizier die schreckliche Bestätigung, daß Ciano und die anderen Verurteilten hingerichtet worden waren.

Mein Mann verließ den ganzen Morgen nicht sein Büro, er aß und trank nicht.

Ich erfuhr später, daß die Deutschen die verurteilten Gefangenen besonders streng überwacht hatten. Sie fürchteten, daß jemand anders an Cianos Stelle erschossen würde.

Hätte Mussolini den Prozeß und den Tod seines Schwiegersohns verhindern können? Ehrlich gesagt, ich glaube es nicht, vor allem dann nicht mehr, nachdem Galeazzo sich selbst in die Höhle des Löwen begeben hatte.

Ich glaube aber, daß Benito den Prozeß als sinnlos ansah, weil die wichtigsten Schuldigen nicht auf der Anklagebank saßen. Doch er konnte ihn nicht unterbinden, selbst wenn er gewollt hätte.

Eine andere schmerzliche Erinnerung ist die Tragödie von Mailand, im August 1944.

Als Vergeltungsakt gegen mehrere Attentate der Partisanen, bei denen deutsche Soldaten ums Leben gekommen waren, ließen die Deutschen fünfzehn italienische Geiseln erschießen und dann öffentlich auf der Piazzo Loreto in Mailand zur Schau stellen. Natürlich war der Duce nicht vorher darüber informiert worden.

Als er von dem Blutbad erfuhr, hielt er seinen Zorn gegen die Deutschen nicht zurück:

»Wenn sie meinen, mit den Italienern dasselbe machen zu können wie mit den Polen, dann täuschen sie sich. Man kann doch einer Stadt wie Mailand nicht das grausige Schauspiel einer so barbarischen Justiz aufzwingen!«

Diesmal wandte sich Mussolini direkt an Hitler. Er erklärte entschlossen, daß er den Deutschen in Zukunft jede Repressalie gegen Italiener ohne seine Zustimmung verbot. Diese blutige Episode wog zu Ende des Krieges, beim Kampf zwischen Faschisten und Partisanen, schwer zu ungunsten des Faschismus.

Der 20. Juli 1944 war ein bemerkenswerter Tag, allein wegen des Attentats, das gegen Hitler verübt wurde. Für meinen Mann hatte er aus drei Gründen eine besondere Bedeutung: einmal, weil er selbst ein Opfer der Bombenexplosion hätte werden können, wenn er nur eine halbe Stunde früher zu der Verabredung mit Hitler im Hauptquartier in Rastenburg gekommen wäre; sodann, weil er in der anschließenden allgemeinen Aufregung und dem Durcheinander Hitler und seinem Generalstab mehr Konzessionen entreißen konnte als sonst mit größter Anstrengung in einem Jahr. Die bedeutendste Zusicherung war vielleicht der Rücktransport eines großen Teils der Italiener, die in Deutschland in halber Gefangenschaft lebten. Und schließlich brachte dieser 20. Juli Mussolini eine gewisse Genugtuung, wie er zu Vittorio sagte, der ihn nach Deutschland begleitete: »Die Deutschen haben auch ihre Verräter.« Nicht nur italienische Offiziere waren also zum Umsturz bereit.

Wenn man mir am 16. Dezember 1944 gesagt hätte, daß mein Mann einige Monate später ermordet würde, hätte ich das für einen finsteren Scherz gehalten. Denn an diesem Tag wurde der Duce von den Mailändern mit einer überwältigenden Begeisterung empfangen.

Die Stunde des Opfers

1944 feierten wir unser letztes gemeinsames Weihnachtsfest, aber weder Benito noch ich dachten auch nur im entferntesten an diese Möglichkeit. Mein Mann schien nach dem begeisterten Empfang in Mailand besonders entspannt.

Vier Monate später trat das Unvermeidliche ein. Ich weiß nicht, warum, aber als mein Mann am 17. April nach Mailand fuhr, spürte ich, daß diese Trennung nicht so sein würde wie sonst. Ich hatte ihn beschworen, in Gargnano zu bleiben, aber Benito wollte seinen Entschluß nicht zurücknehmen.

»Ich komme in zwei oder drei Tagen zurück«, beruhigte er mich. Er fügte hinzu, daß er in Mailand sehr wichtige Entscheidungen zu treffen habe und erwähnte den Kardinal Schuster.

Ich erinnere mich noch an seine Abfahrt. Es war am frühen Abend des 17. April 1944. Wir standen neben seinem Wagen, der zur Tarnung ganz bunt angemalt war. Plötzlich drehte Benito sich um, blickte mich lange an und ging dann wieder auf das Haus zu. Von der Freitreppe aus ließ er seinen Blick über den Garten und das ruhige, blaue Wasser des Gardasees schweifen, dann hob er die Augen zum Fenster seines Zimmers und lauschte einige Augenblicke dem Klavierspiel seines Sohnes Romano.

Doch als ob er bedauerte, einem Moment der Schwäche nachgegeben zu haben, kehrte er plötzlich mit großen Schritten zu seinem Wagen zurück, schlug krachend die Autotür hinter sich zu und sagte zum Chauffeur:

»Fahren Sie schnell ab, wir kommen zu spät.« Hinter ihm brausten die beiden Begleitwagen los.

Das war das letzte Mal, das ich meinen Mann lebend sah.

Für mich bestand Mussolinis Ende aus einem Brief von ein paar Zeilen, einem Wirbel von Ereignissen, der vier Tage dauerte, und, am Abend vor seinem Tode, einer bewegten Stimme – der seinen – die mir sagte: »Ich muß meinem Schicksal folgen, Rachele, doch du sollst ein neues Leben anfangen . . .«

Nachdem Benito am 17. April abgefahren war, blieb ich bis zum 23. ohne Nachrichten von ihm. An diesem Tag rief er mich an, um mir mitzuteilen, daß er gegen 19 Uhr zu Hause sein würde. Einige Stunden später telephonierte er wieder und erklärte, daß es ihm unmöglich sei, zurückzufahren, da die Straße von Mailand nach Gargnano unterbrochen sei, seitdem die Alliierten Mantua besetzt hätten.

»Das ist nicht wahr!« schrie ich in den Hörer, »du wirst wieder hintergangen, Benito! Ein Militärwagen ist gerade aus Mailand angekommen; ich habe selbst mit den Soldaten geredet: sie sind auf ihrem Weg keinem einzigen Hindernis begegnet.«

Er unterbrach mich und forderte mich auf, sofort nach Monza zu fahren, wo gewisse Vorkehrungen für uns getroffen worden waren.

In Monza sah ich Gatti wieder, Mussolinis Sekretär, der seit zwei Tagen nichts mehr gegessen hatte. Ich gab ihm etwas Hühnerfleisch und eine Tasse Brühe.

Benito rief mich zweimal an. Er fragte mich, wie es uns ginge, dann kündigte er an, daß er nicht zu uns kommen könnte und daß wir nach Como weiterfahren sollten. Wir hatten den 24. April.

Die nächsten beiden Tage verbrachte ich mit vergeblichen Versuchen, Benito zu erreichen. Ich war allein mit Romano und Anna Maria und lauerte auf jedes Geräusch hinter der Tür; sobald draußen eine Sirene aufheulte, stürzte ich ans Fenster.

In der Nacht vom 26. zum 27. April klopfte jemand an die Tür der Villa, in der wir Unterschlupf gefunden hatten. Es war ein Soldat.

»Ich habe einen Brief des Duce für Sie.«

Ich öffnete ihm sofort und griff nach dem Umschlag. Ich erkannte Benitos Schrift.

»Wer hat ihn dir gegeben?«

»Seine Exzellenz Buffarini.«

Buffarini? Was führte denn der wieder im Schilde? Seit meinem Besuch bei Clara Petacci hatte ich mich hartnäckig geweigert, ihn zu empfangen; er war inzwischen nicht mehr Minister. Ich fragte mich, wie er diesen Brief wohl in seine Hände bekommen hatte.

Ich weckte die Kinder, und wir lasen zusammen die wenigen Zeilen, die mein Mann mir geschrieben hatte. Schon bei den ersten Worten spürte ich eine eisige Kälte in mir aufsteigen:

»Liebe Rachele«, schrieb er, »ich habe nun die letzte Etappe meines

212

Lebens erreicht, die letzte Seite meines Buches. Vielleicht sehen wir uns nie wieder. Deshalb schicke ich Dir diesen Brief. Ich bitte Dich um Verzeihung für alles Böse, was ich Dir angetan habe. Aber Du weißt, daß Du immer die einzige Frau gewesen bist, die ich wirklich geliebt habe. Ich schwöre es Dir in dieser letzten Stunde vor Gott und unserem Bruno. Ich muß wieder ins Veltlin zurückkehren. Versuche Du, mit den Kindern die Schweizer Grenze zu erreichen. Ihr könnt Euch dort ein neues Leben aufbauen. Ich glaube nicht, daß man Dir den Übergang verweigern wird, denn ich habe ihnen immer geholfen, in allen Situationen; außerdem habt Ihr Euch nie mit Politik befaßt. Sollte das nicht klappen, stellt Ihr Euch unter den Schutz der Alliierten. Sie werden vielleicht großzügiger sein als die Italiener. Ich vertraue Anna und Romano Deiner Obhut an, vor allem Anna, die so viel Liebe braucht. Du weißt, wie sehr ich an ihr hänge. Bruno wird Euch von dort oben helfen. Ich umarme Dich und die Kinder. Dein Benito.«

Ich konnte diesen Brief nicht aufbewahren, aber ich erinnere mich an jedes Wort, jedes Komma. Er war mit einem blauen Stift geschrieben worden, die Unterschrift war rot nachgezogen.

In weniger als zwei Minuten hatten fünfunddreißig Jahre eines gemeinsamen Lebens ihren Epilog gefunden. Niemand kann verstehen, was ich in diesem Augenblick empfunden habe, ich vermag es auch nicht zu erklären.

Ich wollte jedoch noch einmal seine Stimme hören! Es war zu unsinnig, uns auf diese Weise für immer zu trennen, zugleich so nahe zusammen, und doch so weit von einander entfernt.

Auf ein Wunder hoffend, nahm ich den Hörer des Telephons ab, das seit zwei Tagen tot war. Die Leitung war wiederhergestellt! Während einer halben Stunde versuchte ich, Benito zu erreichen, und schließlich hörte ich wirklich seine Stimme.

»Tu, was ich dir geschrieben habe, Rachele. Es ist besser, wenn du mir nicht ins Veltlin nachfolgst. Rette dich und rette die Kinder!«

Die Tränen, die ich nicht mehr zurückhalten konnte, hinderten mich daran zu antworten. Ich gab den Hörer an Romano weiter.

»Organisiert ihr wenigstens eure Verteidigung?« fragte er seinen Vater. »Wer ist bei dir?«

»Niemand mehr, Romano, ich bin allein. Jetzt ist alles verloren.«

»Aber wo sind deine Soldaten? Deine Leibwache?«

»Ich habe keine Ahnung. Ich habe niemanden gesehen. Sogar Cesarotti, der Chauffeur, hat mich im Stich gelassen. Sag' der Mamma, daß sie recht hatte, ihm zu mißtrauen.« Romano begann zu schluchzen, es wurde ihm jäh klar, daß er seinen Vater nie mehr wiedersehen würde. Ich nahm ihm das Telephon aus der Hand, ich wollte am liebsten noch Stunden mit Benito sprechen, das einzige, was ich dem Schicksal noch abtrotzen konnte.

»Ihr werdet euer Leben neu beginnen, Rachele. Ich muß meinem Schicksal folgen«, sagte er leise mit belegter Stimme. »Fahr los, so schnell wie möglich!«

Und er legte auf.

Ich möchte hier nicht die Umstände schildern, die seinen Tod begleiteten, sie sind bekannt.

Was bleibt von Mussolini? Ein Skelett, in ein Tuch gehüllt und in eine weiße Holzkiste verpackt. Doch auch die Verehrung von hunderttausend Menschen, die ihn nicht vergessen haben.

Jahrelang konnte ich nicht einmal auf Benitos Grab beten, weil sein Leichnam verschwunden war. Und als ich ihn schließlich erhielt, machte ich eine furchtbare Entdeckung: die Amerikaner hatten die Hälfte seines Gehirns behalten. Sicher wollten sie erforschen, wie ein Diktator beschaffen ist . . .

Ich mußte mich an den Botschafter der Vereinigten Staaten in Rom wenden, damit man mir auch diesen Teil meines Mannes zurückgab, den man nicht einmal nach seinem Tod in Frieden ruhen lassen wollte.

Heute, mit dreiundachtzig Jahren, habe ich den inneren Frieden wiedergefunden. Ich habe meine Familie um mich versammelt, und diejenigen, die nicht unter meinem Dach wohnen können, besuchen mich oft. Ich bin eine glückliche Mutter, Großmutter und Urgroßmutter.

Und kein Tag vergeht, an dem ich nicht einen Beweis dafür erhalte, daß mein Mann sich nicht völlig geirrt hat. Sein Werk besteht noch immer, sei es in den Steinen großer Bauten, sei es in den Herzen der Menschen. Immer mehr Leute entdecken, daß Mussolini sehr viel mehr für sein Land getan hat als man anerkennen will. Das ist mir ein Trost, der meinen Lebensabend sehr verschönt.

Spreche ich als Faschistin? Ganz gewiß nicht, denn selbst als Benito auf dem Gipfel seines Ruhms stand, betrachtete ich mich vor allem als eine Italienerin. Und das ist auch heute noch so.

Den Politikern, die Italien regieren, ob sie Leone, Andreotti, Fanfani oder anders heißen, und die ich alle in ihrer Jugend gekannt habe, möchte ich zurufen: seid großzügig, lernt zu verzeihen. Einigt die Italiener und laßt nicht zu, daß sie sich gegenseitig bekämpfen. Italien ist ein großes Kind, unbefangen und gut, aber es mag nicht genarrt werden.

An einem Sonntag im Jahre 1969 hatte ich ein Erlebnis, das plötzlich wieder das tragische Ende meines Mannes vor fünfundzwanzig Jahren heraufbeschwor. Es war auch ein ganz besonderes Beispiel für die Erinnerung, die er im Herzen der Menschen zurückgelassen hat.

Ich saß mit Freunden in einem Restaurant in Milano-Marittima. Am Nebentisch schmauste eine sehr muntere Gesellschaft von etwa zehn Männern, die ab und zu Lieder anstimmten, die keinen Zweifel über ihre politischen Ideen ließen: es waren Kommunisten. Meine Begleiter kannten mein hitziges Temperament und suchten bereits einen anderen Platz, doch ich beruhigte sie: es war schön draußen, ich fühlte mich wohl, ich suchte keinen Skandal.

Wir waren gerade bei der Vorspeise, als einer der Männer am Nebentisch mit lauter Stimme erklärte:

»Obwohl man so viele Faschisten getötet hat, sind sie immer noch genauso zahlreich. Ihr werdet sehen, bald errichtet man Denkmäler zum Ruhme Mussolinis. Letzten Endes sind wir die Dummen gewesen.«

Ich fühlte, wie mein Blut erstarrte. Wußte er, wer ich war? Versuchte er mich zu provozieren? 1946 wäre das vorstellbar gewesen; aber 1969 war das ein dummes und mutwilliges Verhalten. Der Kellner, der uns bediente, wandte sich peinlich berührt an unsere geräuschvollen Nachbarn und erklärte ihnen diskret, wer ich sei.

Eine tiefe Stille breitete sich aus. Während sich alle Augen auf mich richteten, verließ ein Mann den Tisch und kam zu uns herüber.

»Sind Sie Frau Mussolini?« fragte er mich.

»Ja, warum?«

»Weil ich ein ehemaliger Partisan bin.«

»Ja und? Was interessiert mich das? Wissen Sie nicht, daß der Krieg zu Ende ist?«

»Ich weiß, aber ich wollte Benito Mussolinis Frau kennenlernen.«

»Das ist geschehen. Würden Sie mich jetzt bitte mit meinen Freunden weiteressen lassen!«

»Ich bin nicht gekommen, um Sie zu verhöhnen, Signora. Im Gegenteil, ich möchte Sie um Vergebung bitten. Ich gehörte zur 52. Brigade Garibaldi.«

»Ach! Sie waren einer von diesen Männern, die unter dem Vorwand der ›Säuberung‹ Frauen und Kinder getötet haben. Schämen Sie sich nicht dessen, was Sie damals getan haben? Und Sie wagen es, mir vor die Augen zu treten, der Frau Mussolinis!«
Die letzten Worte hatte ich fast herausgeschrien. Ich bebte vor verhaltener Wut. Ich sah wieder die Schreckensszenen vor mir, die ich 1945, nach dem Tod meines Mannes erlebt hatte. Ich sah jenen jungen Verwundeten, der schreiend aus dem Lazarett floh und wie ein Hund abgeknallt wurde. Um keinen Preis wollte ich mich an diese Zeit erinnern.
Der Mann nahm meine Hand, beugte sich über mich und führte sie an die Lippen. Er blickte mir gerade in die Augen und sagte:
»Signora, in der Widerstandsbewegung hieß ich Bill. Ich war es, der Ihren Mann in dem deutschen Lastwagen in Dongo erkannte. Ich ließ ihn aussteigen, durchsuchte ihn und verhaftete ihn.«
Mein Herz schlug wie rasend. Vor mir stand der Mann, der Mussolini auf den Weg in seinen furchtbaren Tod gestoßen hatte, und hielt meine Hand. Was für ein seltsames Geschick! Nach vierundzwanzig Jahren begegnete ich ihm! Er mußte damals noch sehr jung gewesen sein.
Als hätte er meine Gedanken erraten, setzte Bill seine Beichte fort:
»Ich fragte Mussolini, ob er Geld bei sich hätte. Daraufhin sah er mich ernst an und sagte mit einer seltsam ruhigen Stimme: ›Sie können mich durchsuchen, ich habe nichts. Im Wagen liegt eine Aktentasche, die zwar auch kein Geld enthält, aber etwas anderes, was Italien retten kann: Dokumente!‹ Ich habe alles überprüft, es stimmte. Ihr Mann wurde verhaftet. Seit 1945 habe ich keinen Frieden mehr gefunden. Ich höre immer seine Stimme und sehe diesen Blick vor mir. Signora, ich war achtzehn Jahre alt, jetzt bin ich ein Mann, doch ich werde nicht leben können, solange Sie mir nicht verziehen haben. Der Zufall wollte es, daß wir uns begegnet sind. Das ist vielleicht ein Zeichen des Schicksals. Bitte, Signora . . .«
In der Stille des Restaurants von Milano-Marittima, vierundzwanzig Jahre nach der Tragödie, machte ich über der Stirn, die sich zu mir neigte, das Zeichen des Kreuzes, und ich vergab dem, der Benito Mussolini am Abend vor seiner Hinrichtung verhaftet hatte. Wozu kann es gut sein, im Haß zu leben? Er war damals achtzehn Jahre alt . . .

Villa Carpena
September 1972–April 1973

Inhalt